戎光祥研究叢書 12

室町幕府の地方支配と地域権力

市川裕士
Ichikawa Yuji

戎光祥出版

目次

第二部　守護山名氏の分国支配と同族連合体制

序論　研究史の整理と課題

一、室町幕府の地方支配と地域権力に関する研究の成果

1　室町幕府と領主制論

本書では、室町幕府の地方支配について、地域権力の動向との関係をふまえつつ考察していく。なお、本書では、地方支配という用語について、領主間紛争や所領問題をはじめとする地域で勃発した問題に対し、全国政権としての幕府が、どのように対応し、政治的安定の実現を図ったのかという意味で用いることを明示しておきたい。また、本書では、守護[1]、国人などのように地域に拠点を有し、地域の秩序維持において重要な役割を果たした勢力を地域権力と定義し考察していく。

まず、室町幕府の地方支配と地域権力に関する研究史を整理してみよう。戦後の日本中世史研究は、領主制の解明に主眼が置かれており、室町幕府の地方支配や、地域権力の政治動向に関する研究は副次的な位置に止まっていたと考えられる。すなわち、石母田正氏によると、純粋な封建制、地方分権制は守護領の完成によって成立したとされており、地域的封建制は、守護大名による地侍の征服と隷属化によって完成したとされている[2]。また、このような理解は、「守護領国制」論として体系化されており、南北朝・室町期の守護は、荘園制にかわる地域的封建制の中核的な担い

手として、当該期の政治・社会構造において重要な役割を果たした存在と位置付けられた。この点について、佐藤進一氏によると、国人は守護に服属し、守護の封建家臣団を形成したとされており、農民も半済・守護請によって荘園領主との封建関係から解放され、守護に直接・間接的に結び付けられたとされている。このように、佐藤氏は、守護を地域的封建制の担い手と理解しており、室町幕府を有力守護大名の「連合政権」と規定したのである。[3]さらに、永原慶二氏は、封建的な領主として成長しつつあった国人層を家臣団とする守護大名の権力構造について、「必然的に分権化の傾向を生みだした」としており、分権的な性格を重視している。[4]このように、守護領国制論において、守護は国人を被官化し、荘園制的秩序を解体する存在と位置付けられており、守護の領国支配の実態を明らかにするため、個別事例研究が進められたのである。[5]

しかし、守護の領国支配に関する研究の進展により、守護と国人の被官関係のルーズさや守護の領国支配の不安定さが指摘され、守護領国制論は「破産」したと述べられるに至った。[6]そこで、守護領国制論が「破産」するに至った研究動向を整理してみよう。

この点について、まず、将軍権力の軍事・経済基盤の解明を図った佐藤進一氏の研究[7]をみると、佐藤氏は、将軍権力の二元性として主従制的支配権と統治権的支配権という二つの「権能」を指摘しており、この二元的な支配権が調和的に機能することが幕府存立の必須条件であったとしている。そして、佐藤氏は、将軍権力を支える人的基礎として地頭御家人を挙げており、守護と地頭御家人の関係については、地頭御家人を国別に守護に指揮統制させるあり方と、地頭御家人の一部を将軍の膝下に置いて将軍の親衛軍にするという二つのあり方がみられるとしている。この内、将軍直属の軍事力である奉公衆については地方における将軍権力の「拠点」とされており、幕府―守護―国人、幕府

—直属国人（奉公衆）という理解は、現在に至るまで、守護、国人の関係を考える上での基本理解となっている。

次に、領主制の観点からみると、黒川直則氏は、守護領国制と荘園制は本質的には対立するものではないとしており、室町期を通じて荘園領主、守護大名はその基盤となる国人層によって克服されたとしている。[8]また、永原慶二氏は、中世後期を一括して「大名領国制」として理解すべきとしており、大名領国制について「在地領主制（国人領）を土台とする領域支配体制」としている。[9]さらに、池享氏は、大名領国制を「地域封建権力による一国人領を越えた独自の公的領域支配制度」と規定しており、「地域的封建制下の階級矛盾・領主間矛盾の解決のために作り出された社会秩序の一形態」であったと評価している。[10]ここに、地域的封建制の担い手として国人層の存在が重視されることとなり、国人領主制が室町期の基本的な領主制であるという認識の下で、国人領主の在地支配に関する研究が進められたのである。

このように、領主制の解明を重視する研究がみられる一方で、「非領主制論」を展開したのが黒田俊雄氏である。黒田氏は、中世日本の社会体制について「荘園制社会」としており、荘園領主制こそが封建的生産様式の基本的な形態として現れる必然性があったとしている。[11]すなわち、黒田氏によると、荘園制社会においては、荘園領主と農民的名主層の支配関係が基本であったとされており、在地領主制については、この系列から派生した生産様式として理解すべきと指摘している。そして、黒田氏は荘園制社会における国家形態を「権門体制」として把握している。この「権門体制」について、黒田氏によると、公家（天皇家および王臣家）、寺家（南都・北嶺その他の大寺社）、武家という権門勢家は、それぞれが国家的見地から職能的な役割を帯び、相互補完的に中世国家を構成したとされている。また、荘園制社会が最終的に克服され、解体したのは一六世紀であったとされており、それまでの時期においては、権門体制も独自の存在意義を有したとされている。

次に、「室町幕府―守護体制」を提示した田沼睦氏の研究をみてみよう(12)。田沼氏によると、室町幕府の全国支配の根幹は守護体制にあったとされているが、幕府、将軍権力と守護の関係を理解する上で、公田の存在を重視している。すなわち、守護が「領域権力」に成長していくには、国衙機構の包摂による太田文の掌握と、公田支配の展開が重要な意義を有したが、公田は「幕府の全国統治の客体」として存在しており、この点に幕府、将軍権力に対する守護の「求心的性格の淵源」があったというのである。さらに、田沼氏は公田について、「荘園領主、在地領主などの身分を問わず、中央国家や領域権力と個々の領主階級を結ぶ媒介環」であったとしており、「幕府の国家的性格が最も如実に示される場」であるとともに、「守護などの領域権力の存立基礎」ともなったと指摘している。

これまで、守護領国制論とそれに対する批判を述べたが、守護領国制論崩壊後の研究状況について、川岡勉氏によると、「中世後期の権力の構造や秩序を総体として明らかにする座標軸が失われ」、「将軍権力・守護権力・国人領主・小領主・惣村などの研究が相互の関連を欠いたままバラバラに論じられ」たとされている(13)。とくに、守護、国人という地域権力については、領国支配や領主制の問題が重視されたため、政治動向の実態や、幕府の地方支配との関係が論じられておらず、幕府と地域権力に関する研究は各個別に進められてきたのが現状である。

ここで、一九九〇年代以降の室町期研究において重視された地域社会論をみてみよう。地域社会論は、「「国家」の既存の枠組にとらわれず、さまざまな要素によって自律的に形成されている「地域」の秩序を究明し、それが中世国家にどのような規定性を付与していたのかを積極的に評価してゆくことにより、「国家」自体を相対化する方法論(14)」とされている。そして、このような視角の下で村、一揆、領主制に関する研究が進められており、とくに百姓の共同体としての村については、多くの研究成果がみられる。

さらに、榎原雅治氏によると、公権の公権たる所以は、在地の側の合意の存在にあったとされている。すなわち、一五世紀半ばの在地社会には身分や村の存在という社会的な秩序を承認する地域的なシステムが形成されており、守護は、在地で成立している社会秩序を追認することで地域秩序の守り手となり、公権者としての性格を獲得したというのである。そして、守護の公権は、国家公権の分裂ではなく、在地の社会秩序を吸収することによってのみ生まれたとされている。(15)

このような視角に対し、石田晴男氏は、中央権力、すなわち室町幕府という「公権力」と国人の関係を重視している。(16)また、石田氏は、国人について、守護被官ではなく幕府の御家人であったとしており、「国」支配、「郡」支配にも関与する役割を負わされていたと指摘している。そして、石田氏によると、室町幕府の地方支配は、守護と国人の協力によって、すなわち守護と国人の「共同支配」により成立したとされている。

これまで述べたように、室町期研究においては、中世国家を相対化する「下」からの視角（地域社会論）と、中世国家、中央権力による地域権力の組織化を重視する「上」からの視角が存在しており、これらの視角を統合し、室町幕府が、どのようにして政治的安定の実現を図ったのかという点を明らかにする必要がある。そして、守護権力を通じて、中世国家と地域社会を結合させることを図ったのが、川岡勉氏の室町幕府―守護体制論である。

2　室町幕府―守護体制論

それでは、川岡氏の述べる室町幕府―守護体制論(17)についてみてみよう。

川岡氏によると、室町幕府―守護体制は、南北朝動乱を克服する中で成立したとされている。すなわち、南北朝動乱の勃発により、地域社会の自立化が進行し、荘園制、権門体制に危機が生じたが、中世国家は、守護の権限を大幅に拡大する国政改革を行い、守護の在地支配に依存することで、全国統治、荘園制の再建を図ったというのである。

また、川岡氏の室町幕府―守護体制論において重要な位置をしめるのが、「天下成敗権」と「国成敗権」という概念である。すなわち、幕府―守護体制においては、将軍が掌握する「天下成敗権」と、守護が掌握する「国成敗権」が相互に依存、牽制し重層的に結合することで全国統治を展開したとされている。また、川岡氏によると、守護の掌握する「国成敗権」は幕府によって守護職として保証されており、守護は、幕府の構成員となり、将軍の上意を中心に結集することで、中央国家を背景に地域社会の統合を実現したとされている。ここに、守護に対する将軍権力の主導性が指摘されているが、川岡氏によると幕府の全国支配は、守護の同意・強制力によってはじめて実効性を発揮することができたとされており、幕府は、政治・軍事・経済的に守護家集団に「決定的に依存」していたとされている。そして、このような点から川岡氏は、室町幕府について「将軍権力（上意）と管領を筆頭とする守護家集団（衆議）の複合体」としており、幕府は将軍権力を守護家集団が支える形で運営されていたとしている。

これまで述べたように、川岡氏の述べる室町幕府―守護体制論において、重要な役割を果たしたとされるのが守護である。川岡氏によると、守護は、国郡単位で地域社会を統合し、地域社会を中央国家に接合する役割を果たしたとされており、中世後期の中央国家を支える重要な存在として位置付けられている。また、守護の権限については、単なる公権の分有として理解するのではなく、地域社会から様々な要素を受容・包摂し形作られていた点を重視すべきとされており、守護が掌握した「国成敗権」の内容は、中央国家と地域社会の双方から規定されたとしている。そして、川岡氏によると、地域権力による地域社会の統合は郡・郷レベルよりも国レベル、すなわち国人よりも守護を担い手とする形が基本であったとされており、国人、国人一揆による広域的支配権の行使は永続的・基本的なものとは捉えがたいとされている。さらに、川岡氏は、国人を「守護に合力して国成敗権を支えるべき存在」としており、「守護が「上意」から自立していくにつれて、国人層は守護公権に一元的に結びつけられていく」としている。

これまで、室町幕府―守護体制の構造について述べたが、この体制は一五世紀半ば、具体的には嘉吉元（一四四一）年に勃発した嘉吉の乱後、変質したとされている。すなわち、嘉吉の乱による義教死後、室町幕府―守護体制における求心性が低下したことにより、地域権力の自立化が進行しており、とくに、守護は国成敗権の担い手として自立性を高め、分国の一体化を進めたというのである。そして、上意の再建を図る足利義政と管領・諸大名の確執により、将軍が諸大名の結集の中核となることができず、また、義政が「大名衆議」を意思決定に組み込まず側近勢力と結合したため、幕府は全国支配権を縮小しながら、京都周辺に権力基盤を集中させる道をたどったとされている。[18]

こうして、幕府の全国支配が後退したことにより、守護をはじめとする地域権力の自立化が進行したが、戦国期の分国支配について川岡氏は、個々の領主権からではなく守護が掌握した「国成敗権」の再編・継承を中心に説明すべきとされており、戦国大名は、守護の保持した「国成敗権」を継承し、戦国期の地域社会状況に合わせて再編することで分国支配を実現したとされている。ここに、川岡氏は、将軍が「天下成敗権」を掌握し、守護が「国成敗権」を掌握するという構造は、戦国期においても維持され、幕府―守護体制は一六世紀半ばまで持続したとされている。

川岡氏の室町幕府―守護体制論は、守護権力を中心に、室町期の武家権力の構造解明を図ったものであり、室町幕府の地方支配と地域権力の関係を理解する上で重要な視角と考えられるが、これまで様々な視点から課題が提示されている。そこで、川岡説に対する批判と、これまでに提示されている課題を整理してみたい。

まず、伊藤俊一氏は、一五世紀半ばまでの理解は川岡説に対応するとしたが、室町幕府―守護体制は一五世紀後半に動揺し、一五世紀末には事実上解体したとしている[19]。また、伊藤氏は、戦国期の社会について、荘園制社会の延長として捉えることはできないとしており、従来の「職」の枠組みにかわって、守護―国人―地侍の被官関係が社会関係の主軸として浮上したとしている。

次に、須田牧子氏は、川岡説について、将軍と守護の関係に注目し、奉公衆・奉行人衆など将軍を取り巻く存在についてあまり言及していないことから、幕府そのもののイメージがつかみにくいとしている[20]。また、地域支配における幕府・守護の相互補完関係の具体性について、各守護・各地域の個性に基づいて考察する必要性を指摘するとともに、室町幕府―守護体制において把握しえた、把握することが目指されたのは地域社会のどの部分であったのか、個々の地域権力の総体を見極めながら追求していく必要があるとしている。

さらに、室町幕府―守護体制論に対しては、守護公権、国成敗権の実態について具体的な論及があまりみられないという課題が挙げられており[21]、守護権力の実態を明らかにする必要性が指摘されている。また、矢田俊文氏は、奉公衆や寺社を組み込んだ議論が必要であると指摘しており[22]、西島太郎氏は、奉公衆など守護と結びつかない勢力を幕府体制上、どのように位置付けるかという課題を提示している[23]。そして、山田徹氏は、一国の内部を微細にみる視点を維持するとともに、一国ごとの秩序を超えた広域的な状況と、それに連動した諸々の動きを考察する必要性を指摘しており、多元的に結びつく中央―地方の諸関係とその展開を総合的に捉え、守護論を相対化する必要を指摘している[24]。

さらに、室町幕府と守護、国人の関係について、吉田賢司氏の研究をみてみよう[25]。吉田氏は、川岡氏の述べる幕府と守護の重層的支配体制について、形成過程・内実が不明瞭な上に、その評価にも検討の余地があると指摘している。そして、吉田氏によると、一五世紀前半の幕府は、直属国人や寺社本所の権益、指揮系統を確保する一方で、それ以外の地域については、守護に統治を委ねる方針を明確にしたとされている。ここに、幕府は、守護を通じて間接的に「面」として把握する地域と、幕府が直接的に「点」として把握する地域に整理していたとされており、室町幕府の権力編成について「系列化」という点を指摘している。

このような吉田氏の理解に対し、呉座勇一氏は、「文書様式から文書発給者の「権限」を〝発見〟し、幕府が国人たちを編成していくという〈上からの規定性〉を軸に「室町幕府軍制」を論じるのではなく、当事者主義を踏まえた〈下からの視点〉によって国人を取り巻く政治的・軍事的諸関係を解明[26]」する必要性を指摘している。

さらに、室町幕府と守護職に補任されていない「非守護地域権力」の関係について考察した大薮海氏によると、幕府は、南北朝動乱の過程で確立した地域権力を「知行主」として「追認」し、守護とともに地域支配にあたらせたとされている[27]。そして、畿内近国においては守護や「知行主」を介した「複線的協同分担システム」ともいうべき支配体制が成立していたとされている。

また、「守護・国人等の地域権力が、中央の領主社会の身分秩序や礼的秩序に包摂される構造」について考察した木下聡氏によると、室町幕府は、守護に加え、「南北朝期から在京活動させていた有力領主たちを外様・奉公衆に、在国領主を御家人へ、儀礼的秩序内に組み込んで個別に直接関係を結び、それらが各地域で達成していた関係・支配を媒介に全国的地域支配を展開した」としており、「支配体制と儀礼的秩序とが相互連関」していたとされている[28]。

このように、幕府の地方支配における国人の政治的役割については多くの指摘があり、「有力国人層の動向に着目しつつ、南北朝期室町幕府の地域支配について考察」した堀川康史氏は、「守護のみを取りあげて室町幕府の支配体制を語ることはできない段階に至っている」と指摘している。(29)

二、研究課題と本書の構成

1 課題と視角

これまで、室町幕府の地方支配と守護、国人に関する研究史を整理したが、次に、研究課題を整理するとともに、本書の視角を述べたい。

まず、室町幕府の地方支配に関する研究課題を整理してみよう。従来の室町幕府研究は、将軍権力の問題や、管領と将軍直臣団の対立をはじめとする幕府内部の政治動向に関する考察に主眼が置かれており、地方支配に関する研究は副次的な位置に止まっていたと考えられる。また、幕府の地方支配について、これまでの研究では、幕府―守護体制論にみられるように、守護による地域社会の統合という点を重視し、守護による分国支配を中心に理解されるか、将軍直属（奉公衆）か守護指揮下かという権力編成の問題に止まっており、地方支配の実態について明らかにされているとは評価し難い状況にある。とくに、室町幕府の全国支配に関する政治方針を明らかにすることは、幕府の地方支配を理解する上で重要な課題であり、幕府がどのような政治方針により地域の問題に対応したのかという点につい(30)

て考察する必要があろう。さらに、地方支配の担い手についても、守護や将軍直属国人という特定の勢力に限定して理解されているが、幕府がどのような勢力を通じて地域の問題解決を図ったのかという点について、地域の多様な実情や政治情勢の差異との関係をふまえつつ明らかにする必要がある。

そこで、本書では、地域の政治課題に対し、全国政権としての幕府が、どのようにして問題の解決を図り、また、地域権力にいかなる政治的役割を求め、地方支配を展開したのかという点について、地域性、すなわち地域の多様な実情との関係や、時代性、すなわち時期の推移による政治情勢の変化との関係をふまえつつ考察していく。これにより、室町幕府の地方支配の実態を明らかにするとともに、室町幕府と守護・国人の関係について検討を加えたい。

次に、守護、国人という地域権力についてみると、領国支配や領主制の解明に主眼が置かれており、政治動向の実態や、幕府の地方支配における政治的役割について明らかにされているとは評価し難い状況にある。

この点について、まず、南北朝・室町期の権力構造において重要な役割を果たしたとされる守護をみると、守護による分国支配の実態について、幕府の地方支配や地域社会の政治情勢との関係をふまえつつ考察する必要がある。さらに、室町期においては一族で複数の分国を保持した有力守護が存在しており、守護権力の構造を理解するには、分国支配の実態を明らかにするとともに、物領家と庶子家の関係について、すなわち広範囲に存在する一族分国を物領がどのように統制していたのかという点を明らかにする必要がある。これらの考察を通じて、室町期における守護権力の実態を明らかにするとともに、室町幕府の地方支配において守護がどのような役割を果たしていたのかという点について検討を加えたい。

これまで、室町幕府の地方支配と守護に関する研究課題を整理したが、川岡勉氏の室町幕府―守護体制論によると、南北朝・室町期の地域社会は守護によって統合され、守護を媒介項として中央国家に結び付けられていたとされており、守護による地域社会の統合という点が重視されている。しかし、中世国家と地域社会の関係を明らかにするには、地域社会に存在した多様な勢力の動向について考察する必要があると考えられる。また、この点について、本多博之氏は、自立性を持った陸や海の領主、広範囲に展開する流通経済や貿易、さらには諸国を行き交う人々の視点から守護の領国支配の実像を捉え直す必要があるとしており、自立した国人の存在形態に関する分析を通じて、幕府―守護権力を相対化する必要性を指摘している。(31) ここから、国人の政治動向を明らかにすることは、地域の多様な実情を理解する上で重要な意義を有すると考えられよう。

そこで、国人の政治動向に関する研究課題を整理してみよう。国人について、室町幕府―守護体制論においては、守護の「国成敗権を支えるべき存在」と位置付けられており、とくに嘉吉の乱後、地域権力の自立化が進む中で「守護公権に一元的に結び付けられていく」とされている。これに対し、吉田賢司氏は、幕府が直属国人の指揮系統を確保したという点を指摘しており、国人の政治動向については守護指揮下で行動した国人と、守護の指揮下から独立し、幕府に直属した国人という二つの系統の中で理解している。また、これまでの研究では幕府の地方支配における国人の政治的役割について、多くの指摘があるものの、幕府―守護―国人、幕府―直属国人という視点で限定的に理解されてきたと考えられる。しかし、国人と幕府・守護の関係については政治情勢によって差異がみられ、国人が一国規模での政治的役割を幕府から求められて行動した事例もみられる。(32)

ここから、南北朝・室町期の国人について理解するには、守護との関係に限定せず、また、将軍直属か否かという権力編成論で理解するのではなく、地域社会における国人の政治動向の実態について幕府の地方支配や地域社会の政治情勢との関係をふまえつつ明らかにする必要があろう。とくに、国人の政治動向と室町幕府・守護との関係について明らかにすることは、幕府の地方支配の実態を理解する上で重要な課題であり、室町幕府体制下において国人がどのような政治的役割を求められて行動したのかという点について、地域性との関係をふまえつつ考察していく。

これまで、室町幕府の地方支配と地域権力に関する研究課題を整理するとともに、研究視角を述べたが、本書では、南北朝動乱の勃発から応仁・文明の乱勃発に至るまでの西国の事例を中心に取り上げ、全国政権としての室町幕府の地方支配の実態を明らかにするとともに、守護・国人の政治動向について考察し、幕府、守護、国人の関係について地域性や時代性との関係をふまえつつ論述することで、室町幕府体制下における政治的安定がどのように実現したのかという点について検討を加えたい。

なお、本書で考察の対象とする時期においては、南北朝動乱という紛争状態を経て室町幕府体制が成立したことにより、一定の政治的安定が実現していたと考えられるが、応仁・文明の乱終結後の情勢をみると、地域権力が主体的に行動し、実力により勢力の拡大を図る動きがみられ、全国的に争乱が展開されている。ここから、室町期は、南北朝期と戦国期という全国的に争乱が展開された時期の中間に位置し、一定の「平和」が実現した時期と評価することができ、中世日本の国家と地域権力の関係を理解する上で重要な意義を有すると考えられよう。また、本書では、西国の事例を中心に述べたが、西国は、細川・山名・赤松氏という幕府権力を構成する有力守護の分国が存在し、幕府政治との密接な関連がみられ、幕府と地域権力の関係を考察する上で重要な地域と位置付けられる。これらの点から、本書では、南北朝・室町期における幕府の地方支配と地域権力の関係について西国の事例を中心に考察していくが、守護・国人との関係を中心に述べており、地域社会論との関係については、さほど述べることができなかったことを付言しておきたい。

2　本書の構成

それでは、本書の構成について述べたい。本書は、三部九章により構成する。

第一部では、「南北朝・室町期における室町幕府の地方支配と地域権力」と題し、室町幕府の地方支配と地域権力の関係について考察を行う。

まず、第一章では、「南北朝・室町初期における室町幕府の地方支配と地域権力」と題し、南北朝動乱勃発後、足利義満が死去する応永十五（一四〇八）年までの時期を取り上げ、幕府の地方支配と地域権力の関係について考察していく。これにより、幕府が南朝方の制圧という軍事課題が存在した中で、いかにして地方支配を展開したのかという点や、南北朝動乱が終結するなかで、室町幕府と守護、国人の関係がどのように変化したのかという点について検討を加える。

次に、第二章では「応永・永享年間における室町幕府の地方支配と地域権力」と題し、応永・永享年間の内、とくに足利義持・義教期における室町幕府の地方支配と地域権力の関係について、『満済准后日記』を中心に考察する。これにより、室町幕府体制の安定期ともいうべき応永・永享年間において、幕府がどのようにして地方支配を展開し、政治的安定の実現を図ったのかという点を明らかにしていきたい。

第三章では「嘉吉の乱後の室町幕府の地方支配と地域権力」と題し、嘉吉の乱による室町殿義教の死後、応仁・文明の乱勃発までの時期を取り上げ、嘉吉の乱後、幕府の地方支配と地域権力の関係がどのように変化したのかという点について考察を行う。

第二部では、「守護山名氏の分国支配と同族連合体制」と題し、守護による分国支配の実態を明らかにするとともに、守護権力の構造について考察を行う。なお、本書で対象とするのは、西国の有力守護であり、幕政にも重要な役割を果たしたとされる山名氏である。

まず、第一章では「南北朝動乱と山名氏」と題し、南北朝期における山名氏の政治動向と惣庶関係について、分国支配機構や被官層の動向、さらには当該期の政治情勢との関係をふまえつつ考察していく。

第二章では「安芸守護山名氏の分国支配と地域社会」と題し、山名氏の安芸支配について、幕府の地方支配や地域社会の政治情勢との関係の中で位置付け考察していく。

第三章では「室町期における山名氏の同族連合体制」と題し、明徳の乱終結以後、応仁・文明の乱勃発までの時期を取り上げ、山名氏の政治動向と惣庶関係について、分国支配機構や被官層の動向、さらには幕府との関係をふまえつつ考察していく。

第三部では、「西国における国人の政治動向と室町幕府・守護」と題し、西国、具体的には中国・四国における国人の政治動向について考察を行う。この際、室町幕府―守護体制を相対化する視点として、奉公衆、一宮、国境を越えた国人間の連携というテーマを設定し、地域社会における国人の政治動向と幕府・守護との関係について考察を行う。

まず、第一章では「安芸国人沼田小早川氏と室町幕府・守護」と題し、西国の有力奉公衆であった沼田小早川氏の政治動向について、幕府の地方支配や、守護、周辺国人との関係をふまえつつ考察していく。

第二章では「備後国人宮氏・一宮と室町幕府・守護」と題し、備後一宮―吉備津社との関係を有したとされる国人宮氏の政治動向について考察し、国人・一宮を中心とした地域社会の政治秩序と、幕府・守護との関係について検討を加える。

第三章では「伊予国人大野氏と室町幕府・守護」と題し、伊予山間部を本拠とした国人大野氏を取り上げ、伊予・土佐の国境を越えて形成された国人間の連携と、幕府・守護との関係について考察していく。

最後に、結論として、本研究の総括を行うとともに、今後の展望を述べたい。

註

（1）守護について、川岡勉氏は、「地域社会に足場をもつのみならず、幕府権力の構成要素として中世後期の中央国家を支える重要な役割を果たした」としており、「単なる地域権力ではない」と指摘している（川岡勉『室町幕府と守護権力』〈吉川弘文館、二〇〇二年〉）。川岡氏の述べるように、在京し幕政に密接に関与した有力守護について、単なる地域権力と位置付けることはできないが、一方で、守護は、秩序維持の担い手として地域において重要な役割を果たしている。本書では、このような側面を重視し、室町期の守護を地域権力として位置付け考察を行う。

（2）石母田正『中世的世界の形成』（伊藤書店、一九四六年）。

（3）佐藤進一「幕府論」（『新日本史講座』〈中央公論社、一九四九年〉。のち、同『日本中世史論集』〈岩波書店、一九九〇年〉に収録）。

（4）永原慶二『日本封建制成立過程の研究』（岩波書店、一九六一年）。

（5）羽下徳彦「越後に於る守護領国の形成」（『史学雑誌』六八―八、一九五九年。のち、同『中世日本の政治と史料』〈吉川弘文館、一九九五年〉に収録）。

（6）伊藤邦彦「播磨守護赤松氏の〈領国〉支配」（『歴史学研究』三九五、一九七三年）。

（7）佐藤進一「室町幕府論」（『岩波講座 日本歴史7 中世3』〈岩波書店、一九六三年〉。のち、同『日本中世史論集』〈前掲註3〉に収録）。
（8）黒川直則「守護領国制と荘園体制」（『日本史研究』五七、一九六一年）。
（9）永原慶二『大名領国制』（日本評論社、一九六七年）。
（10）池享「大名領国制試論」（永原慶二・佐々木潤之介編『日本中世史研究の軌跡』〈東京大学出版会、一九八八年〉。のち、同『大名領国制の研究』〈校倉書房、一九九五年〉に収録）。
（11）黒田俊雄「中世の国家と天皇」（『岩波講座 日本歴史6 中世2』〈岩波書店、一九六三年〉。のち、同『日本中世の国家と宗教』〈岩波書店、一九七五年〉に収録）、同『荘園制社会』（日本評論社、一九六七年）。
（12）田沼睦「室町幕府・守護・国人」（『岩波講座　日本歴史7　中世3』〈岩波書店、一九七六年〉。のち、同『中世後期社会と公田体制』〈岩田書院、二〇〇七年〉に収録）。
（13）川岡勉「室町幕府―守護体制の成立と地域社会」（『歴史科学』一三三、一九九三年）。
（14）歴史学研究会日本中世史部会運営委員会「小特集の趣旨」（『歴史学研究』六七四、一九九五年）。なお、地域社会論については、歴史学研究会日本中世史部会運営委員会ワーキンググループ「「地域社会論」の視座と方法」（『歴史学研究』六七四、一九九五年）を参照した。
（15）榎原雅治「中世後期の在地社会と村落祭祀」（『歴史学研究』六三八、一九九二年。のち、同『日本中世地域社会の構造』〈校倉書房、二〇〇〇年〉に収録）。
（16）石田晴男「室町幕府・守護・国人体制と「一揆」」（『歴史学研究』五八六、一九八八年）。
（17）川岡「室町幕府―守護体制の成立と地域社会」（前掲註13）、同『室町幕府と守護権力』（前掲註1）。「中世後期の国家体制と地域権力　討論」（『日本史研究』四六四、二〇〇一年）。
（18）吉田賢司氏によると、「大名」と「守護」は活動形態によって書き分けられていたとされている。すなわち、中央の幕政に関与する場合は「大名」とされる一方で、管轄する分国に関係のある事柄に関しては「守護」と呼ばれたとされている。本書では、「大名」と「守護」に関する理解について、吉田氏の見解に従い、考察を進めていく。吉田賢司「室町幕府による都鄙の権力編成」

〈中世後期研究会編『室町・戦国期研究を読みなおす』〈思文閣出版、二〇〇七年〉。のち、同『室町幕府軍制の構造と展開』〈吉川弘文館、二〇一〇年〉に収録)。
(19) 伊藤俊一「川岡報告へのコメント」(『日本史研究』四六四、二〇〇一年)。「中世後期の国家体制と地域権力　討論」(前掲註17)。
(20) 須田牧子「書評　川岡勉著『室町幕府と守護権力』」(『史学雑誌』一一四―一、二〇〇五年)。
(21) 山家浩樹「書評　川岡勉著『室町幕府と守護権力』」(『日本史研究』五二〇、二〇〇五年)。
(22) 「中世後期の国家体制と地域権力　討論」(前掲註17)。
(23) 西島太郎「中世後期の在地領主研究」(中世後期研究会編『室町・戦国期研究を読みなおす』〈前掲註18〉)。
(24) 山田徹「南北朝期の守護論をめぐって」(中世後期研究会編『室町・戦国期研究を読みなおす』〈前掲註18〉)。
(25) 吉田『室町幕府軍制の構造と展開』(前掲註18)。
(26) 呉座勇一「室町期の守護と国人」(『東京大学日本史学研究室紀要』一七、二〇一三年)。
(27) 大薮海「中世後期の地域支配」(『歴史学研究』九一一、二〇一三年)、同『室町幕府と地域権力』(吉川弘文館、二〇一三年)。大薮氏は、「知行主」について、「一定の地域を所領として幕府から支配することを認められ、知行地内において守護と同様に振る舞っていた存在」としている。
(28) 木下聡「室町幕府の秩序編成と武家社会」(『歴史学研究』九二四、二〇一四年)。
(29) 堀川康史「南北朝期室町幕府の地域支配と有力国人層」(『史学雑誌』一二三―一〇、二〇一四年)。
(30) 本書では、室町幕府について、室町殿を頂点とし、管領や守護、さらには奉行人をはじめとする諸機構により全国支配を展開した権力体と定義し考察を行う。
(31) 本多博之「書評　川岡勉著『中世の地域権力と西国社会』」(『日本歴史』七一一、二〇〇七年)。
(32) 拙稿「若狭本郷氏の動向と室町幕府・守護」(『若越郷土研究』五二―一、二〇〇七年)。

第一部　南北朝・室町期における室町幕府の地方支配と地域権力

第一章　南北朝・室町初期における室町幕府の地方支配と地域権力

はじめに

室町幕府体制は、南北朝動乱を「克服」する過程で成立したとされており[1]、幕府体制の成立期ともいうべき南北朝・室町初期において、幕府が反幕府方との戦闘をいかにして展開したのかという点や、領主間紛争をはじめとする地域の問題にどのように対応したのかという点について考察することは、幕府の地方支配の実態を理解する上で重要な意義を有すると考えられる。

そこで、まず、南北朝・室町初期における幕府の地方支配に関する先行研究をみると、幕府と南朝の対立をはじめとして、政治動向については多くの点が明らかにされているものの[2]、室町幕府が、地域の政治課題にどのように対応したのかという点や、幕府の地方支配と守護、国人という地域権力の関係については、さほど述べられていないのが現状である。

この点について、川岡勉氏の室町幕府―守護体制論によると[3]、南北朝期において荘園制の「衰退」という危機に直面していた中世国家は、「守護の裁量権を大幅に認める国政改革」を行ったとされており、守護は、在地から形成される地域秩序を統合し、「中央国家と地域社会との媒介項としての役割」を果たしたとされている。

川岡氏の述べるように、南北朝期においては、反幕府方勢力の制圧という軍事課題に対応するため、守護の権限が大幅に拡大されているが、南北朝動乱が終結する中で、将軍と守護の関係がどのように変化したのかという点について考察する必要があろう。

さらに、堀川康史氏によると、南北朝期においては、地域において幕府から軍事・政治的役割を求められ行動した有力国人が存在したとされており、(4)これら有力国人の動向と幕府の地方支配との関係を明らかにしていく必要がある。

そこで、本章では、南北朝・室町初期として、足利尊氏の建武政権からの離反後、足利義満が死去する応永十五（一四〇八）年までの時期を取り上げ、室町幕府の地方支配と、守護、国人という地域権力の関係について考察していく。これにより、南朝方との戦闘を展開した「戦時」体制下において、幕府が、いかにして軍事課題の解決を図ったのかという点や、南北朝動乱が終結し、「平時」体制に移行していく中で、室町幕府と守護、国人の関係がどのように変化したのかという点について検討を加えたい。

一、南北朝動乱の勃発と室町幕府

本節では、建武二（一三三五）年の足利尊氏の建武政権からの離反後、観応の擾乱勃発までの時期を取り上げ、幕府の地方支配と地域権力の関係について考察していく。

南北朝期においては、南朝を中心とする反幕府方との戦闘をいかにして有利に展開していくかという点が重要な課題であり、幕府は各国の軍事指揮官である守護・大将の権限を拡大することで、この課題に対応することを図ったと考えられる。

そこで、まず、大将の動向について考察するため、室津軍議を取り上げてみよう。建武三年二月、足利尊氏は九州に下向したが、播磨室津で「評定」を行い、後醍醐天皇方の追撃を防ぐ、臨時的措置として中国・四国地方の各国に大将を配置している。(5) すなわち、四国には細川氏が配置されており、細川和氏・顕氏の「成敗」により恩賞を給与することが認められている。また、中国地方についてみると、播磨に赤松円心、備前に石橋和義、備中に今川顕氏・貞国、安芸に桃井盛義、周防に大島義政（守護は大内長弘）、長門に斯波高経（守護は厚東武実）が大将として配置されている。そして、この大将の動向について桃井盛義を取り上げてみると、安芸国人の軍事動員を行うとともに、(6) 所領の預置を行っており、(7) 幕府方の軍事行動において重要な役割を果たしている。

なお、大将と守護が併記されている周防・長門について、川岡勉氏によると、大内・厚東氏は建武政権下で守護を務めていたが尊氏方に転じており、尊氏は、「守護という従来からの地位を各々に安堵」することで、大内・厚東氏が大将を支えることを期待したとされている。(8) また、大将の配置は、「尊氏西走期の緊張状態に対応するもので、足利政権の守護制に直接結びつくわけではない」とされており、室町幕府成立期の守護については、建武政権下の守護配置を「容認・継承」するものであったとされている。

大将・守護に関する川岡氏の理解は従うべき点が多いと考えられるが、川岡氏は伊予の事例を考察する中で、「国大将という立場で軍勢を動かしたあと、そのまま守護に就任するケースが多くみられる」と指摘している。ここから、南北朝動乱勃発後、反幕府方勢力の制圧を目的として配置された大将は、大規模な戦闘が終結するとその役割を終え、国別の軍事指揮官としての役割は、守護に一元化されたと考えられよう。

さて、延元元（一三三六）年三月、九州の多々良浜の合戦で菊池氏との戦闘に勝利した尊氏は、同年五月、摂津湊川の戦いで新田義貞・楠木正成を中心とする後醍醐天皇方の軍勢を破り、上洛し、京を掌握した。この後、後醍醐天皇は吉野に没落しており、越前の新田義貞や東北の北畠顕家、河内の楠木氏のような各地に分散している南朝方勢力をいかにして制圧していくかという点が、幕府の地方支配における課題となった。そして、幕府は、広域的な地方支配機関を設置するとともに、守護の権限を拡大することで、この軍事課題に対応することを図ったと考えられる。

そこで、まず、広域的な地方支配機関について、関東公方を取り上げてみると、足利尊氏の嫡子義詮が貞和五（一三四九）年に上洛するまで鎌倉にいたが、義詮の上洛後は「将軍末息九歳小童、為関東管領、左馬頭義詮朝臣上洛替下向[9]」と、尊氏の子の基氏が鎌倉に下向しており、以後、基氏の系統が関東公方を務めている。なお、関東における義詮の動向について、田辺久子氏によると、「主要な政務上の決定権は京都の尊氏・直義が握っていた」としており、義詮の任務は「軍事指揮官としてのもの」であったとされている[10]。そして、暦応年間には、幕府から鎌倉府への「施行権の委譲」がみられるとされており、この権限委譲は、「鎌倉府の主と関東武士との間に主従関係が生じる端緒」となったとされている。関東公方に関する田辺氏の理解には従うべき点が多いと考えられるが、ここでは、関東公方が関東における軍事・行政において重要な役割を果たしていたことを重視したい。

次に、九州探題をみると、延元元年三月の多々良浜の合戦で勝利し、九州を進発した尊氏は、九州に一色範氏を「とどめ[11]」ており、範氏は、九州における幕府方の軍事指揮官として行動している。しかし、少弐・大友・島津氏という有力守護が存在した九州においては、範氏の活動は制限されることとなったと考えられ、範氏は「上洛暇」を「度々言上」したものの、九回にわたって上洛が認められず[12]、暦応三（一三四〇）年二月、「被定鎮西料所、在国程可預置事」、「被定分国、可催促軍勢事」、「在所事」の三ヶ条を幕府に要求した[13]。このうち、二条目についてみると、筑前・豊前・肥後は少弐氏の指揮下に属し、これ以外の国については「道猷（範氏）可相催之旨」が認められていたが、筑後は凶徒が多く、肥前・豊後の国人は大友氏の動員命令に従わず、日向・大隅・薩摩は博多から離れており、島津氏が指揮権を有しているため、動員ができないことから、「難治」であると訴えている。そして、範氏は、博多の「近国」で分国を与えられることを幕府に要求しており、この分国で軍勢を動員し、軍事行動を展開すると申し出ている。ここから、九州における範氏の軍事行動が困難な状況に陥っていたことがうかがえるが、貞和二年十二月七日、足利直義は「鎮西沙汰」について範氏に御教書を発給しており[14]、この御教書について佐藤進一氏によると、「九州全土の領域的支配権を与えられて鎮西探題とよぶにふさわしい地位を得た」とされている[15]。このように、九州においては有力守護の存在により、その活動は制限されていたものの、一色範氏が、幕府方の軍事指揮官として、重要な役割を果たしていたことがうかがえよう。

　さらに、中国地方を所管した長門探題についてみると、貞和五年四月、足利直冬は「進発向長門国、於彼国可成敗八ヶ国[16]」と中国地方の八ヶ国（備後・備中・安芸・周防・長門・出雲・因幡・伯耆）を「成敗」するため下向したが、「評定衆・奉行人[17]」が同行しており、行政組織を伴うものであったことがうかがえる。

　なお、小川剛生氏によると、初期の室町幕府は足利一門を「遠隔地を支配する統治機関の首長に据え」、「日本をブロックごとに分割し、大幅に権限を委譲した」とされており、これは「全国的な内乱に対処するための非常措置」であったとしている[18]。南北朝期において、幕府は、遠隔地を複数のブロックに分け、広域的な地方支配機関を設置することで、それぞれの地域における軍事課題の解決、具体的には南朝方との戦闘を有利に展開することを図ったと考えられよう。

次に、守護についてみてみよう。南北朝期において、守護は従来から保持していた軍事指揮権・検断権に加え、使節遵行権・闕所地処分権・半済給与権を中世国家から付与され、大幅に権限が拡大したとされている。[19]この点について、山名氏の事例をみると、[20]南北朝期に西日本海沿岸諸国に進出した山名氏は、幕府方の軍事指揮官として国人を指揮下に置き、軍事行動を展開するとともに、荘園の押領や下地中分を行うことで地域における勢力の拡大を図った。そして、山名氏は、鎌倉期からの被官に加え、西国を出自とする新規被官を通じて分国支配を展開している。さらに、山名氏は、反幕府方との戦闘の勲功として多くの守護職を与えられており、当該期においては複数の守護職を保持する有力守護が出現している。これらの点から、幕府は守護の権限を拡大する、いわば「分権化」ともいうべき政策を実施することで、守護の指揮下に国人を結集させ、反幕府方との戦闘を展開することを図ったと考えられよう。

これまで、幕府の地方支配と守護の関係について述べたが、次に、南北朝期における国人の動向をみてみよう。南北朝期においては、守護の権限が拡大され、各国の軍事行動が守護を中心に展開される中で、国人は守護指揮下で行動しているが、地域の実情に応じて、幕府が有力国人に軍事的役割を求めた事例がみられる。この点について、次の史料をみてみよう。[21]

義貞已下京方軍勢、於海道悉討落了、仍所令発向京都也、早相催若狭国地頭御家人、可致軍忠之状如件、

建武二年十二月廿七日　（足利尊氏）（花押影）

（本郷貞泰）美作左近将監殿

建武二年十二月、足利尊氏は、「若狭国地頭御家人」を動員し軍事行動を展開するよう、若狭国人本郷貞泰に命じた。建武二年段階の若狭において、守護が補任されていたことは確認できず、尊氏は、有力な与党勢力であった本郷氏に軍事的役割を求めることで、反尊氏方との戦闘を展開することを図ったと考えられる。(22) しかし、このような本郷氏の軍事的役割は、建武三年七月の斯波家兼の若狭守護補任とともに変化しており、若狭における幕府方の軍事行動は守護を中心に展開されている。ここから、建武二年の本郷氏の軍事的役割は、守護補任までの暫定的な措置であったと考えられよう。

さらに、安芸国人沼田小早川氏の事例をみると、(23) 沼田小早川氏は、守護武田氏と「古敵」という関係にあり、南北朝期において守護指揮下で行動した事例を確認することはできない。また、貞治二（一三六三）年、沼田小早川氏は、守護を介さず、将軍義詮に直接、軍事情勢を注進しており、将軍との直接的な関係が確認できる。このように、幕府は、有力国人に対しては守護を通じてではなく、直接、軍事的役割を求めており、有力国人が守護指揮下から独立して軍事行動を展開した事例がみられる。これらの点から、幕府は、守護に限らず有力国人に軍事的役割を求めるなど、様々な方法により軍事編成を行うことで、南朝方との戦闘という軍事課題に対応することを図ったと考えられよう。

これまで、南北朝期における幕府の地方支配について述べたが、幕府方と南朝方の戦闘についてみると、建武五年五月に北畠顕家、同年閏七月に新田義貞が戦死しており、早い段階で幕府の軍事的優位性が確立したと考えられる。しかし、守護の権限拡大は、守護の勢力を拡大させることとなり、複数の守護職を保持する有力守護の対立が新たな政治課題として現れている。また、当該期の将軍権力についてみると、足利尊氏が掌握する「主従制的支配権」と、足利直義が掌握する「統治権的支配権」という二つの権能が存在しており、尊氏・直義による「両頭政治」が行われたとされているが、[24] 高師直（尊氏の執事）と直義の間で対立が生じ、観応の擾乱が勃発している。観応の擾乱では、両者の対立が、有力守護の対立と密接に関連しながら展開していくのだが、この点については節を改めて論じたい。

本節では、足利尊氏の建武政権からの離反後、観応の擾乱勃発までの時期を取り上げ、幕府の地方支配と地域権力の関係について考察した。反幕府方勢力の制圧という政治課題が存在する中で、幕府は、広域的な地方支配機関を設置するとともに、守護の権限を拡大する、いわば「分権化」ともいうべき政策を実施することで、南朝方との戦闘を展開することを図ったと考えられる。また、幕府は、有力国人が存在した地域においては、守護を通じてではなく、有力国人に直接、軍事的役割を求めており、南朝方との戦闘という軍事課題に対応するため、地域の実情に応じて様々な軍事編成を行ったのである。

二、室町幕府の内訌と有力守護

本節では、観応の擾乱勃発後、康暦の政変により細川頼之が没落する康暦元（一三七九）年までの時期を取り上げ、室町幕府の地方支配と地域権力、とくに有力守護との関係について考察していく。

まず、観応の擾乱の勃発についてみてみると、貞和五（一三四九）年八月、高師直は「相催一族、欲討右《(左)》武衛将軍《(直義)》」と、一族を動員し、足利直義を追討することを図った。[25] また、両者の対立の経過をみると、「師直軍旅寄来大納言亭、大略巻籠、囲四方云々、其勢更無際限、天下武士千葉・宇都宮以下大略属師直、大納言兄弟方大略無人、不及師直勢半分」[26]と、師直は尊氏の館を包囲したが、多くの武士が師直方として行動しており、尊氏・直義方の軍勢は師直方の半分にも及ばなかったとされている。そして、「問答已及十余度」の結果、直義方の上杉重能・畠山直宗の配流と、「左兵衛督政道口入可被止之、関東左馬頭已成人之上者、召上可有沙汰」、すなわち直義の政務停止と足利義詮の関東からの上洛が決められ、尊氏の館を包囲していた師直の軍勢は退去した。そして、九月には「兵衛佐直冬可追討、可遣討手」[27]と、直冬の追討が決定されている。ここに、尊氏・師直方の勝利が確定したが、この点について、新田一郎氏によると、足利尊氏は「推移してゆく状況に対応を迫られては当面の事態の収拾のために抵抗の小さい落とし所を模索し、その場しのぎの対応を繰り返していた」[28]とされている。

観応の擾乱における尊氏の動向については、新田氏の理解に従うべきと考えているが、次に、足利直義の動向をみると、観応元（一三五〇）年十月に「逐電」[29]した直義は、同年十一月、河内に下向しており、畠山国清・細川顕氏・石塔頼房らがこれに「同心」している。[30]そして、観応二年二月十七日の摂津打出浜の合戦により直義方が勝利し、[31]戦闘に敗北した高師直は殺害されており、[32]尊氏と直義は和睦し、直義が幕政に復帰した。しかし、両者の和睦は早期に決裂し、同年八月、直義は越前に下向しており、以後、尊氏方、直義方（文和元〈一三五二〉年二月の直義死後は直冬方）、南朝方の間で戦闘が展開されている。

なお、観応の擾乱の勃発により、山陰の有力守護山名氏が反幕府方に転じ、直義・直冬方として行動している。[33]山名氏は、日本海水運の要衝であった若狭遠敷郡小浜津を含む所領である税所今富名や出雲守護職をめぐって尊氏方の佐々木導誉と対立しており、この導誉との対立を契機として反尊氏方に転じたと考えられる。ここから、複数の守護職を保持する有力守護は、尊氏・師直方と直義方の対立という状況下で、自己の権益を確保することを重視し、行動していたという点を指摘することができよう。また、山名氏は、伯耆・出雲・因幡・美作を軍事的に制圧するとともに、足利直冬と連携して京に侵攻した。さらに、周防の大内氏も反幕府方として行動しており、当該期の中国地方においては有力な反幕府方勢力が存在している。

それでは、次に、反幕府方勢力が存在した中国地方において、幕府が、どのようにして軍事行動を展開したのかという点について考察してみよう。延文元（一三五六）年五月、幕府は、足利直冬や山名氏という反幕府方勢力に対応するため、中国管領として細川頼之を派遣した。なお、この中国管領補任に当たって、頼之は「所詮就中国発向、国之闕所、自専可宛行軍旅之士之由所望、許容遅々、仍及下国之企」[34]と、闕所について、自身の判断により軍勢に与えることを要望したが、なかなか認められなかったため、「下国」することを図った。また、頼之の下国に対し、幕府は細川清氏を使者として派遣し、説得を試みているが、このような頼之の動向に対し、『園太暦』の記主洞院公賢は「近来武士所存皆如此、以資欲替其恥歟」[33]と、当時の武士の傾向として、「恥」にかえても、「恣欲」を実現することを重視していると批難している。ここに、「恥」をも顧みず、また、将軍の上意をも軽視し、勢力を拡大させることを図る有力守護の志向をうかがうことができよう。

ここで、中国地方における細川頼之の動向をみると、頼之は、備前・備中・備後・安芸において軍事動員を行い、反幕府方勢力に対する軍事行動を展開するとともに、所領の預置や所領安堵を行っており[35]、中国地方における幕府方の軍事・行政において中心的な役割を果たしていたと考えられる。そして、貞治二（一三六三）年には山名氏と大内氏が幕府方に帰順するとともに、足利直冬が備後国人宮氏との戦闘に敗北しており[36]、中国地方における幕府方の軍事的優位性が確立した。なお、大内・山名氏が帰順した背景をみると、大内氏は周防・長門の守護職を、山名氏は丹波・

丹後・美作・伯耆・因幡の守護職と、若狭遠敷郡税所今富名を与えられており[37]、これらの諸職の給与を条件に幕府方に帰順したと考えられる。

これまで、中国地方の事例を取り上げ、反幕府方勢力に対する幕府の対応を述べたが、次に、京における有力守護の対立についてみてみよう。まず、侍所頭人を務めた仁木義長の動向をみると、文和四年四月、「義長与清氏有間企合戦、而将軍向清氏許、宰相中将同義長許、種々制止、誘問答、仍無為、然而内心猶不和歟[38]」と、義長と細川清氏の間で対立が生じており、尊氏と義詮が制止したことにより「無為」になったが、両者は「猶不和」であったとみえる。そして、義長は、延文五（一三六〇）年七月、幕府内の対立を契機として「没落」し、南朝方に転じている[39]。

また、仁木氏と対立した細川清氏の動向をみると、延文二年六月、細川清氏は越前の守護職を「所望」したが認められなかったため、阿波に下国している[40]。さらに、康安元（一三六一）年九月、細川清氏は、幕府内の対立を契機として若狭に「没落」し[41]、反幕府方に転じており、南朝方の楠木正儀とともに京に侵攻している[42]。

このように、当該期においては、有力守護間で抗争が勃発しているが、有力守護の動向をみると、反幕府方に転じて行動することで自己の勢力の維持・拡大を図った事例がみられる。ここから、有力守護が幕府内の対立を契機として幕府に敵対し、南朝方に転じて軍事行動を展開したため、南北朝動乱勃発後、南朝に対する幕府の軍事的優位性が早い段階で確立したにもかかわらず、幕府方と南朝方の戦闘は長期間にわたって展開されることとなったと考えられよう。また、南朝という敵対勢力が存在し、観応の擾乱にみられるように幕府内部でも抗争が展開する中で、守護に対する室町将軍の統制は絶対的なものではなかったと考えられ、将軍の命令に守護が従わず、守護の対立という政治問題を将軍が解決することができなかった事例もみられる。ここから、当該期においては、有力守護をいかに統制していくかという点が、室町将軍にとっての重要な課題であったという点を指摘することができよう。

それでは、将軍足利義詮は、どのようにして有力守護を統制することを図ったのだろうか。この点について、将軍権力の強化という点から考察してみよう。まず、吉田賢司氏によると、尊氏・義詮に分掌されていた幕政は、尊氏の死にともない義詮に一元化されており、義詮は将軍親裁を行ったとされている[43]。また、佐藤進一氏によると、義詮は斯波氏を執事に任じ、「家来なみ」に扱うことで「将軍家を絶対化」することを図ったとされている[44]。これらの点から、義詮は、親裁を行うとともに執事として斯波氏を起用することで、室町将軍の権力を強化し、有力守護の対立という政治課題に対応することを図ったと考えられよう。

これまで、足利義詮が将軍権力の強化を図ったという点を述べたが、義詮は、貞治六年十二月に死去し、将軍による親裁は中断された。そして、足利義満が義詮の跡を継いだが、義満の幼少期においては、管領細川頼之が義満を補佐しており、頼之について、吉田賢司氏は、「従来の執事と明確に異なる管領としての実態を具備するに至った[45]」と指摘している。また、『太平記』によると、頼之の管領就任をもって「中華無為」になったとみえ、頼之の管領在任時については、室町幕府体制が安定に向かう時期と評価することができよう。すなわち、斯波氏の執事在任時に、山名・大内氏という有力な反幕府方勢力が帰順し、九州を除いて大規模な戦闘は終結しており、これ以後、有力守護が反幕府方に転じて行動する事例はみられなくなる。ここに、幕府の軍事的優位性が確立する中で、反幕府方に転じて行動することで権益の維持・拡大を図るという選択肢が有効ではなくなったという点を指摘することができよう。しかし、頼之の管領在任時にも守護の対立はみられ、幕府が、有力守護の対立という政治課題にどのように対応したのかという点を考察する必要がある。

そこで、細川頼之の管領在任時の有力守護の動向をみると、頼之の上洛と管領就任に当たって、山名時氏は不満を示しており、両者の対立が「天下之乱[46]」に及ぶことが懸念されている。さらに、山名氏と細川頼之の対立についてみると、応安六（一三七三）年十二月、「諸国軍勢等悉馳上京都由、風聞、是山名右衛佐入道与執事不和之故云々、其間説縦横、不遑委記、然而無殊事、両方和平之間、後日軍兵等下国云々[47]」と、山名師義と細川頼之の対立により、諸国の軍勢が京に上洛したが、師義と頼之が「和平」したことにより、軍勢が下国したことがうかがえる。

また、応安三年十二月には細川頼之と土岐頼康の間で対立が生じている。すなわち、「今日土岐大膳大夫入道下向尾州了、日来執事欲誅伐之間、於京都構可決雌雄、不下向、連々夜々騒動、而土岐方大名等多与同之間、執事不被誅伐之、頻令退屈之間、以無為之篇下向云々、其間説縦横、不遑委記之、土岐下向ハ明年正月父入道存考、相当卅三廻之間、為執行彼仏事云々、天下属無為之事、万民之大慶也[48]」と、頼之は頼康を京で「誅伐」することを図ったが、頼康に多くの「大名」が「与同」したため、実行できなかったことがうかがえる。しかし、頼康は父の仏事のために尾張に下向しており、このため両者の対立は回避され、「天下」が「無為」に属したとされている。

このように、義満の幼少期、細川頼之の管領在任時には、頼之と対立する有力守護が存在しているが、義満が、守護の対立という政治問題を調停した事例はみられず、山名氏と細川氏の抗争にみられるように、当事者の「和平」によって「無為」が実現した事例や、土岐氏と細川氏の抗争にみられるように、当事者の一方が京を離れることによって戦闘が回避された事例がみられる。ここから、当該期においては、将軍足利義満が、守護の対立という政治問題を解決することは困難だったと考えられるのではないか。なお、このようなあり方は、細川頼之が没落した康暦の政変後、変化していくと考えられるが、この点については節を改めて論じたい。

これまで、細川頼之の管領在任時の有力守護の動向について述べたが、次に、当該期における幕府の地方支配について見てみよう。まず、南朝方が優勢であった九州をみると、幕府は九州探題として今川了俊を派遣することで、九州の南朝方勢力に対応することを図った(49)。先述したように、九州においては、少弐・大友・島津氏という有力守護が存在したが、了俊は、少弐冬資を誘殺しており、これを受けて島津氏は了俊に敵対している。そして、幕府は周防・長門の大内氏を九州に派遣しており、九州においては、九州探題今川了俊と大内義弘が連携して反幕府方勢力に対する軍事行動を展開している。これにより、九州の南朝方勢力は衰退したが、九州探題・大内氏と、九州の有力守護の対立という政治状況は、南北朝動乱終結後も解消されず、永享二（一四三〇）年には少弐・大友氏が大内氏と対立し、大規模な紛争が勃発している。

また、当該期においては、九州を除いて大規模な戦闘が終結したことに伴い、守護の自立化を抑止する動きがみられる。この点について、応安半済令をみてみよう。応安半済令(50)によると、「禁裏　仙洞御料所・寺社一円仏神領・殿下渡領等」、すなわち皇室領や寺社の一円領、摂関家領については、半済を適用せず、武士の押領を停止するとともに、これらを除く所領については半分に分け、半分を荘園領主に沙汰付けし、知行させることが定められている。そして、残りの半分の「預人」である武士が荘園領主側の半分を押領すれば、全てを荘園領主側に返付するとされている。なお、この半済令について、村井章介氏は「危機に瀕した本所の荘園支配をたてなおし、同時に幕府にとって危険な兆候である守護の自立化にはどめをかけること。これが応安大法の中心的な意図だった」としている(51)。村井氏の指摘するように、応安半済令は守護による所領の押領や兵粮料所化を制限するものであり、幕府は、地域における守護の勢力拡大や自立化を抑止することを図ったと考えられよう。

さらに、当該期における幕府の地方支配と守護・国人の関係をみると、応安七年八月、幕府は備後国人山内氏と三吉氏の合戦について「先止合戦、速可仰上裁」と、備後守護今川了俊に命じた[52]。この事例にみられるように、幕府が、地域で勃発した紛争について、将軍足利義満の裁定によって解決するという方針を明示した点は重視すべきだろう。すなわち、幕府は、将軍の裁定によって地域の紛争を解決することで、地域社会の安定の実現を図ったのである。

本節では、観応の擾乱勃発後、康暦の政変までの時期を取り上げ、幕府の地方支配と地域権力、とくに有力守護との関係について考察した。当該期においては、観応の擾乱にみられるように幕府内部で抗争が勃発するとともに、有力守護間で対立が生じているが、守護の動向をみると、反幕府方に転じることで勢力を維持・拡大する動きがみられる。しかし、貞治二年の山名・大内氏の幕府方への帰順により、幕府の軍事的優位性が確立し、守護が南朝方に転じて行動する事例はみられなくなる。また、このような状況下で、義詮は親裁を行うとともに、足利氏の有力一門である斯波氏を執事に起用することで、将軍権力の強化を図ったと考えられるが、義詮の死により親裁は中断されており、義詮死後は、幼少の義満が跡を継ぎ、細川頼之が管領として幕政を主導している。そして、頼之の管領在任時には、頼之と対立する有力守護が存在しているが、将軍義満が、有力守護の対立という政治問題を解決した事例はみられない。ここから、当該期においては、守護の自立化を抑止し、いかにして有力守護を統制するかという点が、幕府の地方支配における重要な課題であったと考えられよう。

三、室町初期における幕府の地方支配と室町殿義満

本節では、室町初期として、細川頼之が没落した康暦の政変後、足利義満が死去する応永十五（一四〇八）年までの時期を取り上げ、幕府の地方支配と地域権力の関係について考察していく。

まず、細川頼之が没落した康暦の政変についてみてみよう。先述したように、義満の幼少期には管領細川頼之が幕府政治において重要な役割を果たしていたが、斯波・山名氏を中心とする反細川方の有力守護との間で抗争が勃発している。そして、康暦元（一三七九）年、義満は、これら反頼之方勢力の存在を背景として頼之を京から追放した。すなわち、『後愚昧記』康暦元年二月二十日条によると、「世上騒動、然而無為明了、分明不知何事、巷説云、執事頼之朝臣也、諸大名等可退治彼朝臣之結構等有之、依之如此云々、或云、如此諸大名等厭却之間、頼之朝臣欲没落四国、而大樹抑留之云々」と、諸大名が頼之を追討することを図り、頼之は四国に下向することを図ったが、義満が慰留したことがうかがえる。さらに、『後愚昧記』康暦元年閏四月十四日条によると、「大樹以使者可退出京中之由仰遣之云々、佐々木大膳大夫高秀并土岐伊与入道等以下一揆衆所行也、大樹同意之由、或称之、或又大名等囲大樹宅、強而欲令追討頼之朝臣之由、称之、両様説不一決之、但多分説、大樹沙汰之趣也」と、義満は頼之に退京を命じており、佐々木高秀をはじめとする反頼之方の大名の意向に義満が同意したという説や、大名が義満に頼之追討を強要したという説があったものの、頼之の追放については、義満の沙汰であるという説が有力視されていた。そして、『花営三代記』康暦元年十二月三日条によると「山名讃州（義幸）下向之、為与州中国合戦合力」と、中国地方と伊予における頼之との戦闘に対応するため、山名義幸が下向している。さらに、康暦の政変後、備後守護は細川頼之から山名氏の惣領時義に交

替しており、時義は、伊予守護河野氏と連携して行動している。(53)ここから、義満は、山名氏を通じて、中国・四国地方における細川方勢力に対応することを図ったと考えられよう。

次に、四国に下向した細川頼之の動向をみてみよう。康暦の政変後、伊予守護は細川頼之から河野通直に交替したが、頼之は、伊予に侵攻して河野氏と戦闘におよび、通直を敗死させた。そして、康暦二年十二月、義満は、「所有御免也、早一身可参洛」(54)と頼之の弟の頼元を赦免し、上洛を命じている。さらに、伊予をめぐる細川氏と河野氏の関係についてみてみよう。(55)

伊与国守護職以下事、成下安堵於河野亀王丸訖、惣而於当国者、不可有其綺、可存知此趣状如件、

康暦二年十二月廿九日　御判（足利義満）

細河右京大夫殿（頼元）

康暦二年、義満は伊予の守護職を河野通直の子の亀王丸に安堵したことを伝え、「不可有其綺」と、伊予に干渉しないよう頼元に命じた。ここから、足利義満が伊予における細川氏と河野氏の紛争を抑止することを図ったという点を指摘することができよう。

なお、康暦の政変について、榎原雅治氏は、「義満が頼之の庇護から脱し、専制政治家への歩みを始める契機となった」政変としており、(56)小川剛生氏によると、義満は、康暦の政変を契機として「公武社会に君臨する「室町殿」へと変貌を遂げ」たとされている。(57)そこで、康暦の政変後の義満親政期における幕府政治についてみると、新田一郎氏は、斯波方と細川方の対立という情勢下で、「両派の上に立つ幕府の首長としての義満の立場を確認することとなった」としており、義満は、「両派の対立の調整と操作」に「権力の存立の可能性を見出」すとともに、独自の権力基盤の構

築を図ったとしている。[58]また、吉田賢司氏は、義満期に「所属や案件ごとに伺いを受け決済を下す」親裁方式が形成されたとしており、「公家・武家・寺社の各層から義満親政に期待が集まることで、これらに跨る室町殿権力が創出された」としている。[59]そして、足利義満「執政」期における幕府の安堵政策について考察した松園潤一朗氏によると、義満は「所領移転のさまざまな機会に安堵を発給し、旧領・当知行地の安堵を広く行」い、これらを「施行・遵行の対象とすることで安堵の効力を高め、所領秩序の安定化を意図する政策」を実施したとされている。[60]さらに、松園氏によると、「幕府の安堵施行の体制は、南北朝動乱の終息化という社会的状況と、将軍（室町殿）権力の安定化、守護在京制による守護と荘園領主の利害折衝などの条件のもとで可能になった」とされている。幕府の安堵政策に関する松園氏の理解は、従うべき点が多いと考えられるが、このような安堵政策が実施された背景については、義満期における「将軍権力の安定化」という点を重視すべきだろう。このように、康暦の政変後、義満は親政を展開したとされているが、とくに、応永六年に勃発した応永の乱後の義満の動向をみると、守護の家督問題に介入し、「恣意的な人事を行い」、「武士たちの不満を抑え込んで専権を揮った」という点が指摘されている。[61]ここから、義満親政期の幕府政治においては、室町幕府の長である室町殿の上意が重要な役割を果たしていたと考えられよう。

それでは、地域権力は、室町殿の上意をどのように認識していたのだろうか。この点について、次の史料をみてみよう。[62]

申定条々

一、専京都　上意、無二心可致忠節事、

一、京都　上裁外、就私不慮儀於出体時者、此衆中各如身上存、可致合力、若依讒□無私曲之処、預非分御沙汰

時者、一同可歎申事、
一、於此衆中大儀出体時者、衆中令談合、可本衆儀事、
右、如此申定候上者、聊不可有異篇之儀候、若此条々偽申候者、
日本国諸神、殊当国鎮守阿蘇大明神八幡大菩薩天満天神御罰可罷蒙候、
応永四年九月十一日　　惟政（阿蘇）（花押）
小代殿

これは、応永四年九月、肥後国人阿蘇惟政が、同国の国人小代氏に宛てた契約状である。この契約状が作成された背景について、柳田快明氏は、応永三年の九州探題今川了俊の解任による政治状況の変化を挙げている(63)。すなわち、この一揆契約は、南朝方に近かった阿蘇惟政の主導によるものとされており、一貫して幕府方として行動した小代氏を含む複数の国人と一揆を結成し、幕府・将軍への忠節を誓い、これを将軍家に伝達することが一揆の最大の目的であったとされている。

そして、この契約状によると惟政は、「専京都　上意」とあるように、室町殿義満の上意を優先することを明言している。また、惟政は、「京都　上裁外」、すなわち上意による御成敗の外に問題が起こった場合は、衆中で合力するとしており、紛争を解決する上で室町殿の上意を重視していた。一方で惟政は、「非分御沙汰」に対しては衆議により抵抗することを明記し、衆中の問題については衆議による解決を基本とするとしており、室町殿の上意と国人間の衆議の双方によって問題の解決を図ったと考えられる。この契約状は、今川了俊の解任という政治状況の変化を受けて作成されたものであり、どこまで一般化しうるかは慎重に考える必要があるが、国人が衆議によって上意に抵抗し、

上意を相対化することを図る一方で「専京都　上意」と表明したように、室町殿の上意を重要な存在と認識していた点は重視すべきだろう。

このように、義満期には、紛争解決や、地域社会の秩序維持において室町殿の上意が重要な存在と認識されていたと考えられる。それでは、当該期において、幕府はどのように地方支配を展開したのだろうか。この点について、守護、国人との関係を中心に考察してみよう。

まず、守護についてみると、室町殿足利義満は、土岐・山名・大内氏の反乱を鎮圧し、これら有力守護の勢力を削減している。すなわち、康応元（一三八九）年、義満は、土岐氏の内紛を契機として美濃・伊勢守護土岐康行の追討を命じており、康行追討後、美濃は土岐頼世に、伊勢は仁木満長に与えられている。また、明徳二（一三九一）年、一族で十二ヶ国の分国を保持していた山名氏の内部問題を契機として明徳の乱が勃発したが(64)、義満は「戒メ沙汰セズンバ向後誰カ上意ヲモ重ジ奉ルベキ、併大逆ノ基也(65)」と、室町殿の上意に対する信任を維持することを重視し、山名氏清・満幸の討伐を決意している。そして、義満は、京都内野の戦闘で氏清・満幸の軍勢を破り、山名氏の分国は、但馬・因幡・伯耆の三ヶ国に削減されている。

次に、応永の乱についてみると、応永六年、周防・長門・豊前・石見・和泉・紀伊の守護職を保持していた有力守護大内義弘が和泉堺で反乱を起こしており、乱後、大内氏の分国は周防・長門の二ヶ国に削減されている。なお、義満は、禅僧絶海中津を派遣し、義弘の説得を試みているが(66)、このような対応は明徳の乱においても確認することができ、山名氏の一族である義理を通じて氏清・満幸の説得を図った。ここから、明徳の乱、応永の乱において、義満が戦闘を回避し、政治的な解決を図っていたという点を指摘することができよう。このように、康暦の政変後、相次いで有力守護の反乱が勃発したが、義満は、戦闘の回避を図るとともに、上意に対する信任を維持することを重視して、これらの反乱に対応している。また、新田一郎氏は、「義満の主導のもとに、斯波・細川両派の対立という構図自体が解体されつつ」あり、「明徳の乱を通じて義満の突出した優位性が明らかに示された」という点を指摘している。[67]これらの点から、守護に対する室町殿の絶対性・優位性は、土岐・山名・大内氏という有力守護の反乱を鎮圧していく過程で確立したと考えられよう。

ここで、当該期における義満と守護の関係について、守護在京という問題から考察してみたい。守護在京制は、義満期に成立したとされており、「守護の幕府支配体制からの離脱を阻止する」政策として理解されてきたが[68]、守護の在京について、山田徹氏は「在京する有力者が守護職を帯びる状況が鎌倉期より続いている」と指摘しており、「将軍権力の強制・統制という視角」のみから理解すべきではないとしている。[69]山田氏の述べるように、守護については在京の志向性が認められ、在京有力者が守護職を帯びるという指摘は、従うべきと考えられる。しかし、守護が幕府に敵対した事例や、有力守護の対立という事例がみられる南北朝・室町初期において、有力守護の統制は重要な課題であったと考えられ、義満が、守護に在京を命じることで守護の統制を図ったという点も重視すべきだろう。すなわち、永徳元（一三八一）年九月、上洛した丹波・和泉守護山名氏清は「直向内府亭云々、於今可在京云々」[70]と義満から在京を命じられている。また、山名氏の惣領時氏は応安四年二月に死去し、その遺骸は丹波に葬送されたが、「子息右衛門佐入道上洛、逢終焉」[71]と、時氏の子の師義は父の死に当たって上洛しており、師義は在国していたとみられる。さらに、細川頼之の動向をみても、康暦の政変で四国に下向した後、永徳三年に法要のため上洛した時期を除き、明徳二年までは在国しており、この四国在国について、小川信氏によると「四国の分国統治を充実するためにも大きな効果があった」とされている。(72)このように、当該期の守護については、在国し、分国支配を展開するという志向がみられ、足利義満は、山名氏清の事例にみられるように、守護に在京を命じ、室町殿の下に結集させることで、南北朝期に勢力が拡大した守護の自立化を抑止することを図ったと考えられる。

これまで、室町殿義満と守護の関係を述べたが、次に、国人の動向について考察してみたい。まず、周防国人曽我氏の事例をみてみよう。(73)

曽我美濃入道所領周防国与田保事、其身当参奉公之上者、於国軍役已下果役、可為免許候、国事《マヽ》可被加扶持也、

永和四
十月十五日　　義満在判
大内左京権太夫《(義弘)》殿

永和四（一三七八）年、義満は周防国人曽我氏について、義満に「奉公」していることから、軍役以下の課役を免除するよう周防守護大内義弘に命じた。さらに、義満は、曽我氏に対し周防で「扶持」を加えるよう義弘に命じている。ここから、義満が、自身に「奉公」していた有力国人について、地域での権益を維持・拡大するとともに、守護による課役を停止させることを図ったという点を指摘することができよう。

さらに、安芸国人沼田小早川氏の事例をみると、応永十二年二月、義満は、沼田荘の領家職について、「下地」は沼田小早川氏が「領知」することを認めている。(74)また、応永の乱後、沼田小早川氏は、周防・長門で料所を預け置かれており、(75)義満が沼田小早川氏を通じて大内氏対策の実行を図ったことがうかがえる。

次に、若狭国人本郷氏の事例をみると、嘉慶二（一三八八）年、幕府は、本郷氏の本拠である大飯郡本郷の「役夫工米」

について段銭京済と守護使不入を認めている。[76] さらに、若狭における本郷氏の動向をみると、明徳二年十月、幕府は、本郷氏と佐分氏の両使遵行によって若狭の段銭を徴収している。[77]

なお、吉田賢司氏は、「守護の軍事指揮を規制する守護使不入があらわれるのは、戦局の安定化にともない戦時体制の是正が可能になったことも関係」しているとしている。[78] また、「それまで単発的だった不入特権付与の範囲が応永期に拡大」するのは、「平時体制に移行する環境」が整ったためとしているが、有力国人の権益の維持・拡大という点を理解する上で重視すべき視点と考えられよう。

このように、義満は、地域における有力国人の権益を維持・拡大するとともに、守護からの課役徴収を停止しており、これら有力国人については幕府の地方支配において政治的役割を求められ行動した事例がみられる。また、これら有力国人の多くが、将軍直属の軍事力である奉公衆の構成員として確認することができる。そして、義満期に成立したとされる奉公衆は、[79] 明徳の乱においては「御馬廻三千余騎」[80] として、応永の乱においては「御馬廻二千余騎」[81] として、将軍直属の軍事力として戦闘を展開している。そして、奉公衆成立の背景については、義満が、直属の軍事力を創出することで室町殿の権力の強化を図ったという点を指摘することができよう。

これまで、康暦の政変後の幕府の地方支配と地域権力の関係について述べたが、幕府の軍事的優位性が確立する中で、義満は、守護の勢力を削減し、守護を室町殿の下に結集させるとともに、九州探題今川了俊を解任した事例にみられるように、広域的な地方支配機関の自立化を抑止することを図っている。[82] ここから、義満は、南北朝動乱が終結する中で、反幕府方勢力との戦闘を展開することを目的として実施された守護の権限拡大という、いわば「戦時」体制下での「分権化」政策を見直し、「平時」体制への移行を図ったという点を指摘することができよう。すなわち、応安半済令や、守護在京制の確立、さらには奉公衆の成立は、「戦時」体制から「平時」体制への移行の一連の動きの中で理解すべきものであり、室町殿の権力を強化し、地域権力の自立化を抑止することを目的としたものであったと考えられる。そして、地域権力に対する室町殿の絶対性・優位性は、これらの政策の実行に加え、南北朝合一の実現や有力守護の反乱を鎮圧する過程で確立したと考えられるが、室町殿の上意について、地域権力は、紛争を解決する上で重要な存在と認識している。これらの点から、幕府は、室町殿の上意に対する諸権力の信任を確立し、室町殿の上意によって守護・国人を統制し、地域の紛争を解決することで、政治的安定の実現を図ったという点を指摘することができよう。

本節では、室町初期、具体的には康暦の政変後、足利義満死去までの時期を取り上げ、幕府の地方支配と地域権力の関係について考察した。康暦の政変による管領細川頼之の没落後、親政を展開した義満は、有力守護の反乱を鎮圧し、守護の勢力を削減するとともに、守護に在京を命じており、室町殿の下に守護を結集させることを図ったと考えられる。また、義満と国人の関係をみると、地域における有力国人の権益を維持・拡大し、守護の課役を停止した事例がみられるが、有力国人の多くが将軍直属の軍事力である奉公衆に編成されており、奉公衆の組織化は、室町殿の権力を軍事面から支える役割を果たしたと考えられる。このように、義満親政期においては室町殿の権力を強化し、守護の自立化を抑止する動きがみられるが、このような動きは、「戦時」体制から「平時」体制への移行を目的として行われたものであったと考えられる。すなわち、義満は、反幕府方との戦闘を遂行することを目的として実施された「分権化」政策を見直し、地域権力に対する室町殿の絶対性・優位性を確立することを図っており、幕府は室町殿の上意によって紛争を解決することで、政治的安定の実現を図ったのである。

おわりに

本章では、南北朝・室町初期における室町幕府の地方支配と守護・国人の関係について考察した。最後に、本章で明らかにした点をまとめてみたい。

南北朝期においては、南朝を中心とする反幕府方との戦闘をいかにして展開していくかという点が幕府の地方支配における重要な課題であり、幕府は、広域的な地方支配機関を設置するとともに、守護の権限を拡大する、いわば「分権化」ともいうべき政策を実施することで、この課題に対応することを図ったと考えられる。また、これらの政策により、南朝方に対する幕府の軍事的優位性は早い段階で確立したと考えられるが、守護の権限を拡大する「分権化」政策は、守護の勢力を拡大させることとなり、有力守護が将軍の命令に従わず、有力守護の対立という政治問題を将軍が解決することができなかった事例がみられる。そして、足利尊氏・義詮期の守護の動向をみると、京において有力守護間で対立が勃発した場合、南朝方に転じて行動することで自己の権益の維持・拡大を図っている。

これまで、幕府方と南朝方の対立について述べたが、貞治二年に大内・山名氏が帰順したことにより幕府方の軍事的優位性が確立し、九州を除き、大規模な戦闘は終結した。また、将軍義詮は親裁を展開するとともに、斯波氏を執事に起用することで将軍権力の強化を図ったと考えられるが、義詮の死により親裁は中断され、幼少の義満が跡を継ぎ、細川頼之が管領として幕政を主導している。そして、細川頼之の管領在任時には、頼之と敵対する有力守護が存在しているが、将軍義満が、守護の対立という政治問題を解決した事例はみられない。ここから、当該期においては、「分権化」政策により、勢力が拡大した有力守護をいかにして統制していくかという点が、幕府の地方支配における課題であったと考えられよう。

次に、室町初期として、康暦の政変後の幕府の地方支配と地域権力の関係をみると、親政を展開した義満は、有力守護の反乱を鎮圧するとともに、守護に在京を命じており、室町殿の下に守護を結集させることを図ったと考えられる。また、室町殿と国人の関係をみると、地域における有力国人の権益を確保するとともに、守護の課役を停止した事例がみられ、これら有力国人の多くが将軍直属の軍事力である奉公衆に編成されている。そして、奉公衆成立の背景については、義満が、直属の軍事力を創出することで、軍事面から室町殿の権力の強化を図ったという点を指摘することができよう。なお、当該期においては、南朝方との戦闘が終結する中で、守護の自立を抑止するとともに、室町殿の権力を強化する動きがみられ、地域権力に対する室町殿の絶対性・優位性は、義満親政期に確立したと考えられる。そして、幕府は、室町殿の上意によって地域権力を統制し、地域の紛争を解決することで政治的安定の実現を図ったのである。

これまで、南北朝・室町初期における幕府の地方支配と地域権力の関係について考察したが、「戦時」体制下で行われた「分権化」政策は、南北朝動乱が終結する中で見直され、義満親政期に「平時」体制への移行が図られたと考えられる。そして、この「平時」体制下においては、地域権力の自立化が抑止されるとともに、地域権力に対する室町殿の絶対性・優位性が確立しており、幕府は、室町殿の上意を中心に地方支配を展開することを図ったのである。

註

（1）川岡勉「室町幕府―守護体制の成立と地域社会」（『歴史科学』一三三、一九九三年）、同『室町幕府と守護権力』（吉川弘文館、二〇〇二年）。
（2）佐藤進一『南北朝の動乱』（中央公論社、一九六五年）、小川信「南北朝内乱」（『岩波講座　日本歴史6　中世2』〈岩波書店、一九七五年〉）、呉座勇一『戦争の日本中世史』（新潮社、二〇一四年）。
（3）川岡『室町幕府と守護権力』（前掲註1）。
（4）堀川康史「南北朝期室町幕府の地域支配と有力国人層」（『史学雑誌』一二三―一〇、二〇一四年）。
（5）『梅松論』（『新校群書類従　第十六巻』〈内外書籍、一九二八年〉）。漆原徹「南北朝初期における幕府軍事制度の基礎的考察」（『日本中世政治社会の研究』〈続群書類従完成会、一九九一年〉。のち、同『中世軍忠状とその世界』〈吉川弘文館、一九九八年〉に収録）。
（6）桃井盛義軍勢催促状『吉川家文書』一〇四二（『大日本古文書　家わけ第九　吉川家文書』）。
（7）桃井盛義下文『熊谷家文書』五四（『大日本古文書　家わけ第十四　熊谷家文書』）。
（8）川岡勉「足利政権成立期の一門守護と外様守護」（『日本歴史』五八一、一九九六年。のち、同『室町幕府と守護権力』〈前掲註1〉に収録）。
（9）『園太暦』貞和五年七月九日条。
（10）田辺久子『関東公方足利氏四代』（吉川弘文館、二〇〇二年）。
（11）『梅松論』（前掲註5）。
（12）一色道猷書状「祇園執行日記紙背文書」（『南北朝遺文　九州編第二巻』一四七五〈東京堂出版、一九八一年〉）。
（13）一色道猷目安状「祇園執行日記紙背文書」（『南北朝遺文　九州編第二巻』一四八一〈前掲註12〉）。
（14）鎮西沙汰事書并足利直義御教書案「薩摩入来院文書」（『南北朝遺文　九州編第二巻』二二七六〈前掲註12〉）。
（15）佐藤『南北朝の動乱』（前掲註2）。
（16）『園太暦』貞和五年四月十一日条。

(17)『師守記』貞和五年四月十一日条。
(18)小川剛生『足利義満』（中央公論新社、二〇一二年）。
(19)川岡「室町幕府—守護体制の成立と地域社会」（前掲註1）、同『室町幕府と守護権力』（前掲註1）。
(20)拙稿「南北朝動乱と山名氏」（『中国四国歴史学地理学協会年報』九、二〇一三年）。本書第二部第一章に収録。
(21)足利尊氏軍勢催促状「本郷文書」一一（『福井県史　資料編2』〈福井県、一九八六年〉）。
(22)拙稿「若狭本郷氏の動向と室町幕府・守護」（『若越郷土研究』五二—一、二〇〇七年）。
(23)拙稿「安芸国人沼田小早川氏と室町幕府・守護」（『ヒストリア』二三三、二〇一二年）。本書第三部第一章に収録。
(24)佐藤進一「室町幕府論」（『岩波講座　日本歴史7　中世3』〈岩波書店、一九六三年〉。のち、同『日本中世史論集』〈岩波書店、一九九〇年〉に収録）。
(25)『園太暦』貞和五年八月十三日条。
(26)『園太暦』貞和五年八月十四日条。
(27)『園太暦』貞和五年九月十日条。
(28)新田一郎『太平記の時代』（講談社、二〇〇一年）。
(29)『園太暦』観応元年十月二十七日条。
(30)『園太暦』観応元年十一月二十五日条、二十九日条。
(31)『園太暦』観応二年二月十九日条、二十日条。
(32)『園太暦』観応二年二月二十七日条。
(33)拙稿「南北朝動乱と山名氏」（前掲註20）。
(34)『園太暦』延文元年五月二日条。
(35)小川信『細川頼之』（吉川弘文館、一九七二年）。
(36)拙稿「備後国人宮氏・一宮と室町幕府・守護」（『日本歴史』七八一、二〇一三年）。本書第三部第二章に収録。

(37)「若狭国税所今富名領主代々次第」(『新校群書類従　第三巻』〈内外書籍、一九三〇年〉)。
(38)『園太暦』文和四年四月二十三日条
(39)『太平記』巻第三十五・三十六。
(40)『園太暦』延文二年六月十五日条。
(41)『後愚昧記』康安元年九月二十三日条。
(42)『後愚昧記』康安元年十二月八日条。
(43)吉田賢司「室町幕府論」(『岩波講座日本歴史　第8巻　中世3』〈岩波書店、二〇一四年〉)。
(44)佐藤『南北朝の動乱』(前掲註2)。
(45)吉田「室町幕府論」(前掲註43)。
(46)『後愚昧記』貞治六年九月九日条。
(47)『後愚昧記』応安六年十二月八日条。
(48)『後愚昧記』応安三年十二月十五日条。土岐頼康の下国について、山田徹氏は、「皇位継承問題を契機にして発生」した事件として「応安の政変」と呼称している(山田徹「土岐頼康と応安の政変」〈『日本歴史』七六九、二〇一二年〉)。
(49)川添昭二『今川了俊』(吉川弘文館、一九六四年)。
(50)「室町幕府法　追加法」九六・九七(佐藤進一・池内義資編『中世法制史料集　第二巻』〈岩波書店、一九五七年〉)。
(51)村井章介「徳政としての応安半済令」(安田元久先生退官記念論集刊行委員会編『中世日本の諸相　下巻』〈吉川弘文館、一九八九年〉。のち、同『中世の国家と在地社会』〈校倉書房、二〇〇五年〉に収録)。
(52)室町幕府御教書案『山内首藤家文書』五八(『大日本古文書　家わけ第十五　山内首藤家文書』)。
(53)山名時義書状写「河野文書臼杵稲葉」(『愛媛県史　資料編　古代・中世』一〇一一〈愛媛県、一九八三年〉)。
(54)足利義満御判御教書案「山城大徳寺文書」(『南北朝遺文　中国四国編第五巻』四六五九〈東京堂出版、一九九三年〉)。
(55)足利義満御判御教書案「山城大徳寺文書」(『南北朝遺文　中国四国編第五巻』四六五九〈前掲註54〉)。

(56) 榎原雅治「一揆の時代」(同編『一揆の時代』〈吉川弘文館、二〇〇三年〉)。
(57) 小川『足利義満』(前掲註18)。
(58) 新田『太平記の時代』(前掲註28)。
(59) 吉田「室町幕府論」(前掲註43)。
(60) 松園潤一朗「足利義満期の安堵政策」(『日本歴史』七七五、二〇一二年)。
(61) 新田『太平記の時代』(前掲註28)。
(62) 阿蘇惟政契約状「小代文書」四一(『熊本県史料　中世篇第二』〈熊本県、一九六二年〉)。
(63) 柳田快明「一三〜一五世紀の肥後国野原八幡宮祭礼と小代氏」(『熊本史学』九三・九四、二〇一一年)。
(64) 拙稿「南北朝動乱と山名氏」(前掲註20)。
(65) 『明徳記』(『明徳記』については、和田英道『明徳記　校本と基礎的研究』〈笠間書院、一九九〇年〉を参照した)。
(66) 『応永記』(『新校群書類従　第十六巻』〈前掲註5〉)。
(67) 新田『太平記の時代』(前掲註28)。
(68) 田沼睦「室町幕府・守護・国人」(『岩波講座　日本歴史7　中世3』〈岩波書店、一九七六年〉。のち、同『中世後期社会と公田体制』〈岩田書院、二〇〇七年〉に収録)。
(69) 山田徹「南北朝期の守護在京」(『日本史研究』五三四、二〇〇七年)。
(70) 『後愚昧記』永徳元年九月九日条。
(71) 『後愚昧記』応安四年二月条。
(72) 小川『細川頼之』(前掲註35)。
(73) 足利義満御判御教書写「古今消息集」(『南北朝遺文　中国四国編第五巻』四四五六〈前掲註54〉)。
(74) 足利義満御判御教書『小早川家文書』一二(『大日本古文書　家わけ第十一　小早川家文書』)。以下、同書による場合、これを記さない。

(75) 足利義満御判御教書『小早川家文書』三三一。
(76) 室町幕府管領施行状「本郷文書」六一（『福井県史　資料編2』〈前掲註21〉）。
(77) 室町幕府奉行人連署奉書「本郷文書」六七（『福井県史　資料編2』〈前掲註21〉）。
(78) 吉田賢司「武家編成の転換と南北朝内乱」（『日本史研究』六〇六、二〇一三年）。
(79) 森幸夫「室町幕府奉公衆の成立時期について」（『年報中世史研究』一八、一九九三年。のち、同『中世の武家官僚と奉行人』〈同成社、二〇一六年〉に収録）。
(80) 『明徳記』（前掲註65）。
(81) 『応永記』（前掲註66）。
(82) 小川『足利義満』（前掲註18）。

第二章　応永・永享年間における室町幕府の地方支配と地域権力

はじめに

全国政権である室町幕府の地方支配の実態について、具体的には領主間紛争や所領問題をはじめとする地域の問題に幕府がどのように対応したのかという点について考察することは、室町幕府体制下における政治的安定がどのように実現したのかという点を理解する上で、重要な課題と考えられる。

そこで、室町幕府の地方支配に関する先行研究を整理してみると、川岡勉氏の室町幕府—守護体制論[1]において、南北朝・室町期の地域社会は守護によって統合され、守護を媒介として中央国家に接合していたとされており、幕府の地方支配において守護が果たした役割が重視されている。また、川岡氏は、室町幕府について「将軍権力（上意）と管領を筆頭とする守護家集団（衆議）の複合体」としており、将軍が掌握する「天下成敗権」と、守護が掌握する「国成敗権」が相互に依存、牽制し重層的に結合することで全国統治を展開したとされている。

川岡氏の理解は、守護権力を中心に室町期の権力構造の解明を図ったものであり、室町幕府の地方支配について理解する上で重要な視角と考えられるが、これまで、様々な視点から課題が提示されている。すなわち、吉田賢司氏は、川岡氏の述べる支配体制について、形成過程・内実が不明瞭な上に、その評価にも検討の余地があるとしている。[2]また、吉田氏は、一五世紀前半の幕府の全国統治のあり方について、守護を通じて間接的に面として把握する地域と、奉公衆にみられるように、幕府が直接的に点として把握する地域に整理されていたとしており、幕府の権力編成のあり方について、「系列」化という点を指摘している。

このように、室町幕府の地方支配について、これまでの研究では、守護による地域社会の統合という点を中心に理解されるか、幕府直属か守護指揮下かという地域権力の編成論に止まっており、地方支配の実態について明らかにされているとは評価し難い状況にある。そして、室町幕府の地方支配の実態を明らかにするには、幕府がどのようにして地域紛争に対応し、全国支配を展開したのかという点について、守護、国人という地域権力の動向をふまえつつ考察する必要があろう。

そこで本章では、応永・永享年間の内、足利義持・義教期における室町幕府の地方支配について、『満済准后日記』を中心に考察していく。満済は、足利義持・義教から政治問題について諮問を受けるなど幕政に深く関わった人物であり、(3)『満済准后日記』は、地域紛争に対する幕府の対応をうかがうことができる重要な史料である。また、本章で取り上げる応永・永享年間は、足利義満による体制確立後の、いわば室町幕府の安定期とも評価しうる時期であり、『満済准后日記』を中心に幕府の地方支配と地域権力の関係について考察することで、当該期における室町幕府の地方支配の実態を明らかにしていきたい。

一、室町幕府と鎌倉府

本節では、応永・永享年間における室町幕府の対鎌倉府問題への対応について、『満済准后日記』を中心に考察していく。室町幕府と鎌倉府の関係や、両者の対立の経過については、これまで多くの点が明らかにされているが[(4)]、ここでは、鎌倉府との間で生じた様々な問題に、幕府がどのようにして対応したのかという点を中心に述べたい。

1　室町幕府の対鎌倉府問題への対応

鎌倉府は、関東八ヶ国及び伊豆・甲斐・陸奥・出羽を所管した室町幕府の地方支配機関である。また、鎌倉府の関東公方は、所管国において独自の恩賞給与権、裁判権、徴税権を有しており[(5)]、小国浩寿氏は鎌倉府について、「甚だ不完全ながら「国家内国家」の体裁さえ垣間見せた」と指摘している[(6)]。さらに、桜井英治氏は、関東公方について「将軍が道を誤ったとき」にあらわれる「将軍のストック」としており[(7)]、鎌倉府及び関東公方は幕府にとって最大の脅威であったとされている。

ここで、応永・永享年間における室町幕府の鎌倉府への対応についてみると、幕府は関東・東北の幕府方勢力―京都扶持衆を支援することで関東公方足利持氏を牽制している。また、当該期の鎌倉府対策の中心に位置付けられたのが、篠川公方足利満直である。満直は、持氏の父満兼の弟であり、奥羽支配を展開するために満兼の代官として陸奥安積郡篠川に下向したが[(8)]、持氏の代に至って関東公方に対する独立性を強めており、鎌倉府への対抗上、幕府との関係を強化することを図ったとみられる。そして、このような幕府の対応に対し、持氏は関東・東北の幕府方勢力を攻撃しており、幕府と鎌倉府の間で度々緊張が高まっている。

それでは、『満済准后日記』を通じて、室町幕府の対鎌倉府問題への対応についてみてみよう。

応永二十九（一四二二）年閏十月、幕府方として行動していた常陸の山入与義が持氏の攻撃を受け、自害した[9]。これについて、満済は「為関東沙汰被誅也」と記しており、足利義持は「言語道断、楚忽沙汰」と非難している[10]。そして、応永三十年六月、幕府は下野の京都扶持衆宇都宮持綱[11]に「関東成敗」に従わないよう命じるとともに、山入祐義（与義の子）を常陸守護に、武田信重を甲斐守護に任じた。『満済准后日記』によると、両国は「関東進止」国、すなわち鎌倉府が所管する国であったが、持氏の「振舞」（京都扶持衆に対する攻撃[12]）が「不儀」であったため、このような守護補任が行われたとされている[13]。これに対し持氏は、京都扶持衆を「退治」するため軍事行動を展開しており[14]、京においては「自京都御扶持之輩、大略滅亡之由有其聴」と報じられている[15]。

このように、持氏の京都扶持衆攻撃を契機として、幕府と鎌倉府の間で緊張が高まったが、応永三十一年二月、持氏は幕府と和睦するため、京に「誓文」を進上した[16]。そして、幕府は持氏の誓文について対応を協議したが、この中で足利義持は、「先日告文々章聊雖不如上意、已重捧誓文被懇望申上ハ、御和睦不可有子細」と述べている。持氏の誓文の内容は、「上意」すなわち義持の意向に適うものではなかったが、義持は、持氏が重ねて誓文を提出したので和睦については問題ないという認識を示している。また、この和睦について、満済は「無為之儀天下大慶万民歓娯不可過之歟、撫民御善政多幸々々」と記しており、「天下大慶」を実現する上で「無為」という理念が重視されていたことがうかがえる。幕府と鎌倉府の対立は、義持が持氏の「誓文」を受けて和睦を了承したことにより解決したのである。

次に、正長・永享年間における足利義教と持氏の対立についてみてみよう。正長二（一四二九）年六月、持氏は陸奥南部の京都扶持衆結城白河氏を「対治」するため軍事行動を展開しており、幕府は篠川公方足利満直、陸奥国人伊達・蘆名氏に対し、幕府方として合力するよう御内書を発給した(17)。また、同年八月、幕府は、満直の要請を受けて、鎌倉府との国境に当たる越後・信濃・駿河の軍勢に対し、結城白河氏への合力を命じる御教書を発給している(18)(19)。さらに、永享二（一四三〇）年二月、篠川公方満直は義教に対して幕府軍の派兵を要請しており、義教は、越後・信濃・駿河の軍勢を関東に派兵することの「是非」について諸大名に意見を求めたが、諸大名は悉く軍勢発向に反対し、「京鎌倉無為」が重要であると主張している(20)。幕府は、満直の要請を受けて、越後・信濃・駿河の軍勢を結城白河氏合力のために派兵したが、あくまでも関東・東北の幕府方勢力の支援という間接的な対応に止め、鎌倉府との全面的な対立は回避することを図ったと考えられる。

これまで述べたように、持氏の京都扶持衆攻撃を契機として義教と持氏の間で対立が生じたが、持氏は義教と和睦するため使節を京に派遣した。すなわち、永享二年九月、幕府は関東使節との対面の是非について協議しており、義教は、対面について満直に意見を求めたが、満直は、対面について「不可然」としている(21)。また、満直は鎌倉府が京都扶持衆に対して軍事行動を展開するも、京都扶持衆が「堅固」であったために「無為」であったと述べ、使節と対面すれば関東・東北の幕府方勢力が「可失力」と主張した(22)。

これに対し、義教は、「天下無為儀お専被思食処、東使御対面儀無之ハ、天下無為儀不可在間、御政道相違也」と、関東使節と対面する必要性を述べている。ここに、義教は、「天下無為」が実現しなければ政道の相違と述べているのであり、「天下無為」の実現を「政道」、すなわち幕府政治の基本理念としていたという点を指摘することができよう。そして、再度、義教から対面について意見を求められた満直は、「重被仰出上ハ、兎モ角モ可為時宜」と義教の意向に従う旨を表明しており、永享三年七月十九日、義教は、関東使節と対面した[23]。

また、この対面について貞成親王は「天下惣別無為之儀珍重」と記しており[24]、義教が使節と対面し、幕府と鎌倉府の和睦により「無為」を実現することが、京において重視されていたことがうかがえる。そして、室町期において、「無為」は幕府の地方支配のみならず様々な場面で用いられている[25]。

なお、「無為」の政治について桜井英治氏は、地方に対しては「遠国宥和策・放任策」となってあらわれたとしている[26]。そして、「外聞」を重視する足利義教と、「無為」を重視する畠山満家の間で対立が生じており、当該期においては、「無為」の政治と将軍のメンツの葛藤の中で政策が決定されたとしている。しかし、義教は、「天下無為」の実現を幕府政治の基本理念としており、桜井氏の述べる対立軸の中で理解しては、義教が「無為」を重視していたという点が過小評価されてしまうのではないか。すなわち、義教は、「天下無為」が実現しなければ政道の相違とまで述べているのであり、義教と満家の間で意見の対立がみられるとしても、「無為」については、室町殿と諸大名に共通する政治理念として評価する必要がある。

それでは、「無為」は、どのような意味で用いられていたのだろうか。この点について、『満済准后日記』における「無為」の用法をみると、応永二十一（一四一四）年六月二十日条に「松波と一色口論云々、但両方無為」とみえ、口論が起こったものの双方が無事であった場合に用いられている。また、応永二十三年七月一日条によると「申初刻焼亡、仙洞焼失了、院御所御幸此坊、室町殿様御参、内裏無為、珍重々々」と、火事が起こったが内裏は「無為」であったとみえ、「無為」は、問題が生じたものの無事だった場合に用いられている。さらに、『満済准后日記』において、「無為」は仏事や神事が無事に終わった場合にも用いられている。[27]これらの点から、「無為」とは、問題が解決した、もしくは生じていない無事な状態、さらには幕府が作為する必要がない状態と定義することができよう。本書では、「無為」について、このような理念と定義し、考察を進めていきたい。

2　永享の乱と室町幕府

これまで述べたように、幕府は関東・東北の幕府方勢力を通じて鎌倉府への対応を展開したが、全面的な対決は避け、関東公方の申出を受けて和睦することで「無為」の実現を図った。しかし、永享十年、持氏が信濃の問題に介入したことを契機として永享の乱が勃発し、持氏は自害した。

そこで、鎌倉府との緊張が高まる中で、幕府が、どのようにして鎌倉府に対応したのかという点について考察してみよう。まず、鎌倉府に対する幕府方の最前線となった信濃の情勢[28]をみると、永享七年一月、義教は持氏の野心「現形[29]」を受けて信濃守護小笠原政康に下国を命じた。この点について、『満済准后日記』永享七年正月二十九日条によると「信濃小笠原廿六日檀所へ来、内々依仰也、就関東事被仰出旨等、具仰含了、其御返事様、又委尋申入了、大井トアシタト弓矢落去、旁可然存候、サク郡信州也、ニ此大井モアシタモ構要害候、サク郡ヲトヲリテウスイタウケへモ、又上野国へモ可罷通之間、以越後勢大井ヲ御合力候テ、アシタヲ御退治可然、大井ト小笠原ト一所ニ罷成候者、信州事ハ可有何程候哉、左様ニ候間、関東辺事モ又一方ハ可罷立御用由存云々、此由申入処、越後勢合力事、以赤松播磨守可被仰付長尾云々」とみえ、幕府は信濃佐久郡に要害を構えていた国人大井氏と蘆田氏の紛争について、越後勢を派兵して大井氏を支援し、蘆田氏を「退治」することを検討している。佐久郡は、鎌倉府の所管する上野への交通路に位置し、同地をめぐる大井氏と蘆田氏の紛争の解決が必要となったのである。そして、政康は、守護と国人大井氏が「一所」になれば信濃については問題なく、鎌倉府への対応という点においても有用であるという認識を示している。さらに、幕府は、越後守護代長尾邦景に「越後勢合力」を命じた。越後においては「上杉氏の領国経営の実質的主体は守護代長尾氏」であったという点が指摘されており[30]、幕府は守護代邦景を通じて越後勢を動員し、信濃国人の紛争を解決することで鎌倉府への対応を強化することを図ったと考えられる。このように、信濃・越後において、幕府は、地域の実情に応じて守護、守護代、国人という多様な勢力を通じて鎌倉府対策を行ったのである。

次に、永享の乱勃発の契機となった関東公方の信濃への介入という問題をみると、永享八年十二月、信濃国人村上氏と守護小笠原氏の間で戦闘が勃発しており[31]、敗北した村上氏は持氏に支援を要請している。これを受けて持氏は信濃の問題に介入し、守護小笠原氏を攻撃することを図ったが[32]、関東管領上杉憲実は幕府方として持氏に「諫言」しており[33]、持氏と憲実の間で対立が生じた。また、永享十年七月、幕府は、鎌倉府内部における関東公方と管領の対立の勃発を受けて、駿河守護今川範忠に国人を動員し、憲実に合力するよう命じたのをはじめとして[34]、幕府方勢力に関東管領への合力を命じている。そして、永享十一年二月十日、上杉憲実が室町殿の上意に従い持氏を攻撃したことにより、持氏は自害しており[35]、持氏死後、関東に対しては「将軍自身による」支配が行われたとされている[36]。

本節では、幕府の全国支配における重要な政治課題であった鎌倉府との対立という問題への対応について考察した。「国家内国家」ともいうべき鎌倉府との対立という状況下で、幕府は関東・東北の幕府方勢力を支援することで鎌倉府に対応した。また、応永・永享年間において、室町殿は「天下無為」の実現を「政道」の基本としており、鎌倉府との全面的な衝突は避け、関東公方の申出を受けて和睦することで「無為」の実現を図った。ここに、室町幕府の地方支配方針として、「無為」という理念を指摘することができよう。

しかし、関東公方の信濃への介入という問題を契機として鎌倉府内部で対立が生じると、幕府は関東管領を支援することで関東公方を排除し、室町殿自身による東国支配の実現を図った。そして、永享の乱において幕府方の最前線となった信濃・越後・駿河において、幕府は、地域の実情に応じて、守護、守護代、国人という多様な勢力を通じて鎌倉府対策を行ったのである。

二、室町幕府と九州の紛争

本節では、永享年間の九州における紛争を取り上げ、室町幕府の地方支配について考察していく。九州の紛争については、これまで多くの研究で取り上げられているが、(37)ここでは、紛争への幕府の対応と、地域権力の動向との関係を中心に述べたい。

1　九州における紛争の展開と室町幕府

まず、『満済准后日記』にみえる九州の紛争に関する記事から紛争の経過と、幕府の対応について考察してみよう。

永享三年二月、九州探題渋川満直は、「大内与大友弓矢事、去年以来出来」と、大内盛見と大友持直の間で紛争が勃発したことを幕府に注進した。(38)九州においては、渋川氏と少弐氏の間で抗争が展開しており、永享元年、幕府は筑前を料国化し、大内盛見を料国代官に任じている。ここから、幕府は大内氏を通じて筑前支配を展開することを図ったと考えられるが、大内盛見と大友持直の間で紛争が勃発し、少弐満貞が持直に合力したことにより大規模な紛争に拡大した。すなわち、『満済准后日記』永享三年二月二十七日条によると、「自大内方注進等事被仰了、如彼申請可有御下知云々、就筑前国事、大友少弐菊池以下悉同心、与大内致合戦、仍被下上使、大内大友和睦事、可有御成敗旨也、次方方御教書等事也、上使二人、有雲和尚、裔西堂由同被仰下了、自大内方注進状、今日慶円法眼持参、一見了」とみえ、大友・少弐・菊池氏が同心し、大内氏と戦闘に及んだことがうかがえる。また、これによると義教は、大内盛見の注進を受けて盛見の申請の如く下知をするという方針を示すとともに、上使を下向させ、大内氏と大友氏の和睦について成敗を行うとしており、同二十九日には上使が九州に下向している。(39)ここから、大内盛見は、大友氏と和睦し、九州の紛争を解決するため、幕府に対して上使の派遣を要請したと考えられるが、地域権力から紛争への対応を求められた幕府は、上使を派遣し、対立する地域権力を和睦させることで紛争の解決を図ったのである。

さらに、永享三年六月、幕府は大内氏と大友氏を和睦させるため、再度の上使派遣を検討したが、これに対し大内盛見は、再度の上使派遣は「無益」と申し入れている。(40)盛見は、大友氏の「知行所々要害」を攻略しており、大友持直が要害返却後に和睦に応じることが懸念されたため「難儀」と主張した。ここから、自己に不利な幕命が発せられることを忌避する地域権力の主体性を読み解くことができるが、義教は両者を「早々」和睦させるため上使を派遣するとしており、九州の紛争を早期に解決するため積極的に対応していたという点を指摘することができる。そして、九州に下向する上使と、奉行人、大内氏雑掌が集められ、義教の「仰旨」が申し渡された。この「仰旨」の内容について、『満済准后日記』永享三年六月九日条をみてみよう。

（前略）先大内方へ仰旨、予悉申之也、重上使下向事、可為無益由頻雖申入、以前上使沙汰様、未尽様被思食也、其上先両人大内、大友、和睦仕、九州令属無為、於両方訴訟篇者、追可被聞食入、於不令和睦者、是非共御成敗不可叶、以一度上使下向申詞計、一方御成敗時者、一向大内御引級様ニ諸人可存条、公私不可然由依被思食、為被尽事旁重上使被下遣、存其旨可専無為由、能々可仰時宜云々、次大友方へ仰様、以前可和睦由、以両長老被仰遣処、乍申入厳重御請、於国儀未同篇由、被聞食条尤不可然、閣是非先大内ト令和睦、於可歎申入題目者追可申入、必可被聞食入也、代々無二忠功只今可成無条、公私可被失御本意也、於不和睦者雖為何事、不可及御裁許由被仰出旨也（後略）

これによると、義教は大友氏と和睦して「無為」にするよう大内盛見に命じており、「無為」が実現すれば訴訟について聞き入れるが、和睦しなければ御成敗を行わないとしている。また、「可専無為由、能々可仰時宜」とあるように、幕府は上意に従い、「無為」にするよう盛見に命じた。そして、義教は、大友氏に対しても和睦を命じており、和睦しなければ「御裁許」を行わないとしている。このように、九州の紛争への対応を求められた幕府は、対立する地域権力に和睦を命じたが、和睦しなければ御成敗を行わないと通告していることからすれば、地域権力は紛争を解決する上で幕府の御成敗、具体的には和睦のための調停を重視していたという点を指摘することができよう。

ここで、大内氏と対立していた大友持直の対応をみると、持直は九州に下向した上使に対して「代々不引二張弓身事候間、雖為何事不可違背上意」と、上意に背かない旨を表明している。[41]また、上京した大友氏の使者は「自今以後事尚々可任上裁」と、上意による裁定に任せると表明した。[42]そして、『満済准后日記』永享四年二月十三日条によると、「大友歎申入上者、毎事無為御成敗可目出云々、予則参申、三人伊勢、両奉行、先参、各意見披露申歟、次予参御前之処、仰趣面々意見悉無為御成敗可然云々、無為之儀何様可有御成敗哉云々、予申無為トハ大友モ大内モ無為様、御成敗候ヘト申儀ニテコソ候ラメト申時、重仰、其ハ勿論也、元来上意モ其儀也、但無為ニナルヘキ様、大事ニ思食云々、予申、如仰無為ニナリ候ヘキ様、以外大事存也」とみえ、大友持直が赦免を申請したことにより、幕府は持直に対して「無為御成敗」を行うことを検討していたことがうかがえる。そして、義教から「無為」とはどのような成敗かと諮問を受けた満済は、大友氏にとっても大内氏にとっても「無為」となるような御成敗が必要と答えており、義教も「無為」が重要であるという認識を示している。ここから、幕府は大友持直を赦免するとともに、大内氏と大友氏の双方が「無為」となるような和平案を模索していたと考えられる。

このような動きに対し、大内盛見の死後、惣領となった大内持世は大友氏と少弐氏が連携して戦闘に及ぶことで、九州の紛争が拡大するであろうと幕府に訴えた。また、持世の申出を受けて、義教は九州の紛争への対応について諸大名に意見を求めたが、畠山満家は、「天下無為候様ニ御計尤目出存候、遠国事ヲハ少々事雖不如上意候、ヨキ程ニテ被閣之事ハ非当御代計候、等持寺殿以来代々此御計ニテ候ケル由伝承様候」[43]と、「天下無為」の成敗が重要であること、遠国の事は少々は「如上意」でなくとも「ヨキ程ニ」閣く、すなわち、ある程度は「放任」するのは等持寺殿（足利尊氏）の時代からであると進言している。そして、これまでの研究では、このような点から、幕府の地方支配について「事なかれ主義」と評価されてきた[44]。

しかし、義教は、九州という遠国においても「無為」を実現するため、上意を中心に地方支配を展開することを図っている。すなわち、義教は上意に従い「無為」にするよう大内氏に命じており、永享四年四月には九州への渡海を願い出ていた大内持世[45]に対し、渡海を停止し、上意に従い渡海するよう命じた[46]。さらに、義教は大内盛見が上使派遣を拒否した際も、「早々」和睦させるために上使を派遣しており、九州という遠国の問題についても、上意を中心に対応することで、紛争の解決と「無為」の実現を図ったと考えられる。

そして、この後の紛争の経過について、『満済准后日記』によると永享五年三月、幕府は大内持世の申請を受けて、大友・少弐氏に対する「御治罰御教書并御旗」を発給しており[47]、永享五年八月には、大内氏を中心とする幕府軍が筑前秋月城を攻略し、「少弐父子三人」を討ち取っている[48]。

2　九州の紛争への幕府の対応と地域権力

これまで、九州における紛争の経過と幕府の対応について述べたが、ここでは、より具体的に幕府がどのような方法により紛争の解決を図ったのかという点について考察してみたい。

まず、永享三年と推測される二月、九州における紛争の拡大に対し、幕府は、「筑前国事、為料国仰付大内左京大夫入道徳雄之処、致狼藉輩有之云々、然早令分(合)力徳雄、抽忠節、国中属無為様」と、大内盛見に合力し、筑前を「無為」という状態にするよう筑前遠賀郡麻生荘を本拠とする奉公衆麻生氏に命じた[49]。先述したように、同年二月、幕府は大内氏の要請を受けて九州に上使を派遣している。ここから、幕府は、上使を派遣して紛争を調停するとともに、筑前国人に盛見への合力を命じることで「無為」の実現を図ったと考えられよう。

次に、紛争当事者である地域権力に対し、幕府がどのように対応したのかという点について、『満済准后日記』永享三年十月二日条からみてみよう。これによると、「大友方へ条々委細申付事等在之、題目今度九州不慮大乱、於大友者無過失由、以告文状申上者被聞食披了、自今已後振舞又可為簡要歟、仍大内此間分国、豊前国筑前国以下事、先可為無為条勿論、大友ハ本知行国所領如元可令知行、毎事可仰御成敗条、自何篇要次第等具申聞了」とみえ、幕府は大友持直に対し、大内氏の分国である豊前・筑前を「無為」にするとともに、本知行国所領を元の如く知行し、「御成敗」を仰ぐよう命じている。ここから、幕府は対立する地域権力に停戦条件を提示し、これを遵守するよう命じたことがうかがえる。さらに、『満済准后日記』永享四年二月十六日条によると、「少弐事、筑前国ヲアケ候テ、大内方へ渡候へト、何ケ度雖被仰下」とみえ、幕府は、少弐氏に対して筑前から撤退し、同国を大内氏に明け渡すよう命じている。幕府は、係争地の処遇について地域権力に提示し、停戦を命じることで紛争の解決を図ったのである。

しかし、幕府が提示した停戦条件は、必ずしも地域権力に受け入れられたわけではない。すなわち、少弐氏に下された筑前からの撤退命令について、持世は「不可去渡条又勿論」と幕府に訴えた。そして、地域権力が停戦命令に従わなかった場合、幕府は治罰の御教書を発給するとともに、追討軍を派兵している。すなわち、『満済准后日記』永享五年三月六日条によると、「自将軍以飯尾大和守被仰出、大友、少弐御治罰御教書并御旗事、大内頻申請上、旧冬豊後国事既被下大友左京亮、御判被遣之了、筑後国事同被下菊池了、然者於治罰御旗両条強不可有御斟酌歟之間、昨日既被遣云々、珍重之由申了」とみえ、幕府は大内持世の申請を受けて大友・少弐氏を治罰する御教書を発給している。ここに、大内持世は、大友・少弐氏を追討する幕府軍として位置付けられたのである。さらに、幕府は大友持直の分国である豊後を大友親綱に、筑後を菊池持朝に与えた。ここから、幕府は、紛争を解決するため、守護職の与奪という方法を用いたと考えられよう。このように、永享年間の九州における紛争において、幕府は、上使派遣により和睦を命じるのみならず、停戦条件を提示し、これを遵守するよう命じるとともに、守護職の与奪という直接的な方法を用いて地域紛争を解決することを図っており、最終的な手段として「御治罰御教書」の発給と幕府軍の派兵により上意に従わない地域権力を追討することで紛争の解決を図ったのである。

本節では、永享年間の九州における紛争への幕府の対応と、地域権力との関係について考察した。幕府は、九州で勃発した紛争への対応を地域権力から求められ、室町殿の上意により地域権力間の紛争を調停し、問題を解決することで「無為」の実現を図った。また、地域権力は上意について「不可違背」としており、紛争を解決するため、上意による御成敗を要請している。畠山満家の主張にみられるように、幕府内には九州の問題は「放任」すべきという認識も存在したが、永享年間の九州における紛争においても、幕府は遠国で勃発した紛争についても、上意により解決することを図ったのである。

しかし、上意による調停・裁定は、必ずしも地域権力に受け入れられたわけではない。すなわち、少弐氏は、上意によって提示された停戦条件を受け入れず、大内氏との間で紛争が継続しており、幕府は「御治罰御教書」を発給している。このように、永享年間の九州における紛争において、地域権力から紛争への対応を求められた幕府は、上意を中心に紛争を調停し、上使派遣により和睦を命じるのみならず、守護職の与奪や追討軍の派兵という直接的な方法を用いて問題の解決を図ったのである。

三、上意と地域権力

本節では、『満済准后日記』にみえる地域紛争関連の記事のうち、一・二で述べた関東、九州を除く地域を取り上げ、幕府がどのように地域権力間の紛争に対応したのかという点について考察していく。

1　上意による紛争解決

まず、上意による紛争解決と地域権力の関係について、石見国人の紛争という問題を取り上げ、考察してみよう。

応永二十九年十一月、幕府は木部氏によって押領されていた石見吉賀郡吉賀について、同郡津和野を本拠とする国人吉見家貞の代官に打ち渡すよう益田氏と三隅氏に命じた(50)。吉賀をめぐって木部氏と吉見氏の紛争が勃発していたが、幕府は、吉見氏の主張を認める裁定を下したのである。また、この問題について吉見家貞は、「守護よりハ、面々の御事をハ憑思食れ候、よんて去々年も御孝(教)書を成申され候(51)」と、足利義持が国人の紛争解決能力に期待して御教書を発給したので、早急に入部するよう益田兼理に要請している。この段階で益田氏と三隅氏は、押領問題を解決するという共通の目的の下で幕命執行の担い手として行動したが、正長二年には両氏の間で紛争が勃発している。この問題について、『満済准后日記』正長二年六月二十七日条をみてみよう。

（前略）自将軍以両奉行飯尾加賀守、同大和守、尋承事、岩(石)見国人三隅ト益田ト弓矢事、先度内々自大内入道方、益田周布福屋三人事申入旨在之、仍被成御内書於大内方、可停止弓矢之旨可被仰付、随而岩見守護山名修理大夫方へ、同此弓矢事可被仰付、何様可被仰哉可計申云々、御返事、可被仰付旨、可計申入条雖無才学候、仰事間愚存分申入也、先被停止弓矢、此等合戦根源ヲモ追被尋決、可有御沙汰様ニ可被仰付歟、何様岩見守護ニモ、事子細先可被尋仰歟（後略）

これによると、満済は、三隅氏と益田氏の紛争について義教から諮問を受けている。すなわち、先に益田・周布・

福屋氏の戦闘を大内氏が「内々」に申し入れた際は、大内氏に対して紛争停止を命じる御内書が発給されており、益田氏と三隅氏の問題について、守護山名氏にどのように命じるべきかを問われたのである。また、義教から諮問を受けた満済は、まずは戦闘を停止させること、さらに戦闘の原因を究明し、沙汰を行うと守護に命じるよう進言している。そして、この紛争は、永享十一年、石見国人が和睦したことにより終結した。

三隅能登守（信兼）与益田孫次郎（兼堯）不快事、不可然之趣、堅被仰下之間、既令和睦云々、此上者、被官人等相互令帰郷、自他可成水魚之思、万一背此旨、致確執者、就先進可被処罪科之由、所被仰下也、仍執達如件、

永享十一年十一月十四日　右京大夫（細川持之）（花押）

山名中務大輔（熙貴）殿

永享十一年十一月、三隅氏と益田氏は、幕府が紛争の停止を厳重に命じたことにより和睦した[52]。また、幕府は石見守護山名熙貴に対し、三隅氏と益田氏の被官人を相互に帰郷させるよう命じている。さらに、この御教書に関係する書状として、次の史料をみてみよう[53]。

依為　上意被仰出候面々和睦事、以前雖申候、猶々三隅・福屋・周布、相互可被成水魚之思候、千万於被致確執方者、可達上聞候、恐々謹言、

（押紙）永享十二

二月廿八日　熙貴（花押）

益田孫次郎（兼堯）殿

永享十二年二月、山名熙貴は、石見国人三隅・福屋・周布氏と「水魚之思」を成すよう益田兼堯に命じた。また、「依為　上意被仰出候面々和睦事」とあるように、石見国人の和睦は上意により命じられたことがうかがえる。さらに、この和睦について三隅信兼は「如此　御成敗上者」と、幕府による御成敗が行われたので、以後、益田氏被官人に対して扶持を行わない旨を山名氏の奉行人に報じ、幕府への披露を求めた(54)。石見における国人間の紛争は、三隅氏と益田氏が上意を受けて和睦したことにより終結したのである。

次に、守護、国人が上意に従わなかった事例をみてみよう。永享四年十月、陸奥における南部氏と下国安東氏の紛争において、戦闘に敗れ「エソカ島」に没落した下国安東氏は、「和睦事連々申」と、幕府に対して和睦を命じるよう要請した(55)。この要請を受けて幕府は両者に和睦を命じたが、南部氏が承引しなかったため、対応について再度協議している。この問題では、地域権力が和睦命令に従わず、幕府は紛争を解決することができなかったが、「エソカ島」に没落した下国安東氏が幕府の紛争解決能力に期待し、和睦を命じるよう要請した点は重視すべきだろう。幕府は、東北や九州という遠隔地で勃発した紛争についても対応を求められており、地域権力の要請を受けて室町殿の上意を中心に様々な階層の紛争を調停することで、問題の解決を図った。しかし、九州においては守護少弐・大友氏が従わず、また、東北においても陸奥国人南部氏が和睦命令に応じないという状況にあった。石見の事例にみられるように、幕命により紛争が解決した事例もみられるが、守護、国人という多様な階層で上意を相対化し、実力により勢力の拡大を図る動きがみられるのである。

2　上意による地方支配と地域権力の衆議

次に、室町殿の上意による地方支配の展開と守護の関係について、伊勢守護職の問題から考察してみたい[56]。

今日勢州守護職事可与奪土岐刑部少輔持頼之条旁宜被思食由以畠山修理大夫細川讃岐入道両人被仰遣管領也、上意之趣ハ、管領勢雖一人只今可被分遣之条不可然被思食也、第一此儀計之由被仰出了、管領御返事、已可被向弓矢事間就難儀与奪他人様ニ天下者共可令存知条於身難儀也、平ニ今自分被閣者可畏入云々、重仰云、申旨雖尤、以前如被仰出管領勢ニ於テ付御心安可被置御膝下也、仍一騎モ不可被散、以別儀可与奪云々、重御返事、此仰上者不及是非也、可罷随仰云々、重又被仰出旨、領掌之条御本意此事也、為彼国替地山城国并御料所河内国橘島事可知行云々、畏入之由御返事申了、今日則被召土岐刑部少輔、伊勢国事被返下之旨被仰出了、管領御太刀持参、（後略）

これによると、足利義教は、管領畠山満家の勢力を分散させるのは得策ではないという理由から、伊勢守護を満家から土岐持頼に交替するという方針を打ち出している。これに対し、満家は、戦闘が困難な状況にあるため交替したと「天下者共」に認識されることを危惧し、「難儀」と言上したが、最終的には管領勢を膝下に置くという上意を受けて了承した。ここから、幕府は上意主導による守護職の与奪、すなわち守護の勢力配置によって地方支配を展開したという点を指摘することができよう。そして、この伊勢守護職の問題では、満家の反対を受けるも交替が実施されており、守護に対する室町殿の上意の優位性・絶対性という点をうかがうことができる。

しかし、上意による守護職の与奪は、「地域行政に携わる守護職」を保持するとともに、「在京して幕政の一翼」を担った諸大名[57]の衆議によって覆された事例もみられる。すなわち、応永三十四年十月、義持は、赤松氏惣領家が守護職を保持していた播磨を料国化し、将軍近習で赤松氏の一族である持貞に与えた[58]。これに対し、赤松氏の惣領満祐は播磨に下国したが、義持は「今二ヶ国備前美作被残之了、以彼二ヶ国致奉公堪忍スヘキ処、短慮無正体」と非難し、満祐が保持していた備前・美作の守護職を赤松氏の一族に与え、山名・一色氏に満祐追討を命じている[59]。しかし、『満済准后日記』応永三十四年十一月二十五日条によると、満祐は管領畠山満家の「申入」によって赦免されており、この点について青山英夫氏は、「有力守護大名が「一揆」して」行動することで上意の変更（満祐の赦免）を求めたという点を指摘している[60]。ここから、諸大名は「衆議」により連携して行動することで、上意を相対化することを図ったと考えられよう。

それでは、室町殿の上意と地域権力、とくに国人間の衆議は、どのような関係にあったのだろうか。この点について、安芸の事例を取り上げてみると、応永二十六年、安芸国人毛利氏の所領問題は、「今度御霍（確）執事、面々両三人口入申候、仍属無為候[61]」と、同国の国人平賀・宍戸・高橋氏が連携して対応することで解決している。なお、応永十一年、安芸国人三十三名は、山名氏による守護支配の展開に対して五ヶ条にわたる一揆契約を結び、連携して守護に抵抗したが[62]、この一揆契状には、「於此衆中、相論子細出来者、共令談合、就理非可有合力事」と、相論が勃発した場合は衆中の談合により解決することが定められており、安芸国人は、連携して行動することで主体的に地域の問題を解決することを図ったと考えられる。一方で、この一揆契状には、「京都様御事者、此人数相共可仰　上意申事」と、上意に従うことが明言されており、室町殿の上意を重要な存在と認識していたことがうかがえよう。

本節では、室町殿の上意による地方支配の展開と地域権力の関係について考察した。地域権力から紛争への対応を求められた幕府は、室町殿の上意によって調停することで、紛争の解決を図った。これに対し、地域権力は上意に従わず、自立的に行動することで勢力の拡大を図っており、国人は衆議により連携して行動することで主体的に地域の問題を解決することを図っている。しかし、国人間の衆議においては、室町殿の上意に従うことが明言されており、石見においては、上意による調停によって地域権力間の紛争が終結している。ここから、地域権力の自立化、さらには地域権力間の衆議により上意を相対化する動きがみられる一方で、室町殿の上意は、紛争を解決する上で重要な存在と認識されていたと考えられよう。

四、室町幕府の地方支配と地域権力

これまで、上意による地方支配の展開と地域権力の関係について述べたが、ここで、応永・永享年間における幕府の地方支配の実態について考察してみたい。

1　室町幕府・守護・国人

室町幕府の地方支配について考える上で重要になるのが、川岡勉氏が提起した、天下成敗権と国成敗権という概念である[63]。すなわち、川岡氏によると、南北朝動乱を経る中で「天下成敗権は将軍が掌握し、国成敗権は守護が掌握するという体制」が確立し、「将軍の担う「天下の政道」と諸大名の担う「分国の政道」は相互に依存・牽制しあいながら重層的に結合」していたとされている。また、川岡氏によると、中央国家は「守護を媒介に地域の自立化を抑制することで全国統治・収奪体系の再建」を果たし、「守護は中央国家を背景にすることにより地域社会の統合を実現した」とされている。このような氏の理解は室町幕府―守護体制として体系化されているが、「上意（将軍の意思）の果す独自の役割」を指摘する一方で、「幕府は政治的にも軍事的・経済的にも、守護家集団の力に決定的に依存する構造」であったとしている点からも、特に地方支配については守護の存在を重視している。この点については、幕府の全国支配が「守護の同意と強制力執行を伴うことではじめて実効性をもちえた」という指摘からもうかがうことができよう。川岡氏は、室町幕府―守護体制について「上意と衆議が相互に規制しあう関係でバランスを保っていた」としているが、地方支配については上意によって保証された守護の分国支配を中心に理解されているのである。

このように、川岡氏の理解においては、守護による地域社会の統合という点が重視されているが、将軍が掌握したとされる「天下成敗権」の実態について、具体的には幕府がどのように全国支配を展開したのかという点については、さほど述べられてはいないのが現状である。

そこで、室町幕府の地方支配についてみると、これまで九州や石見の事例を通じて述べたように、地域権力は、紛争が勃発した場合、守護が分国内の問題を主体的に解決し、国人が連携して行動することで領主間紛争の解決を図る一方で、上意による御成敗を求めており、室町殿の上意による調停は紛争を解決する上で重要な役割を果たしていた。すなわち、幕府は、室町殿の上意を中心に様々な階層の紛争を調停し、問題を解決することで「天下無為」の実現を図っており、この点が幕府の地方支配の本質であったと考えられる。

そして、このような体制下で、守護、守護代、国人は、上意を執行する地方支配の担い手として行動した。川岡氏が述べるように、守護は幕命執行の担い手として重要な役割を果たしていたが、応永二十九年十一月、幕府が三隅・

益田氏に両使遵行を命じた事例や、安芸国人沼田小早川氏が大内氏対策の担い手として行動した事例[64]にみられるように、地方支配の担い手が守護に一元化していたとすることはできない。

ここで、国人の政治的役割を重視する石田晴男氏によると、国人は、守護被官ではなく幕府の御家人であったとされており、「国」支配、「郡」支配にも関与する役割を負わされていたとされている。[65]また、石田氏は、室町幕府の地方支配について、守護と国人の協力によって、すなわち守護と国人の「共同支配」により成立したとしている。

しかし、室町期において、守護や有力国人に被官化していく国人が存在していることからすれば[66]、国人を幕府の御家人と一律的に捉えることはできない。また、守護と国人の「共同支配」の実態についても明らかにされているとは評価し難い状況にあり、地域社会における守護と国人の関係については、石田氏の述べる協力という側面のみならず、両者の対立や、守護による国人の被官化、さらには幕府の地方支配の担い手として守護と国人が並立するなど、多様なあり方が存在した点を重視する必要がある。

そこで、室町幕府の地方支配と守護、国人の関係に関する先行研究をみると、吉田賢司氏は、奉公衆をはじめとする「直属国人」について、「守護の軍事指揮から独立」していたとしており、「幕府―守護―一般国人、幕府―直属国人といった平時における系列的な諸役賦課・勤仕形態は、戦時の軍事指揮系統にそのまま転用された」と指摘している。そして、吉田氏は、幕府の権力編成について「系列」化という点を指摘しており、幕府は、直属国人の権益、指揮系統を確保しつつ、「それ以外の地域は守護に統治を委ね」たとしている。[67]

また、守護職に補任されていない「非守護地域権力」について考察した大薮海氏は、「ある一定の地域を所領として幕府から支配することを認められ、知行地内において守護と同様に振る舞っていた存在」を「知行主」と定義しており、室町幕府の支配体制について、「守護の支配下に属さない地域を認め、その地域の支配者を知行主として幕府の支配体制内に組み込んだ」ものと指摘している[68]。

さらに、木下聡氏によると、室町幕府は、守護に加え、「南北朝期から在京活動させていた有力領主たちを外様・奉公衆に、在国領主を御家人へ、儀礼的秩序内に組み込んで個別に直接関係を結び、それらが各地域で達成していた関係・支配を媒介に全国的地域支配を展開した」とされている[69]。

このように、幕府の地方支配における国人の政治的役割については多くの指摘があり、堀川康史氏は、「守護のみを取りあげて室町幕府の支配体制を語ることはできない段階に至っている」と指摘している[70]。しかし、これまでの研究では、国人について、将軍直属か、守護指揮下かという視点で限定的に理解される傾向にあり、幕府の地方支配と守護、国人の関係については、国人の政治動向の実態をふまえつつ捉え直す必要があると考えられる。

そこで、地域社会における国人の政治動向についてみると、幕府の地方支配においては、奉公衆も守護指揮下で行動するよう命じられるとともに、奉公衆以外の国人も上意を執行するよう命じられ、地方支配の担い手として行動している[71]。すなわち、伊予浮穴郡を本拠とする国人大野氏は、南北朝期には同国の国人設楽兵藤氏の被官としてみえるが、室町期には伊予・土佐の国境を越えて形成された国人間の連携を背景として、地方支配の担い手としての政治的役割を求められ行動している[72]。また、応永の乱後の緊迫した情勢下で、安芸賀茂郡都宇・竹原荘を本拠とした奉公衆竹原小早川氏は、守護山名満氏の指揮下で行動した[73]。そして、奉公衆が守護指揮下で行動した事例がみられる一方で、備後品治郡を本拠とする奉公衆宮氏は備後一宮—吉備津社と密接な関係を有し、有力な地域権力と評価されており、幕府は宮氏について、守護を通じてではなく直接指揮下に置くことを図っている[74]。

これらは、上意を中心に紛争を解決するという幕府の地方支配の基本理念の中で理解すべき問題であり、将軍直属か、守護指揮下かというような、権力編成の問題として理解すべきものではない。とくに奉公衆は、将軍直属国人として地方における将軍権力の拠点となり、守護支配を牽制する側面を有したとされてきたが[75]、このような性格について実証的に論じられているとは評価し難いのが現状である。室町期の地域社会においては、守護・有力国人による国人の被官化、奉公衆の守護に対する従属[76]、さらには国人間の連携により地域秩序の維持を図る動きなど、多様なあり方がみられ、このような状況下で幕府は、守護、奉公衆という特定の勢力に限らず、守護代や、奉公衆以外の国人と様々な勢力を通じて地方支配を展開している。ここから、幕府の地方支配の担い手や権力編成のあり方は、地域の多様な実情や直面する政治課題に応じて様々に変化するものであったという点を指摘することができよう。すなわち、室町幕府体制下においては、守護、守護代、国人という多様な勢力が室町殿の上意を執行する地方支配の担い手として政治的役割を求められて行動しており、地方支配の担い手について、特定の勢力に限定されていたと理解することはできないのである。

2　室町幕府の地方支配と地域性・時代性

次に、地域の多様な実情に対し、幕府がどのようにして地方支配を展開したのかという問題について考察してみよう。この点について、本郷和人氏によると、京都の幕府が治めるべき地域が「都」、それ以外の地域（関東・東北・九州）は「鄙」とされており、「都」は「京都周辺の「畿内近国」、中国・四国を一つにまとめての「瀬戸内」、それに京都と鎌倉の中間地域としての「中部」」という三つのブロックに分割するのが、幕府の全国支配を理解する上で有効とされている。[77]また、「鄙」においては、東北は篠川公方に、関東は関東公方に、九州は筑前を与えた上で大内氏に「委ね」ていたとされており、幕府の意思が十分に実現しなくとも、「ヨキ程ニテコレヲ閣ク」というのが幕府の理念であったとされている。

「日本」という国を、「都」と「鄙」に分け、遠国の問題は「放任」していたとする本郷氏の理解は、幕府の地方支配を考える上で重視すべき視点と考えられるが、先述したように幕府は、永享の乱により関東公方を排除し、室町殿自身による東国支配の展開を図るとともに、九州における地域権力間の紛争についても上意により調停を行い、「無為」の実現を図っている。ここから、幕府は、関東・九州という遠国で勃発した紛争についても、室町殿の上意を中心に解決することを図ったと考えられる。また、その背景については地域権力から紛争への対応を求められ、遠国の問題にも介入せざるをえなかったという点や、義教の主体性、すなわち、専制を展開したとされる義教が、室町殿の権限強化に加え、その支配地域の拡大をも図ったという点を指摘することができよう。そして、これらの地域において幕府は、東北の篠川公方や、九州における大内氏の事例にみられるように、有力な与党勢力を「支援」することで地方支配の展開を図っている。

さらに、幕府の地方支配と地域性の問題について理解するには、地域を細分化し、それぞれの地域の実情をふまえつつ考察する必要がある。この点について、中国・四国の事例を取り上げ考察してみたい。まず、『満済准后日記』永享三年九月二十八日条によると、細川持春は伊予の「知行郡内」の国人を退治するため「御暇」を要請しており、義教はこれについて「不可有相違」としている。しかし、満済は「伊予国事ハ不相似近国」と、伊予が「近国」とは異なるという認識を示しており、持春の下向について「楚忽下向不可然」と非難し、讃岐の軍勢を派遣し、それでも解決しなければ持春が下向すればよいと進言した。これを受け、義教は持春に再度対応を尋ねたが、持春が「不罷下者不事行」と下向の必要性を主張したため、これを認めている。

この問題にみえるように、伊予は近国ではなく、近国に類似する国でもないとされている。また、伊予と瀬戸内海を隔てた安芸・備後、さらには安芸の隣国石見について、岸田裕之氏は、幕府権力と、幕府に対する独自性が強い防長両国との「境目」としている。[78]なお、独自性が強いとされる防長について、幕府は九州に類似する地域と認識していたのではないかと考えられる。この点については防長の守護大内氏が、常時、在京していないという点からもうかがえよう。このように、九州・防長が幕府に対して自立性が強い地域とすれば、「境目」ともいうべき地域については、伊予・安芸・備後・石見、さらには土佐をあげることができるのではないか。これら「境目」にあたる国の守護は、その多くが山名・細川氏という幕府権力を構成する有力諸大名によって占められているが、これらの国は国人の自立性が強い地域とされており、国人は衆議により連携して行動することで幕府・守護権力に抵抗している。そして、国人間の連携という地域的特質が存在した安芸において、守護山名氏は守護代以下の分国支配機構を構築せず、奉公衆を含む国人との関係を形成することを図っており、いわば国人の自立性を「容認」した上で分国支配の展開を図ったと考えられる。[79]さらに、国人の自立性が強い「境目」の地域においては、先述した安芸国人沼田小早川氏や備後国人宮氏、さらには伊予国人大野氏の事例にみられるように、守護に加え、有力国人が地方支配の担い手として幕命を執行している。ここから、幕府は、守護に加え、有力国人を通じて地方支配を展開したという点を指摘することができよう。

最後に、中国・四国の内、防長および「境目」の国を除く地域、すなわち畿内近国に近接する地域をみると、備前・

美作―赤松氏、讃岐・阿波・備中―細川氏、伯耆・因幡―山名氏、出雲―京極氏と、在京諸大名が守護職を保持するとともに、その本国が存在している。これらの地域においても、備前松田氏、備中陶山氏のような有力国人が存在しているが、幕府は、在京守護を通じて地方支配を展開しており[80]、いわば、畿内近国に類似する地域と理解してもよいのではないか。

なお、「荘園制に依拠した在京領主たちによる集団支配体制」について、「領主の在京―非在京、在京―在国という問題」を媒介にしつつ考察した山田徹氏は、遠江、越中、備後までの三角形の内側を「近国地域」、関東・東北・九州を「遠国地域」とした上で、中国・四国においては安芸・石見・周防・長門・伊予を「在地領主の在京化や在京勢力の所領支配などが進展しなかった地域」として「中間地域」と位置付けている[81]。また、山田氏は「在京と在国、どちらの勢力が主要な領主を占めるのかという点によって、地域にとっての「室町時代」がまったく異なるものとなる」と指摘している。地域性に応じて、地域にとっての室町時代が異なるという山田氏の指摘は首肯しうるものであるが、地域分類については、大内氏という自立性の強い有力守護が存在する周防・長門と、国人間の連携が重要な役割を果たした安芸・石見・伊予は分けるべきではないかと考えている。

すなわち、中国・四国については、これまで述べたように幕府に対する自立性の強い防長、在京諸大名の本国が存在し畿内近国に類似する地域、および両地域の「境目」に当たり国人の自立性が強い地域に大別して理解すべきと考えられる。また、これらの地域において幕府は、それぞれの地域の実情に応じて大内氏という自立性の強い守護や、幕府権力を構成する在京守護、さらには有力国人と様々な勢力を通じて地方支配を展開している。そして、幕府は、畿内近国に類似する地域については在京守護を通じて掌握することを図る一方で、自立性の強い防長については守護大内氏に委ねており、「境目」においては国人の自立性を認めつつも守護を通じて「緩やか」に掌握するとともに、有力国人を地方支配の担い手として位置付けることで、政治的安定の実現を図った。このように、幕府の地方支配は、地域の多様な実情に応じて不均質なものとなっており、また、地方支配の担い手についても地域性に応じて差異がみられるのである。(82)

なお、黒嶋敏氏は、「室町幕府将軍の支配」について考察する上で、「将軍を「主」とし、他者を下位とする、属人的な上下関係を指す」〈主―従の関係〉に留意すべきとしている。(83)すなわち、「遠国」でも〈主―従の関係〉が濃密に展開する地域もあれば、畿内においても希薄化している地域があり、〈主―従の関係〉の「濃淡のグラデーション」が存在したとされている。地域性について理解する上で、室町殿との関係は重視すべき点であり、地域の特質は、地域権力の動向や地理的な遠近に加え、室町殿との関係など、様々な要素により形作られていたと考えられる。すなわち、本章では中国・四国を三つの地域に大別したが、それぞれの地域の内部は、室町殿と地域権力の関係に応じて一様ではなかったと考えられるのである。

これまで述べたように、幕府は、室町殿の上意を中心に紛争を解決し、「無為」を実現するという基本理念の下で、地域の実情に応じて、守護、守護代、国人という多様な勢力を通じて地方支配を展開した。また、幕府から上意を執行する地方支配の担い手としての政治的役割を求められた地域権力は、国という枠組みを越えて広域的に行動している。そして、これらの地域権力は上意を執行する地方支配の担い手として行動する一方で、地域において実力により勢力の拡大を図るとともに、連携して行動することで上意を相対化し、自立的な地域秩序を形成することを図った。さらに、幕府の地方支配は、地域権力が室町殿の上意を執行する地方支配の担い手として行動することで実現しており、当該期の権力構造を理解するには、幕府の地方支配と地域権力の動向の双方を重視する必要があると考えられる。それでは、このような幕府の全国支配はどのようにして維持されたのだろうか。この点について、『満済准后日記』正長二年七月二十四日条から考察してみよう。

（前略）山名入道意見ハ、篠川殿事去年関東雑説以来、無二被憑思食了、又可致忠節由、度々自篠川モ被申入了、而ニ只今彼大事ヲ無御合力ハ、永代奥者共京都ヲ仰憑存事不可在之歟、然者後々御大事出来勿論、又諸国諸侍モ上意ヲ無力可存申入間、自彼方如被申請、越後信濃両国者共ヲハ、上野堺へ被出陣、駿河勢ヲハ箱根口へ可被指寄条、可有何子細哉云々（後略）

正長二年七月、幕府は、関東・東北の幕府方勢力を攻撃していた鎌倉府への対応を協議したが、山名時熙は紛争への対応の誤りにより、「諸国諸侍」が上意を無力と認識することを懸念している。ここから、当該期においては上意を中心に問題を解決する、幕府の紛争解決能力に対する諸権力の信任が存在したと考えられる。幕府は紛争調停の失敗により、諸権力が室町殿の上意を無力と認識することを恐れた。このため、室町殿は、諸大名に頻繁に意見を求めるとともに、地域の実情を詳細に調査することで、より円滑に紛争を解決しうる上意を形成することを図ったのである。ここから、幕府は、上意により紛争を解決し、室町殿の上意に対する諸権力の信任を維持することで、全国支配の安定的な展開を図ったと考えられる。

そして、上意に対する信任を維持することを目的として行われた政策判断の下で、幕府は、直面する政治課題に応じて、遠国の問題について「放任」主義ともいうべき方針をとる一方で、対応しなければ重要な問題に発展しかねない場合などは積極的に紛争に介入することで問題の解決を図った。このように、幕府は、直面する政治課題に対し、上意に対する信任を維持することを重視して対応策を検討しており、幕府の地方支配が不均質なものとなった要因については、先述した地域性の問題に加え、政治情勢の差異という点を挙げることができよう。

なお、この政治情勢の差異、すなわち時代性について考える上で重要となるのが、室町殿と諸大名の関係である。室町殿と管領、諸大名、奉行人をはじめとする諸機構の関係は時期によって差異がみられ、幕政に対する室町殿の影響力も、管領・諸大名との関係や、室町殿自身の性格によって時期差が認められる。とくに、複数の守護職を有する諸大名は在京し、幕政に重要な役割を果たしたとされており、幕府の地方支配の実態について理解するには、室町殿と諸大名の関係の時期による差異をふまえつつ考察する必要があろう。

そこで、まず、義持期についてみると、義持は諸大名の衆議を尊重していたという点が指摘されており、先述した播磨赤松氏をめぐる問題にみられるように、室町殿の上意が諸大名の衆議によって覆された事例もみられる。これに対し、義教期についてみると、当初は畠山満家をはじめとする諸大名や満済の意見を尊重していたが、紛争への対応をめぐって次第に意見の対立が生じており、とくに満家が死去した永享五年以後は、義教の専制化の傾向が強くなったとされている。(84) また、義教期においては、九州の紛争を早期に解決するため積極的に対応するとともに、永享の乱により関東公方を排除し、室町殿による関東支配の実現を図っているが、この遠国の問題への積極的な介入という点は、義教期の特質として指摘することができる。これらの点から、幕府の地方支配は、室町殿と諸大名の関係の時期による差異や直面する政治課題の差異に応じて、一様ではなく、多様な形で展開されていたという点を指摘することができよう。そして、義教専制期においては、室町殿足利義教が、守護・国人の家督問題に介入したことにより地域において混乱が生じており、室町殿の上意に対する信任は動揺することとなったと考えられる。ここから、嘉吉の乱勃発直前の政治状況の特質として、室町殿の上意に対する信任の動揺という点を指摘することができよう。

本節では、室町幕府の地方支配について考察した。幕府は、室町殿の上意を中心に紛争を解決することで「無為」の実現を図っており、この点が幕府の地方支配の本質であったと考えられる。また、上意を中心に紛争を解決するという基本理念の下で展開された幕府の地方支配は、地域の多様な実情や政治情勢の差異に応じて不均質なものとなっており、その担い手も地域性に応じて守護、守護代、国人と様々なあり方がみられる。ここから、幕府の地方支配の担い手や権力編成のあり方は、地域性や政治情勢に応じて様々に変化するものであったという点を指摘することができよう。そして、幕府の地方支配は、これらの地域権力が上意を執行する地方支配の担い手として行動することで実現しており、当該期の権力構造を理解するには幕府の地方支配と地域権力の動向の双方を重視する必要がある。さらに、当該期においては室町殿の上意を中心とする紛争解決能力に対する諸権力の信任が存在しており、幕府は上意により紛争を解決し、「無為」を実現することで諸権力の信任を維持し、全国支配を安定的に展開することを図ったと考えられる。

おわりに

本章では、応永・永享年間における室町幕府の地方支配について、『満済准后日記』を中心に考察した。最後に、本章で明らかにした点をまとめてみたい。

室町殿は、全国支配を展開する上で「天下無為」の実現を幕府政治の基本理念としている。問題が終結した、もしくは生じていない状態を表す「無為」という概念は、南北朝・室町期における政治理念として広く用いられており、幕府は「無為」の実現を基本理念として地方支配を展開した。

また、幕府は、室町殿の上意を中心に紛争を調停し、問題を解決することで「無為」の実現を図っており、この点が幕府の地方支配の本質であったと考えられる。そして、幕府の地方支配は、地域の多様な実情や政治課題の差異に応じて不均質なものとなっており、その担い手については地域性に応じて様々なあり方がみられる。すなわち、幕府は、守護を基本としつつも守護代、国人と多様な勢力を通じて地方支配を展開しており、伊予国人大野氏の事例にみられるように、奉公衆以外の国人に対しても地方支配の担い手としての政治的役割が求められる一方で、応永の乱後の緊迫した政治情勢下においては、奉公衆竹原小早川氏も守護指揮下で行動している。これらは、室町殿の上意を中心に問題を解決するという幕府の地方支配の基本理念の下で理解すべき問題であり、幕府の地方支配は、守護、守護代、国人という多様な勢力が、地域において、室町殿の上意を執行する地方支配の担い手として行動することで実現した。ここから、幕府の地方支配の担い手について、守護や将軍直属国人という特定の勢力に限定されていたと理解することはできない。室町幕府の地方支配の担い手や権力編成のあり方は、政治情勢や地域性に応じて様々に変化するものであったと考えられるのである。

しかし、これは、上意による紛争解決が万能であったことを示すものではない。すなわち、地域権力が幕命に従わず紛争解決に失敗した事例もみられ、地域権力は自立的に行動することで勢力の拡大を図るとともに、衆議によって連携して行動することで上意の相対化を図った。ここから、当該期の権力構造を理解するには、上意を中心とする幕府の地方支配と地域権力の動向の双方を重視する必要があると考えられるが、当該期においては室町殿の上意に対する諸権力の信任が存在しており、幕府は、室町殿の上意を中心とする紛争解決能力に対する信任を維持することで、全国支配を安定的に展開することを図ったと考えられる。

これまで述べたように、幕府は室町殿の上意を中心に紛争を調停・解決することで「無為」の実現を図っており、地域権力は上意を執行する地方支配の担い手となり、幕府に紛争解決を要請し、幕命に従うことで問題の解決を図った。当該期においても地域権力の自立化に向けての動きはみられるが、地域紛争の解決、ひいては政治的安定の実現という点において、室町殿の上意は、重要な役割を果たしていたのである。

註

（1）川岡勉「室町幕府―守護体制の成立と地域社会」（『歴史科学』一三三、一九九三年）、同『室町幕府と守護権力』（吉川弘文館、二〇〇二年）。

（2）吉田賢司「室町幕府による都鄙の権力編成」（中世後期研究会編『室町・戦国期研究を読みなおす』〈思文閣出版、二〇〇七年〉。のち、同『室町幕府軍制の構造と展開』〈吉川弘文館、二〇一〇年〉に収録）。

（3）森茂暁『満済』（ミネルヴァ書房、二〇〇四年）。

（4）『神奈川県史　通史編1　原始・古代・中世』第三編第三章第一・二節　執筆担当　田辺久子、同第三節　執筆担当　百瀬今朝雄（神奈川県、一九八一年）をはじめとする自治体史や、小国浩寿『鎌倉府と室町幕府』（吉川弘文館、二〇一三年）、杉山一弥『室町幕府の東国政策』（思文閣出版、二〇一四年）、註で取り上げた各研究を参照した。

（5）桜井英治『室町人の精神』（講談社、二〇〇一年）。

（6）小国浩寿『鎌倉府体制と東国』（吉川弘文館、二〇〇一年）。

(7) 桜井『室町人の精神』（前掲註5）。
(8) 田辺久子『関東公方足利氏四代』（吉川弘文館、二〇〇二年）。
(9) 「喜連川判鑑」（『続群書類従　第五号　上』〈続群書類従完成会、一九〇四年〉）。『茨城県史　中世編』第三章　執筆担当　新田英治（茨城県、一九八六年）。
(10) 『満済准后日記』応永二十九年十一月二日条。
(11) 杉山一弥「室町幕府と下野「京都扶持衆」」（『年報中世史研究』三〇、二〇〇五年。のち、同『室町幕府の東国政策』〈前掲註4〉に収録）。
(12) 応永三十年五月、持氏は京都扶持衆に対する軍事行動を展開している（「喜連川判鑑」〈前掲註9〉）。
(13) 『満済准后日記』応永三十年六月五日条。
(14) 『満済准后日記』応永三十年七月五日条。
(15) 『兼宣公記』応永三十年八月十七日条。
(16) 『満済准后日記』応永三十一年二月五日条。
(17) 『満済准后日記』正長二年六月三日条。『福島県史　第1巻　通史編Ⅰ　原始・古代・中世』第三章第一節　執筆担当　渡部正俊・小林清治（福島県、一九六九年）。
(18) 『満済准后日記』正長二年七月二十四日条。
(19) 『満済准后日記』正長二年八月十八日条。
(20) 『満済准后日記』永享二年二月二十四日条。
(21) 『満済准后日記』永享二年九月四日条。
(22) 『満済准后日記』永享三年三月二十日条。
(23) 『満済准后日記』永享三年七月十九日条。
(24) 『看聞御記』永享三年七月十九日条。

(25)「無為」は、国人間の紛争解決においても用いられている。すなわち、康正二（一四五六）年と推測される七月、安芸国人沼田小早川熙平は、安芸山県郡大朝荘を本拠とする国人吉川氏の所領問題について、「夜昼思案仕候へ共、無為之外ハあるましく候」と、「無為」に解決するよう吉川之経に要請した（沼田小早川熙平書状『吉川家文書』二八一〈『大日本古文書　家わけ第九　吉川家文書』〉）。拙稿「安芸国人沼田小早川氏と室町幕府・守護」〈『ヒストリア』二三三、二〇一二年〉本書第三部第一章に収録）。

(26)桜井『室町人の精神』（前掲註5）。

(27)『満済准后日記』応永二十三年九月九日条。

(28)『長野県史　通史編　第三巻　中世二』第二章第三節　執筆担当　湯本軍一（長野県史刊行会、一九八七年）。

(29)『満済准后日記』永享七年正月二十六日条。

(30)羽下徳彦「越後に於る守護領国の形成」（『史学雑誌』六八―八、一九五九年。のち、同『中世日本の政治と史料』〈吉川弘文館、一九九五年〉に収録）。また、山田邦明氏は長尾氏について、「国務と外交をともに独占」していたとしている（『新潟県史　通史編2　中世』第二章第二節　執筆担当　山田邦明〈新潟県、一九八七年〉）。

(31)十二月二十日付足利義教御内書「勝山小笠原文書」（『新編信濃史料叢書一二』〈信濃史料刊行会、一九七五年〉）。

(32)「喜連川判鑑」（前掲註9）。

(33)『看聞御記』永享九年七月三日条。

(34)細川持之書状写「足利将軍御内書并奉書留」（『静岡県史　資料編6　中世二』一九五〇〈静岡県、一九九二年〉）。『静岡県史　通史編2　中世』第2編第3章　執筆担当　田辺久子（静岡県、一九九七年）。

(35)『建内記』永享十一年二月十五日条。

(36)田辺『関東公方足利氏四代』（前掲註8）。

(37)柳田快明「室町幕府権力の北九州支配」（『九州史学』五九、一九七六年。のち、木村忠夫編『戦国大名論集　七　九州大名の研究』〈吉川弘文館、一九八三年〉に収録）、佐伯弘次「大内氏の筑前国支配」（川添昭二編『九州中世史研究第一輯』〈文研出版、一九七八年〉）、山田貴司「西国の地域権力と室町幕府」（川岡勉編『中世の西国と東国』〈戎光祥出版、二〇一四年〉）、『北九州

市史　古代・中世』第三編第二章（北九州市、一九九二年）をはじめとする自治体史を参照した。
(38)『満済准后日記』永享三年二月二十三日条。
(39)『満済准后日記』永享三年二月二十九日条。
(40)『満済准后日記』永享三年六月八日条。
(41)『満済准后日記』永享三年八月九日条。
(42)『満済准后日記』永享三年八月二十二日条。
(43)『満済准后日記』永享四年三月十六日条
(44) 本郷和人「『満済准后日記』と室町幕府」（五味文彦編『日記に中世を読む』〈吉川弘文館、一九九八年〉）。
(45) 呉座勇一「室町期の守護と国人」（『東京大学日本史学研究室紀要』一七、二〇一三年）。
(46)『満済准后日記』永享四年四月十三日条。
(47)『満済准后日記』永享五年三月六日条。
(48)『満済准后日記』永享五年九月五日条。
(49) 足利義教御内書写「麻生文書」（『新修福岡市史　資料編　中世1』三二一―二七〈福岡市、二〇〇〇年〉）。本書状の年代比定については、『大宰府市史　中世資料編』（太宰府市、二〇〇二年）に従った。
(50) 室町幕府御教書『益田家文書』九八（『大日本古文書　家わけ第二十二　益田家文書』）。以下、同書による場合、これを記さない。
(51) 吉見家貞書状『益田家文書』五二九。
(52) 室町幕府御教書『益田家文書』一〇八。
(53) 山名熙貴書状『益田家文書』一〇九。
(54) 三隅信兼書状『益田家文書』五三八。
(55)『満済准后日記』永享四年十月二十一日条。
(56)『満済准后日記』正長元年七月十九日条。

(57) 吉田「室町幕府による都鄙の権力編成」(前掲註2)。
(58) 『満済准后日記』応永三十四年十月二十六日条。
(59) 『満済准后日記』応永三十四年十月二十七日条。
(60) 青山英夫「応永三十四年、赤松満祐下国事件について」(『上智史学』一八、一九七三年)。
(61) 高橋玄高外二名連署契状「福原文書」一二(『広島県史　古代中世資料編Ⅴ』〈広島県、一九八〇年〉)。
(62) 安芸国諸城主連署契状『毛利家文書』二四(『大日本古文書　家わけ第八　毛利家文書』)。
(63) 川岡『室町幕府と守護権力』(前掲註1)。
(64) 拙稿「安芸国人沼田小早川氏と室町幕府・守護」(前掲註25)。
(65) 石田晴男「室町幕府・守護・国人体制と「一揆」」(『歴史学研究』五八六、一九八八年)。
(66) 掃部助頼秀書状写「小早川家証文」三〇(『大日本古文書　家わけ第十一　小早川家文書』)。これによると、頼秀は、山名氏への奉公を止めることを誓約し、当知行地であった野美郷の安堵を沼田小早川春平に求めている。
(67) 吉田「室町幕府による都鄙の権力編成」(前掲註2)。
(68) 大薮海「中世後期の地域支配」(『歴史学研究』九一一、二〇一三年)、同『室町幕府と地域権力』(吉川弘文館、二〇一三年)。
(69) 木下聡「室町幕府の秩序編成と武家社会」(『歴史学研究』九二四、二〇一四年)。
(70) 堀川康史「南北朝期室町幕府の地域支配と有力国人層」(『史学雑誌』一二三―一〇、二〇一四年)。
(71) 拙稿「安芸国人沼田小早川氏と室町幕府・守護」(前掲註25)。
(72) 拙稿「伊予国人大野氏と室町幕府・守護」(『史学研究』二六九、二〇一〇年)。本書第三部第三章に収録。
(73) 拙稿「安芸守護山名氏の分国支配と地域社会」(『史学研究』二七九、二〇一三年)。本書第二部第二章に収録。
(74) 拙稿「備後国人宮氏・一宮と室町幕府・守護」(『日本歴史』七八一、二〇一三年)。本書第三部第二章に収録。
(75) 福田豊彦『室町幕府と国人一揆』(吉川弘文館、一九九五年)。
(76) 杉山一弥「室町幕府奉公衆葛山氏」(『国史学』一七二、二〇〇〇年。のち、同『室町幕府の東国政策』〈前掲註4〉に収録)。

(77) 本郷「『満済准后日記』と室町幕府」（前掲註44）。
(78) 岸田裕之『大名領国の構成的展開』（吉川弘文館、一九八三年）。
(79) 拙稿「安芸守護山名氏の分国支配と地域社会」（前掲註73）。
(80) 『岡山県史　第五巻　中世Ⅱ』第一章（岡山県、一九九一年）。なお、中国・四国の事例ではないが、室町期の若狭においては、大飯郡本郷を本拠とする有力国人本郷氏が存在したものの、幕府の地方支配は守護を通じたものに一元化していたと考えられる（拙稿「若狭本郷氏の動向と室町幕府・守護」〈『若越郷土研究』五二―一、二〇〇七年〉）。
(81) 山田徹「室町時代の支配体制と列島諸地域」（『日本史研究』六三一、二〇一五年）。
(82) このような理解は、本郷氏の述べる「中部」にもあてはめることができるのではないか。すなわち、幕府と鎌倉府との「堺目」に当たる信濃・越後・駿河は、国人の自立性が強い地域であり、先述したように、幕府は、守護に加え守護代や国人を通じて鎌倉府対策を行っている。
(83) 黒嶋敏「室町時代の境界認識」（『歴史評論』七六七、二〇一四年）。
(84) 桜井『室町人の精神』（前掲註5）。

第三章　嘉吉の乱後の室町幕府の地方支配と地域権力

はじめに

嘉吉元（一四四一）年六月に勃発した嘉吉の乱は、室町幕府権力が「変質」する契機となった事件として評価されている。すなわち、嘉吉の乱を契機として、幕府の地方支配が動揺するとともに、守護、国人という地域権力の自立化が進行したとされており、川岡勉氏によると、「嘉吉の乱と、その後十年近くに及ぶ上意の不在状況は、幕府―守護体制やそれに支えられた荘園制・権門体制的秩序、さらには地域社会状況に深刻な影響」を及ぼしたとされている(1)。嘉吉の乱を契機として、室町幕府権力が「変質」したとする川岡氏の理解は従うべき見解であり、嘉吉の乱後、幕府の地方支配と地域権力の関係がどのように変化したのかという点について考察する必要があろう。

そこで、嘉吉の乱後の室町幕府に関する先行研究をみると、嘉吉の乱による義教死後、室町殿が幼少であったため、管領を中心に幕府政治が展開されており、両管領家（細川・畠山氏）の勢力が拡大したとされている(2)。しかし、室町殿義政が幕政の主導権を確立すると、管領の地位は相対的に低下したとされており、管領と対立した義政が側近勢力を権力基盤として親政を展開したため、「幕府は全国支配権を縮小しながら、京都周辺に権力基盤を集中」させたという点が指摘されている(3)。

次に、当該期の地域権力について、川岡氏によると、室町殿不在により「地域権力の自立化が一挙に表面化」しており、「守護が上意から「自立」していくにつれて、国人層は守護公権に一元的に結び付けられ」ていくとされている。(4) さらに、室町幕府と守護、国人の関係について、吉田賢司氏によると、幕府は、守護を通じて間接的に面として把握する地域と、幕府が直接的に点として把握する地域に整理していたとされており、幕府の地域権力編成のあり方について、「系列」化という点を指摘している。(5)

これまで、嘉吉の乱後の室町幕府と地域権力に関する先行研究を整理したが、当該期の幕府については多くの研究成果がみられるものの、幕府内部の政治動向に視点が限定されており、地方支配の実態について明らかにされているとは評価し難い状況にある。また、守護、国人という地域権力についても、守護に「一元的」に結び付けられていたという点を重視して理解されるか、幕府直属か否かという権力編成論に止まっており、地域権力の政治動向と幕府の地方支配の関係を明らかにする必要がある。

そこで、本章では、嘉吉の乱後の幕府の地方支配と地域権力の関係について、当該期の政治情勢との関係をふまえつつ考察していく。これにより、嘉吉の乱後、応仁・文明の乱が勃発するまでの時期において、幕府の地方支配と地域権力の関係がどのように変化したのかという点について検討を加えたい。

一、管領政治期における室町幕府の地方支配

本節では、嘉吉元年六月に勃発した嘉吉の乱後、とくに管領が幕府政治を主導した時期を取り上げ、室町幕府の地方支配と地域権力の関係について考察していく。

1　嘉吉の乱後の紛争処理と室町幕府

嘉吉元年六月二十四日、赤松教康は、室町殿足利義教を殺害し、父満祐と共に播磨に下国した(6)。嘉吉の乱で義教が殺害されたことにより、幕府は室町殿不在という状況に陥ったが、翌二十五日には、「地域行政に携わる守護職」を保持するとともに「在京して幕政の一翼」を担った諸大名が(7)「評定」を行い、義教の後継者と西国発向について協議し、赤松氏追討を決定している(8)。しかし、七月六日には「発向遅引」とみえ、追討軍の出兵の遅れが問題となっており、幕府は、赤松氏の分国であった播磨・備前・美作の守護職を赤松氏追討の軍功により与えるという方針を打ち出している(9)。このように、室町殿不在という状況下で、諸大名は「評定」を行い、幕府の方針を決定したが、その中心には管領である細川持之が存在したと考えられる。この点については、義教の葬礼について「若公皆無御出、御少年之故云々、管領細川右京大夫持之朝臣相代毎事致沙汰云々、武家大名当時物忩之間、面々可斟酌之由管領相示之、只一身参入(10)」と、「若公」（義教の子）が「御少年」のため持之が沙汰を行い、持之一人が参列したことからもうかがえよう。また、『建内記』嘉吉元年七月十七日条によると、管領持之は、「若公御少年」のため、「代官」として「若公」

の叔父にあたる梶井義承を起用し、「彼御判」により「政事」を行うことを検討したが、政所執事伊勢貞国は「管領判」により沙汰を行うべきと主張している。さらに、同年七月二十六日、持之は「管領下知人々所存如何、無心元之間」と、管領の「下知」に人々が従うかどうか不安であるという理由から、赤松氏の追討について朝廷に綸旨の発給を申請した[11]。そして、八月一日には管領に宛てて綸旨が発給されており[12]、山名氏を中心とする幕府軍の攻撃を受けた赤松満祐父子は自害し[13]、赤松氏の分国（播磨・備前・美作）の守護職は山名氏一族に与えられている[14]。このように、幕府は、管領を中心に諸大名の「評定」により西国発向を決定しており、山名氏を中心とする幕府軍の派兵により赤松氏を追討したのである。

次に、嘉吉の乱後の幕府の対鎌倉府政策についてみてみよう。鎌倉府への対応は幕府の全国支配において重要な政治課題であったが、嘉吉元年四月、幕府軍は関東公方足利持氏の遺児と結城氏朝の拠る下総結城城を攻略しており[15]、嘉吉の乱勃発時には持氏方の残党勢力への対応が課題となっていた。そこで、関東問題に対する幕府の対応について、次の史料をみてみよう[16]。

上様御事、去廿四日、於赤松宿所、不慮之子細御座候、無是非候、雖然面々同心令発向、可加治罰候、不可有遁避候歟、京都事、毎事無為無事候、可被御心安候、就其佐竹（義憲）事、不相替被致忠節候者、目出候由、面々一同御申候、恐々、

六月廿六日　右〔　　　　〕（細川持之カ）

謹上　上杉安房入道殿（憲実）　兵庫（上杉清方）　修理大夫（上杉持朝）　千葉（胤直）　小山（持政）　宇津宮（等綱）　佐竹下総守（山入祐義）　民部　土岐（持頼）　小笠原（正透）　武田（信重）

上杉中務少輔（持房）　岩松治部大輔（家純）　上杉治部少輔（教朝）

本書状は年欠だが、嘉吉の乱の勃発を受けて発給されたものであり、嘉吉元年のものと考えられる。また、発給者は管領―細川右京大夫持之とみられる。これによると、嘉吉の乱の二日後、持之は上杉憲実をはじめとする関東の幕府方勢力や関東に出兵中の幕府軍に対し、常陸の佐竹義憲に対する軍事行動について忠節を要請している。さらに「不相替被致忠節候者、目出候由、面々一同御申候」とみえるが、「面々」とは在京し、幕政に関与した諸大名のことと考えられる。ここから、持之は、これら諸大名の意向を背景として、関東の幕府方勢力や関東に出兵中の幕府軍に対し、幕府への忠節を要請したという点を指摘することができよう。

このように、室町殿義教の死という非常事態を受けて、幕府体制のあり方が模索されたが、幕府は、持之を中心とする諸大名の「評定」によって政策を決定することで、赤松氏追討戦をはじめとする政治課題を解決することを図った。室町殿の不在、若公が年少という状況下で、管領細川持之は諸大名が自身の命令に従うかどうか不安を有しており、赤松氏追討戦では綸旨の発給を朝廷に申請したが、義教死後の幕府政治について、家永遵嗣氏は、「畠山・細川二大勢力の拮抗のうえに管領による独裁が行われた」としている(17)。家永氏の述べるように、当該期の室町幕府体制においては、管領が重要な役割を果たしており、幕府の地方支配と地域権力の関係について、両管領家（細川・畠山氏）の対立という政治情勢をふまえつつ考察する必要があろう。この点については、項を改めて論じたい。

2　伊予・加賀守護職をめぐる紛争と両管領家

ここでは、伊予・加賀の事例を取り上げ、両管領家の対立が、幕府の地方支配や地域権力の動向に対し、どのような影響を与えたのかという点について考察したい。まず、伊予守護職をめぐる紛争からみてみよう。伊予守護職をめぐっては、本宗家の教通と予州家の通春が対立しており、伊予進出を図る細川氏は通春を支援している。これに対し、足利義政は教通を支持しており、畠山氏もこれに従ったという点が指摘されている。[18]

そこで、伊予の紛争に対する幕府の対応をみると、文安元（一四四四）年四月、幕府は、安芸国人沼田小早川氏に対し、伊予に出兵し、教通に合力するよう命じた。[19]また、この問題では石見国人出羽氏にも教通合力が命じられており、[20]幕府は安芸・石見の国人を伊予に動員し、教通を支援することで紛争の解決を図ったと考えられる。そして、この段階の管領は畠山持国である。

これに対し、通春を支援する細川勝元が管領になると、幕府の伊予政策に変化がみられる。すなわち、文安六年三月、勝元は御教書を発給し、通春に合力するよう伊予浮穴郡を本拠とする国人大野氏に命じた。[21]また、同年と推測される三月、勝元は書状を発給し、森山氏との和睦を賞し、通春に同心するよう大野氏に要請している。[22]ここから、伊予において勝元は、通春を支援し、伊予支配を有利に展開するため、大野氏と森山氏という与党勢力を連携させることを図ったと考えられよう。[23]

しかし、管領が勝元から畠山持国に交替すると、幕府の伊予政策は再度変更されており、宝徳二（一四五〇）年八月、幕府は、教通の守護補任を報じ、軍勢を動員し備後国人杉原氏と共に教通に合力するよう安芸国人竹原小早川氏に命じた。[24]また、宝徳三年四月、幕府は杉原・竹原小早川氏に対して「可被相触芸石両州諸軍士」と命じており、安芸・石見の軍勢を伊予に派兵し、教通を支援している。[25]

そして、このような幕府の政策変更に対する国人の動向についてみると、宝徳三年と推測される八月、教通合力を命じられたと考えられる伊予国人重見通実は「先年以上意、通春可随身旨、被仰付」と、上意により通春に従うよう命じられていたため「御請」が遅れたと主張し、宇和・喜多郡の与党勢力や、大野・森山氏と連携して教通方として行動することを両使である竹原小早川・杉原氏に報じた。(26) 幕府が教通合力を命じたのは宝徳二年であり、伊予国人は、教通に合力するよう幕府から命じられた後も、過去に発せられた通春合力命令を背景に通春方として行動していたと考えられる。また、重見氏は森山・大野氏をはじめとする伊予国人と連携し、教通に合力することを表明したが、享徳元（一四五二）年十月、安芸国人吉川氏は「森山館里城」で軍事行動を展開しており、(27) 森山氏が反幕府方、すなわち通春方として行動したことがうかがえる。そして、森山氏が反幕府方として行動した背景については、通春を支援する細川氏との関係を指摘することができよう。

これまで述べたように、伊予守護河野氏の内紛においては管領の交替に伴い、度々、幕府政策が変更されており、伊予国人は、幕命に依拠せず、自己の支持する守護家や周辺国人との関係を重視し、主体的に行動することを図ったと考えられる。そして、伊予守護河野氏の本宗家と予州家は、敵対する守護家を支持する幕命が発せられたとしても、管領の交替により幕府の支持を受けることが可能な状況下で、それぞれが国内勢力の与党化を図っている。ここから、伊予においては管領の交替に伴う度重なる幕府政策の変更により、幕命が絶対的なものではなくなり、幕命の絶対性が動揺する中で、守護、国人という地域権力の自立化が進行したという点を指摘することができよう。

次に、地域紛争への対応をめぐって細川・畠山氏という両管領家が対立した事例として、加賀守護職の問題を取り上げ考察してみよう。加賀守護富樫教家は嘉吉元年六月、室町殿義教の上意に違背し「逐電」しており、弟の泰高が還俗して家督を継承した。(28) しかし、泰高の烏帽子親をつとめた細川持之の死後、管領畠山持国は教家の子成春を加賀守護に補任している。すなわち、持国は教家を「代々扶持」しており、教家が隠居していたため、子の成春に加賀守護職を安堵したのである[29]。この「扶持」は「支持」、「支援」を意味すると考えられるが、畠山氏の成春支持に対し、細川持賢（持之の弟）は泰高を支持しており、「諸大名両方贔負[30]」と、諸大名が成春方と泰高方に分かれていたことがうかがえる。さらに加賀守護職の問題には、斯波氏の関与がみられる。すなわち、斯波持種は「父入道恩補之跡」として、加賀守護職を求めており、成春が守護に補任されると「令下向賀州可押領由支度之」と、加賀に侵攻し、実力により占拠することを図った[31]。この加賀侵攻は被官人の制止を受けて取り止めたとみられるが、富樫氏の内紛について管領持国から「扶持」を求められた持種は「不可出一人之軍勢」と拒絶しており[32]、加賀守護富樫氏の内紛は、細川・畠山・斯波氏という三管領家を巻き込む重要な政治課題に発展している。

ここで、加賀における富樫氏の内紛の経過をみると、嘉吉三年一月、教家・成春方は加賀に代官を派遣したが、泰高が応じなかったため「於国可有弓箭」と、京において現地での戦闘の勃発が懸念されている[33]。また、加賀においては「国中多属喝食男」と国内勢力の多くが前守護泰高方であったが[34]、戦闘の結果、泰高は敗北しており[35]、泰高の下で守護代を務めた山川氏は上洛し、管領持国を攻撃することを図っている[36]。このように、富樫氏の内紛をめぐって京においても緊張が高まっているが、この問題は成春を支持する管領持国と、泰高を支持する細川持賢・山名持豊の双方を日野重子（足利義教室・義政母）が調停し、山川氏が切腹したことにより終結した[37]。

これまで述べたように、加賀守護職をめぐる富樫氏の内紛において、管領畠山持国は「代々扶持」していた成春を守護に任じたが、文安二年三月、細川勝元が管領に就任すると幕府の加賀政策は変更され、泰高が守護に任じられている。すなわち、同年八月、幕府は泰高の守護代山川近江守の加賀入部を報じ、合力するよう加賀に所領を有する摂津満親に命じており[38]、同年十二月には、加賀国人敷地家澄に成春退治を命じたのである[39]。これに対し、教家方は加賀で軍事抵抗に及んでおり、文安三年九月、泰高と斯波持種の軍勢に敗れて越中に撤退したが[40]、同年十月には再び加賀に侵攻している[41]。

さらに、この問題では、足利三春（義政）が介入している。すなわち、義政が富樫教家・成春を「扶持」したのに対し、泰高を支持する勝元は「管領上表」に及び抵抗したのである[42]。勝元は、十一月十四日には出仕しており、義政と勝元の対立は、義政が態度を軟化させたことで落着したと考えられる[43]。しかし、文安四年五月、幕府は加賀守護職について「半国宛可知行」と、泰高と成春に加賀を半国ずつ知行させることを決定した[44]。これに対し、成春は、幕命に応じず加賀を占拠しており、同年七月、勝元は泰高に半国守護職を打ち渡すため、「管領内随分之輩五人」を加賀に派遣している[45]。そして、この五人は「次郎猶及異議者可決勝負、随其注進可有京都之了見」と、成春が抵抗に及べば戦闘で勝負を決するので、戦闘の状況により方針を決定するよう勝元に進言した。ここに、戦闘の状況に応じて政策を決定するというあり方がみられるが、この背景には、成春が加賀を占拠していたという点や、富樫氏の内紛をめぐって細川・畠山氏という両管領家が対立していたという点を挙げることができよう。加賀守護職をめぐる富樫氏の内紛は、諸大名の介入により重要な政治課題となっており、勝元は紛争解決の失敗が京に影響することを恐れ、戦闘の状況に応じて政策を決定することを図ったとみられる。これらの点から、戦闘の状況に応じて政策を決定するという勝元の対応について、当該期における幕府の地方支配の一般的なあり方とすることはできないが、管領の交替に伴う幕府政策の変更により、加賀において戦闘が勃発したのみならず、諸大名間の対立をも引き起こしたのである。

3　管領と有力守護

次に、当該期における管領と有力守護の関係について、山名氏の事例を中心に考察してみよう。先述したように、山名氏は赤松氏追討の軍功により播磨・備前・美作の守護職を与えられたが、この三ヶ国において同氏は、所領の押領や代官職請負の強要を行っており、幕命に従わず実力による勢力の拡大を図っている。まず、山名持豊の押領行為と管領の対応について、『建内記』嘉吉元年七月十二日条によると、持豊は赤松氏追討のため播磨に出兵するに際して「洛中土蔵」に乱入し、「質物」を強奪しており、「山名濫吹以外次第也」と非難されている。これに対し、管領細川持之は「度々可止濫吹之由立使」と、狼藉行為を停止するよう使者を派遣したが、持豊が従わなかったため、「可寄山名許」と、持豊に対し軍勢を派遣する準備をしている。この問題は、管領持之の軍勢派遣準備を受けて持豊が謝罪したことにより「無為」に解決したが、持豊の狼藉行為について、『建内記』の記主万里小路時房は「近日無道濫吹只在山名」と非難しており、山名氏が秩序を破壊する存在と認識されていたことがうかがえる。[46]

また、旧赤松氏分国における山名氏の押領行為についてみると、嘉吉元年九月、時房は「管領奉書面々更不叙用云々、雖加下知無其実」と、管領の命令に諸大名が従わないという状況下で、管領に対し「勅定」により「申沙汰」を行うことを検討している。[47]そして、時房が「勅定」による「申沙汰」を検討した背景には、管領の命令に諸大名が従わない状況で播磨・備前・美作の守護が山名氏に決定すれば、所領の回復が困難になるという危機意識が存在したと考えられる。さらに、播磨の情勢について、『建内記』嘉吉元年閏九月九日条によると、「望申守護職、不及裁許時分也、奪取寺社・本所・武家人々所領・年貢等、猛悪無度云々、彼若補守護者、一国可滅亡」と、持豊は播磨の守護職を要求し、所領を押領しており、時房は持豊が守護に補任されれば播磨は「滅亡」するであろうとしている。なお、同年十月、持豊は播磨の「新守護」に補任されており[48]、所領の押領や守護請の強要を行ったが、山名氏の一族が守護に補任された備前・美作においても播磨と同様に、幕命に従わず実力により勢力の拡大を図る動きがみられる。さらに、『建内記』文安元年五月二十八日条によると、「地頭称半済事、不可依文書之理非也、只可依当知行之有無歟、是山名方之法式」と、知行支証文書の正当性によらず、実効支配によるのが山名氏の方式とされており、山名氏が実力による支配の展開を重視していたことがうかがえる。

これまで述べたように、嘉吉の乱後、山名氏は播磨・備前・美作において、所領押領や守護請の強要により勢力の拡大を図った。また、このような山名氏の動向の背景として、旧赤松方勢力が存在する播磨・備前・美作において分国支配を展開するには、実力によって勢力を拡大し、旧赤松方勢力を排除する必要があったと考えられる。そして、室町殿不在という状況下で持豊は、管領の制止に応じず、実力によって勢力の拡大を図っており、地域権力の自立化への動きを指摘することができよう。さらに持豊は、管領細川勝元や、周防・長門の守護大内氏と姻戚関係を形成しているが[49]、この点について川岡勉氏によると、室町殿不在に伴い、「家督確保の上で管領や諸大名との結合が重要な要素」となり、両管領家─細川氏と畠山氏の一方を頂点に結びつく形で諸大名の「系列化」が進行したとされている[50]。このような状況下で持豊は、細川勝元や大内氏と関係を形成することで、勢力の拡大を図ったのである。

本節では、嘉吉の乱による室町殿義教の死後、管領政治期における室町幕府の地方支配について考察した。管領を中心とする政治体制下において、山名持豊は幕命に従わず、実力により勢力を拡大することを図っており、諸大名は細川方と畠山方に分かれ、それぞれが連携して行動している。また、当該期においては、管領の交替に伴う度重なる幕府政策の変更により、幕命の絶対性が動揺しており、守護、国人は幕命に依拠せず主体的に行動することを図ったと考えられる。このように、管領政治期においては、室町殿不在という状況下で、守護、国人の自立化が進行したという点を指摘することができよう。

二、義政親政期における室町幕府の地方支配

本節では、室町殿義政による親政確立後、応仁・文明の乱勃発までの時期を取り上げ、室町幕府の地方支配と地域権力の関係について考察していく。

1　室町殿義政と管領

文安六（一四四九）年四月、足利義政は元服し、将軍宣下を受けた。この後、管領政治の継続を図る両管領家と義政の間で幕府政治の主導権をめぐって対立がみられるが、家永遵嗣氏によると、義政は「畠山持国の後継者を巡る争いから享徳三年に始まった両畠山氏の抗争を収拾する過程」で、幕政の主導権を確立したとされている[51]。そして、室町殿義政は管領の権限を抑制することを図っており、政所執事伊勢貞親を起用し、奉行人、番衆をはじめとする将軍直轄下にあった武士層を権力基盤として親政を展開した[52]。しかし、文正元（一四六六）年、文正の政変により伊勢貞親が没落したことで義政親政は深刻な打撃を蒙り[53]、畠山氏の内紛や関東政策[54]をめぐって、諸大名間で対立が生じ、応仁・文明の乱が勃発したとされている。このように、当該期の幕府政治に関しては多くの点が明らかにされているが、

幕府の地方支配と地域権力の関係については、さほど述べられていないのが現状である。

そこで、まず、室町殿と管領の関係について、斯波氏被官織田氏の問題をめぐる義政と畠山持国の対立を取り上げ考察してみよう。宝徳二(一四五〇)年七月、義政は、「無正体者」として義教により退けられた織田郷広を「扶持」し、「織田名字」として在京していた弟の敏広を排除することを図った[55]。また、この問題について諮問を受けた斯波氏被官の甲斐常治は「不可叶」と答えたが、義政は管領畠山持国に対しても諮問を行っている。これに対し、持国は「先御代」、すなわち義教が諸大名の被官問題に介入したことから「天下錯乱」を招いたと非難し、「可被閣御下知」と主張したが、義政が再度郷広を家督とするよう命じたことから、持国は管領職の辞職と在国を要求した。この問題は、宝徳三年十月、「管領以下諸大名」の「申沙汰」を受けて、義政が被官問題に「口入」を行わないことを表明したことにより「属無為」とされており[56]、義政の上意が管領を中心とする諸大名により退けられたことがうかがえる。

さらに、義政と管領が対立した事例として、伊予守護職をめぐる問題を取り上げ考察してみたい。享徳二年五月、細川勝元は管領職を辞退したが、この理由について『康富記』享徳二年五月三十日条によると、「近日不伺上意、管領以我成敗被書出奉書御教書事等、及度々之間、此条不可然、至成敗儀者、一往可被経公方之由、自公方以使節被仰遣管領之間、申述懐被上表職」と、勝元が上意を伺わず、自身の「成敗」により「奉書御教書」を発給することが度々に及んでいたことが挙げられている。これに対し、義政は「成敗」を行うに当たっては自身に報告するよう勝元に通達したが、勝元は管領職辞退を申し出ることで義政に抵抗した。

そして、同日条によると、勝元が上意を伺わず御教書を発給した事例として、伊予国守護職の問題が挙げられている。先述したように、伊予守護河野氏の内紛において、同国への進出を図る勝元は予州家の通春を支援していた。ここから、勝元は、伊予の問題を自身に有利に展開させるため、本宗家教通を支持する義政の上意を伺わず、独自に幕命を発給したと考えられる。勝元は、この後も幕府に出仕しており、義政の慰留を受け管領職に留まったと考えられるが、伊予の問題を自身に有利に展開させることを図る管領細川勝元と、室町殿義政の間で対立が生じたのである。

このように、管領政治から義政親政への移行期の段階では、義政が方針の決定を図るも管領と対立し、管領と調整した上で政策が決定されており、管領は上意を伺わず、独自に幕命を発給することで、自身と関係が深い地域で勃発した問題を有利に展開させることを図ったとみられる。また、当該期において諸大名は、細川方と畠山方に分かれ、それぞれが連携して行動しており、細川・畠山氏という両管領家は、それぞれが与党勢力の諸大名との関係を強化することで上意を相対化することを図ったと考えられる。

しかし、享徳三年に義政が幕政の主導権を確立すると、義政は親政を展開しており、伊勢貞親を起用し、管領や諸大名の勢力を抑制することを図ったとされている(57)。そして、義政親政期においては、管領の地位が低下したという点が指摘されており、当該期の軍事行動について吉田賢司氏によると、義政は諸大名の意見聴取を行わずに軍事方針を決定し、守護連合軍や奉公衆を派兵したとされている(58)。それでは、幕府が室町殿義政の上意を中心に地方支配を展開したのに対し、守護、国人はどのように対応したのだろうか。

2　義政親政期における室町幕府の地方支配と守護・国人

まず、義政と有力守護の関係について、山名氏を取り上げ考察してみたい。

先述したように、嘉吉の乱後の山名氏は幕命に従わず、実力により勢力を拡大することを図ったが、このような動向は、諸大名や荘園領主から非難されており、文安四年七月には畠山持国に対し、山名持豊治罰の綸旨が発給されたとの「浮説」がみられる(59)。これに対し、持豊は「召分国勢」と分国の軍勢を動員しており、軍事的緊張が高まったが、勅使により綸旨が「虚説」であることが告げられ、勝元が持豊にこの旨を伝えたことで解決した。また、文安五年十二月には持豊と細川持常の間で確執が生じており、この対立は、「天下大事」に関わる重要な問題と認識されていたが、三宝院義賢・勝元・持国の仲裁により「為公方被宥仰山名」と、義政が持豊を赦免したことにより終結している(60)。

このように、幕府内には、幕命に従わず実力により勢力の拡大を図った山名氏と敵対する勢力が存在したことを確認することができるが、幕政の主導権を確立した義政は山名持豊を排除した。すなわち、享徳三年十一月、義政は「山名可有御退治」と、持豊を退治するため軍勢を動員したのである(61)。この軍事行動において、義政から持豊追討を命じられた諸大名は「各辞申」と討手となることを辞退しており、吉田賢司氏によると、義政は管領の同意なく、事前に諸大名に諮問を行わずに持豊追討のための軍事動員を行ったとされている(62)。そして、義政は持豊追討について綸旨を申請したが、勝元が義政に「御優免」を求めたことにより、持豊を隠居処分にすることが決定された(63)。この後、持豊は、長禄二（一四五八）年八月に義政から赦免され幕政に復帰するまで但馬で隠居しており、幕政から排除されていたことがうかがえる。

これまで述べたように、幕政の主導権を確立した義政は、幕府内の反山名方勢力の存在を背景として山名持豊を排除しており、有力守護に対する室町殿の優位性という点を指摘することができる。また、義政親政期においては守護の連合軍が地域紛争に頻繁に投入されたという点が指摘されており(64)、義政は守護の軍勢を動員し、軍事行動を展開することで紛争の解決を図ったと考えられる。すなわち、長禄元年十月、管領細川勝元・山名教清・山名教之・一色義直は、山城の土一揆を制圧するため軍事行動を展開している。[65] さらに、長禄四年閏九月、幕府は畠山義就を追討するため軍勢を派兵したが、この軍事行動では、管領細川勝元をはじめとして各国の守護勢が動員されている。[66] このように、幕政の主導権を確立した義政は、守護の軍勢を動員することで紛争の解決を図ったのである。

しかし、義政親政期の軍事行動について、吉田賢司氏によると、義政は軍事方針を決定するに当たって、諸大名に意見聴衆を行っておらず、「大名衆議を軍事方針の決定過程に組み込めていないだけに、義政と諸大名との意思疎通を一層困難にした」という点が指摘されている。[67] それでは、室町殿義政による親政の展開に対し、有力守護はどのように対応したのだろうか。この点について、幕政復帰後の山名持豊の動向とあわせてみてみよう。

長禄二年八月、足利義政から赦免された持豊は、上洛し幕政に復帰した。[68] また、持豊の赦免を受けて細川勝元が「歓喜」し、使節を派遣して上洛を促していることからすれば、持豊の幕政復帰に勝元が関与したことがうかがえる。そして、幕政に復帰した持豊は長禄二年九月、畠山義就と共に石清水八幡宮神人の「治罰」を命じられており、[69] 幕政復帰当初は、義政の上意に従い行動していたとみられる。

しかし、持豊は、斯波義廉・一色義直・大内教弘との関係を強化することを図っており、文正元年八月、義政は「婚姻之義可絶交」と、持豊に対して斯波義廉との関係を絶つよう命じた。[70] 斯波氏においては、義廉と義敏の間で家督をめぐる抗争が展開していたが、同年七月、義政は義敏を家督と定めており、[71] 義廉と関係を形成した持豊は幕府への出仕を停止されている。[72] また、『経覚私要鈔』文正元年八月十七日条によると、「於室町殿者、一向山名御退治御計略云々、君臣之儀、雖不依強弱之事也、当時山名強勢越等倫、雖有御退治以外御大事歟、只併可為天照大神・正八幡并春日大明神御計」と、義政が持豊を退治することを検討していたことがうかがえる。そして、山名方の勢力が「強勢」であるため、退治を行うにしても重大な問題になることが懸念されており、持豊は、斯波・一色・大内氏と連携することで、室町殿義政をも相対化しうる勢力を形成していたと考えられる。このように、斯波氏をめぐる問題を契機として、持豊を排除する動きがみられるが、九月六日に文正の政変が勃発し、斯波義敏および義敏を支持した伊勢貞親らが没落すると(73)、持豊と義廉は復権し、幕府に出仕している(74)。そして、家永遵嗣氏によると、義廉と持豊の「強固な関係が基軸になって西軍派閥の形成」が進み、両者が畠山義就と連携し、畠山政長を追放したため、持豊と細川勝元の対立が決定的となり、応仁・文明の乱が勃発したとされている(75)。

これまで述べたように、持豊は斯波・一色・大内氏との関係を強化することで勢力を拡大し、上意を相対化するとともに細川方勢力と対立することを図ったと考えられるが、有力守護による上意の相対化という事例は他にも確認することができる。すなわち、寛正六（一四六五）年十一月、「京都土一揆乱発事以外之間、諸大名ニ雖被仰付、何モ有子細歟不領状申之間(76)」と、京において土一揆が勃発したことを受けて義政は諸大名に制圧を命じたが、諸大名が従わなかったことがうかがえる。また、寛正六年、幕府から河野通春の制圧を命じられた大内教弘は、上意に反して通春を支援し、細川勝元と敵対している。そして、瀬戸内海地域において大内氏と細川氏の間で対立が生じていることからすれば、教弘は、上意に背き通春を支援することで、伊予における勢力の拡大と、細川方勢力の伊予進出を阻止することを図ったと考えられよう(77)。

このように、有力守護は、幕命に従わず実力により勢力の拡大を図っており、細川勝元方と山名持豊方に分かれ、それぞれが連携して行動することで、室町殿の上意を相対化することを図ったのである。

次に、義政親政期における幕府の地方支配と、国人の関係について考察してみたい。

この点について、山名氏の分国であった安芸・石見をみると、領主間紛争を解決する上で国人間の連携が重要な役割を果たしている。まず、石見における国人間の連携について、次の史料をみてみよう(78)。

益田吉見書違条々事

一黒谷地頭職并美濃地事条々、公方様雖御判明白候、能州(三隅信兼)御口入候之間、渡進候、然者至子々孫々迄、無等閑可申承候、

一寺戸事、如元御扶持令悦喜候、

一上領事、末代不可有御許要由承候、可然候、

一万一　上意御とかめ、又者守護方よりも、自然難意得由、雖有申子細、同心上者一具可歎申候、

一如此条々申定候上者、都鄙共大小事申談、立御役被立可申候、

若此条偽申候者、

上梵天帝釈四大天王、八幡大菩薩、殊者　伊勢天照太神宮、熊野三所大権現、惣日本六十余州大小神祇、御罰可蒙罷候、仍起請文如斯、

文安六季己巳三月八日　　(吉見)頼世（花押）

益田殿

文安六年三月、吉見頼世は益田氏に対して起請文を発給したが、このなかで黒谷以下の所領については、「公方様雖御判明白候」と義政の「御判」が明白であるものの、三隅信兼の「口入」により益田氏に渡すとしている。ここか

ら、これらの所領をめぐる問題については、室町殿の上意よりも周辺国人の意向を重視していたことがうかがえよう。また、頼世は、室町殿や守護に対し、同心して「嘆申」としており、国人間の連携により幕府、守護権力を相対化することを図ったと考えられる。このように、石見国人は連携して行動することで上級権力を相対化するとともに、所領問題について室町殿の上意よりも周辺国人の意向を重視しており、独自の所領支配秩序を形成していたという点を指摘することができよう。

次に、安芸についてみると、当該期において、安芸国人は細川方と山名・大内方に分かれ、それぞれが連携して行動している(79)。また、幕府は、山名持豊と大内氏の関係形成により、守護山名氏が大内氏対策の担い手として適さない状況で、沼田小早川氏を中心とする細川方の国人を通じて大内氏対策を実行することを図った。そして、細川方の国人は、幕命により大内氏対策の担い手となる中で幕府の地方支配の実現のために連携して行動している。

これに対し、大内方の国人は幕命をも拒否しており、竹原小早川・平賀氏は上洛命令に従わず、幕府から譴責を受けている(80)。そして、幕府は、大内方国人を京畿の戦線に動員することで、大内氏と安芸国人の関係を弱めることを図ったとみられるが、竹原小早川氏は、応仁・文明の乱において西軍方として行動し、義政から非難されており(81)、大内氏との関係を重視し、大内方の国人と連携して行動することで、室町殿の上意を相対化することを図ったと考えられる。このように、安芸においては、細川方と大内方の間で対立が生じており、大内方の国人は幕命に従わず、大内氏の下で連携して行動することで勢力の拡大を図ったのである。

さらに、国人間の連携については、安芸の隣国伊予においても確認することができる。すなわち、伊予国人大野・森山・重見氏は所領給与を媒介とした関係を形成しており、伊予山間部においては、国人が連携して所領支配を保証する地域秩序が存在したと考えられる。[82] 先述したように、伊予においては、守護河野氏の内紛が勃発しており、細川氏や大内氏がこれに関与することで紛争が激化している。このような状況下で伊予国人は、幕府、守護という上級権力との関係によらず、国人間の連携による独自の地域秩序を形成することを図ったと考えられる。

これまで述べたように、安芸・石見・伊予において国人は連携して行動しており、国人間の連携により、室町殿の上意や守護支配を相対化し、自立的な地域秩序を形成することを図った。また、国人間の連携は、嘉吉の乱後、幕府の地方支配が動揺し、国人が主体的に行動する中で重要な役割を果たすに至ったと考えられよう。

3　嘉吉の乱後の室町幕府の地方支配と地域性

これまで、嘉吉の乱後の幕府の地方支配と守護、国人の関係について述べたが、次に、当該期における幕府の地方支配と地域性の関係について、西国のうち九州北部、中国、四国の事例を中心に考察してみたい。西国は、嘉吉の乱で没落した赤松氏や、応仁・文明の乱で対立した細川・山名氏の分国が存在する地域であり、嘉吉の乱から応仁・文明の乱に至る政治過程と密接に関わった地域である。ここから、西国の事例を考察することは、当該期における幕府の地方支配と地域性の関係を理解する上で有意義なテーマとなりうるものと考えられよう。

そこで、まず、九州北部の事例をみてみよう。当該期の九州北部においては、筑前をめぐって少弐氏と大内氏の抗争が展開しているが、嘉吉元年十月、幕府が大内氏に少弐氏治罰を命じた事例[83]を除き、中国・四国から九州への幕府軍の派兵は確認することができない。また、文安二年六月の金剛院雑掌宥泉の申状案[84]によると、「大内新介祐広（教弘）寄事於国乱、当荘（筑前鞍手郡粥田荘）及違乱之間、就歎申、自先管領（畠山持国）度々御成敗之処、無承引之儀、不止其妨之処、今者筑州守護職少弐（教頼）還補」

と、大内氏が荘園を押領し、制止命令に従わなかったため、幕府は、大内氏の攻撃を受け対馬に退去していた少弐教頼を筑前守護に任じている。そして、文安四年ごろには大内氏が再度、守護に任じられたとされているが(85)、寛正六年九月、大内氏が伊予の問題で幕命に従わなかったことを受けて、教頼は筑前の還付を幕府に要請しており、幕府は「早々御入国可然候」と教頼の筑前入部を認めている(86)。このように、筑前において大内氏が幕命に従わないという状況下で、幕府は治罰の対象としていた少弐氏を守護に復帰させており、中国・四国から幕府軍を派兵して紛争の解決を図るのではなく、対立する地域権力を政治情勢に応じて起用することで、筑前の問題に対応していたとみられる。これらの点から、当該期の九州北部において、地域権力は幕命に従わず、主体的に行動することで勢力の拡大を図っており、九州北部の紛争に対する幕府の対応は、地域権力の自立化を受けて限定的なものになっていたという点を指摘することができよう。

なお、家永遵嗣氏によると、筑前をめぐる大内氏と少弐氏の抗争には、管領政治における細川・畠山両氏の対立が影響したとされており、「辺境」世界と幕府中枢部の間に相互作用が存在したとされている(87)。そして、幕府は在地の動向を制御できず、依存を余儀なくされる関係になったとされており、「辺境」勢力の「自立」という点を指摘している。筑前をめぐる大内・少弐氏の紛争に関する家永氏の指摘には、従うべき点が多いと考えられ、これらの勢力が地域において自立的に行動していたという点を重視すべきだろう。

これまで、九州北部の事例を述べたが、中国のうち大内氏が守護職を保持していた周防・長門についても、九州北部と同様に幕府に対する自立性が強い地域であったと考えられる。また、幕府に対する自立性が強い九州北部・防長両国と幕府権力の「境目(88)」として、備後・安芸・石見・伊予・土佐を挙げることができると考えられるが、これらの国は国人の自立性が強い地域であったとされており、嘉吉の乱後、幕府の地方支配が動揺する中で、国人は連携して行動することで、幕府・守護権力を相対化し、自立的な地域秩序を形成することを図った。そして、幕府は守護に加え、国人間の連携において重要な役割を果たしていた国人、すなわち安芸国人沼田小早川氏や伊予国人大野氏を通じて地方支配を展開しており(89)、国人は幕府の地方支配の実現のため、連携して行動している。ここから、幕府は、「境目」という地域において国人間の連携が重要な役割を果たしていたことを受けて、守護に加え、有力国人を通じて地方支配を展開したと考えられよう。

さらに、地域権力の自立化に向けた動きは、中国のうち畿内近国に近接する地域においても確認することができる。すなわち、山名氏は、播磨・備前・美作において幕命に従わず、実力により勢力を拡大し、分国支配を展開することを図ったが、畿内近国に近接する地域における山名氏の押領行為は、秩序を破壊する行為として幕府内外から非難を受けている。

そして、守護が分国内の問題を主体的に解決し、国人が連携して行動することで領主間紛争の解決を図る中で、幕府による解決が求められる事例は、有力な地域権力間の紛争のように、自立的な地域秩序では解決が困難な事例に限られることとなったと考えられる。さらに、畿内近国においても畠山氏の内紛をはじめとして、幕府軍の投入を迫られる重要な軍事課題が頻発しており、西国の問題に対する幕府の関与は限定的なものにならざるをえなかったのではないか。

そこで、当該期における幕府の西国支配についてみると、まず、畿内近国に近接する地域においては、秩序を破壊する存在と認識されていた山名持豊を幕政から排除している。ここから、幕府は、実力により勢力を拡大していた山名氏の惣領持豊を排除することで、山名氏一族分国における秩序の回復を図ったと考えられるが、持豊は斯波・一色・大内氏と連携して行動することで、室町殿に対抗している。また、「境目」ともいうべき地域において幕府は、国人間の連携の存在を重視して地方支配を展開しており、自立性の強い防長や九州北部においては、幕府軍を派兵して紛争の解決を図るのではなく、対立する地域権力を政治情勢に応じて起用することで問題に対応している。これらの点から、西国における幕府の地方支配は、地域の多様な実情に応じて一様ではなく、また、多様な形で展開する地域権力の自立化により限定的なものとなっていたと考えられよう。さらに、このような動きには地域差がみられ、九州北部においては、嘉吉の乱後には地域権力の自立化に向けた動きがみられ、幕府の地方支配が限定的なものとなる一方で、畿内近国においては応仁・文明の乱終結後も幕府の地方支配が重要な役割を果たしている。ここから、嘉吉の乱終結後、幕命を相対化する動きや地域権力の自立化への動きが、地域性に応じて多様な形で展開したという点を指摘することができよう。

これまで述べたように、西国においては、幕命に従わず、実力により勢力の拡大を図る動きがみられ、地域権力の自立化に向けた動きが多様な形で進行している。なお、当該期における幕府、守護、国人の関係について川岡勉氏は、守護による地域社会の統合という点を重視しており、幕府の全国支配が後退する中で「国人層は守護公権に一元的に結びつけられ」ていくとしている(90)。そして、吉田賢司氏によると、幕府は守護を通じて間接的に面として把握する地域と、将軍直属国人―奉公衆にみられるように幕府が直接的に点として把握する地域に整理していたとされており、地域権力の編成のあり方について、「系列」化という点を指摘している(91)。すなわち、幕府と守護、国人の関係について、吉田氏は幕府直属か、守護指揮下かという二つの系統により理解しているのである。

しかし、国人が守護に被官化し、守護に一元的に結び付けられていく事例がみられる一方で、国人間の連携により地域の秩序維持が図られた事例にみられるように、地域権力の自立化については、地域の実情に応じて、守護、国人と多様な形で進行した点を重視する必要がある。また、幕府が国人間の連携の存在を重視し、守護に加え有力国人を通じて地方支配を展開していることからすれば、幕府の地方支配については、国人の政治的役割をも視野に入れて理解する必要があるといえよう。すなわち、幕府は、守護を基本としつつも、将軍直属国人―奉公衆や、それ以外の国人など様々な勢力を通じて地方支配を展開しており、地方支配の担い手について、守護、直属国人という特定の勢力に限定して理解することはできないのである。

さらに、当該期における大名間の対立は、幕府が、どの勢力を地方支配の担い手として用いるかという点にも影響を及ぼしたと考えられる。すなわち、畠山氏が幕政の主導権を掌握した時期をみると、幕府は安芸国人の動員について、細川方の勢力を避け、反細川方の竹原小早川氏を通じて実行した(92)。また、細川氏と大内氏の対立においては、山名氏と大内氏が関係を形成したことにより、対大内氏政策は、守護山名氏ではなく細川方の国人を通じて実行されている。そして、このような状況下で、従来、幕命執行の担い手として政治的役割を求められることのなかった国人が、地方支配の担い手として位置付けられている。すなわち、細川方の安芸国人吉川氏は、嘉吉の乱以前は安芸における幕命執行はみられないが、嘉吉の乱後、細川氏が幕政の主導権を掌握すると、幕府の地方支配の担い手として政治的役割を求められ行動した(93)。このように、嘉吉の乱後、応仁・文明の乱勃発までの時期においては、大名間の対立により、敵対する守護、国人を幕命執行の担い手とすることが避けられる中で、様々な勢力が地方支配の担い手として位置付けられており、幕府の地域権力編成のあり方は、政治情勢の差異に応じて様々に変化するものであったという点を指摘することができよう。

これまで、西国の事例を中心に、幕府の地方支配と地域権力の関係について述べたが、嘉吉の乱による義教死後、室町殿の上意が弱体化するとともに、地域権力の自立化が地域の実情に応じて多様な形で進行している。室町幕府は、応仁・文明の乱勃発後も室町殿の上意により紛争を調停することで問題の解決を図っており[94]、室町将軍が地域権力間の紛争を調停した事例は戦国期においても確認することができる[95]。しかし、嘉吉の乱後、地域権力が幕命に依拠せず主体的に地域の問題解決を図る中で、幕府の地方支配は限定的なものとなっており、応仁・文明の乱終結後、守護在京制が崩壊し、地域権力の自立化が顕著になる中で、幕府が全国支配を展開することは困難になったと考えられる。ここから、幕府の地方支配と地域権力の関係は、嘉吉の乱と、応仁・文明の乱という二つの段階を経て変化したという点を指摘することができよう。そして、応仁・文明の乱終結後は、「日本国ハ悉以不応御下知也[96]」と、日本国中が室町殿の命令に応じない状況となっており、守護・国人は地域において自立・主体的に行動することで勢力の拡大を図ったのである。

本節では、義政親政期における室町幕府の地方支配と地域権力の関係について考察した。幕政の主導権を確立した義政は、守護連合軍を派兵して紛争の解決を図るとともに、有力守護山名持豊を排除している。ここから、有力守護に対する室町殿の上意の優位性という点を指摘することができるが、諸大名は細川方と畠山方（応仁・文明の乱勃発時には細川方と山名方）に分かれ、それぞれが連携して行動することで上意の相対化を図った。また、嘉吉の乱後、幕府の地方支配が動揺する中で、国人は、連携して行動することで室町殿の上意や守護支配を相対化することを図っており、領主間紛争の解決において、国人間の連携が重要な役割を果たしている。このように、当該期においては地域権力の自立化と幕命を相対化する動きが、地域性に応じて多様な形で展開しており、幕府の地方支配は不均質かつ限定的なものとなったのである。

おわりに

本章では、嘉吉の乱後の室町幕府の地方支配と地域権力の関係について考察した。最後に、本章で明らかにした点をまとめてみたい。

嘉吉の乱により室町殿義教が殺害された後、幕府政治は管領を中心に展開されたが、有力守護は幕命に従わず、実力により勢力を拡大することを図った。また、諸大名は細川方と畠山方に分かれ、それぞれが連携して行動しており、両者が対立した伊予・加賀の守護職をめぐる問題においては、管領の交替に伴い幕府政策が変更されている。そして、度重なる幕府政策の変更により、幕命の絶対性が動揺する中で、守護、国人は、幕命に依拠せず、主体的に行動することを図っている。ここから、管領政治期においては室町殿不在という状況下で、守護、国人の自立化が進行したという点を指摘することができよう。

次に、義政親政期における幕府の地方支配をみると、幕政の主導権を確立した義政は親政を行い、山名持豊を排除するとともに、守護連合軍を派兵することで紛争の解決を図っており、諸大名に対する室町殿の優位性という点を指摘することができる。しかし、諸大名は細川勝元方と山名持豊方に分かれ、それぞれが連携して行動することで勢力の拡大を図っており、持豊は斯波・一色・大内氏と連携することで、室町殿義政をも相対化しうる勢力を形成していたと考えられる。さらに、当該期において、国人は連携して行動することで、幕府、守護という上級権力を相対化することを図っており、国人間の連携による自立的な地域秩序は領主間紛争を解決する上で重要な役割を果たしている。

これまで述べたように、嘉吉の乱後、室町殿の上意が弱体化する中で、守護、国人という多様な勢力が幕命を相対化し、主体的に行動することで勢力の拡大を図っており、幕府の地方支配は、様々な形で展開する地域権力の自立化を受けて限定的なものとなっている。これらの点から、嘉吉の乱後、応仁・文明の乱勃発までの時期においては、幕府の地方支配の動揺と地域権力の自立化という動きが、中央の政治動向や地域の政治情勢と密接に関係しながら多様な形で展開したという点を指摘することができよう。

註

（1）川岡勉「室町幕府―守護体制の変質と地域権力」（『日本史研究』四六四、二〇〇一年。のち、同『室町幕府と守護権力』〈吉川弘文館、二〇〇二年〉に収録）。
（2）百瀬今朝雄「応仁・文明の乱」（『岩波講座　日本歴史7　中世3』〈岩波書店、一九七六年〉）、鳥居和之「嘉吉の乱後の管領政治」（『年報中世史研究』五、一九八〇年）。
（3）川岡「室町幕府―守護体制の変質と地域権力」（前掲註1）。
（4）川岡勉「中世後期の守護と国人」（有光友學編『戦国期の権力と地域社会』〈吉川弘文館、一九八六年〉。のち、同『室町幕府と守護権力』〈前掲註1〉に収録）。
（5）吉田賢司「室町幕府による都鄙の権力編成」（中世後期研究会編『室町・戦国期研究を読みなおす』〈思文閣出版、二〇〇七年〉）。

のち、同『室町幕府軍制の構造と展開』〈吉川弘文館、二〇一〇年〉に収録）。
(6)『建内記』嘉吉元年六月二十四日条。
(7)吉田「室町幕府による都鄙の権力編成」（前掲註5）。
(8)『建内記』嘉吉元年六月二十五日条。
(9)『建内記』嘉吉元年七月六日条。
(10)『建内記』嘉吉元年七月六日条。
(11)『建内記』嘉吉元年七月二十六日条。
(12)『建内記』嘉吉元年八月一日条。
(13)『建内記』嘉吉元年九月十二日条。
(14)川岡勉『山名宗全』（吉川弘文館、二〇〇九年）。
(15)田辺久子『関東公方足利氏四代』（吉川弘文館、二〇〇二年）。
(16)細川持之書状「足利将軍御内書并奉書留」一一三（桑山浩然『室町幕府関係引付史料の研究』〈一九八九年〉）。上杉治部少輔の実名については、黒田基樹「持氏期の上杉氏」（同編『足利持氏とその時代』〈戎光祥出版、二〇一六年〉に従い、教朝と比定した。
(17)家永遵嗣『室町幕府将軍権力の研究』（東京大学日本史学研究室、一九九五年）。
(18)石野弥栄「守護大名河野氏と応仁の乱」（『国史学』九五、一九七五年）。
(19)室町幕府御教書写「小早川家証文」八九（『大日本古文書　家わけ第十一　小早川家文書』）。以下、同書による場合、これを記さない。
(20)室町幕府御教書『萩藩閥閲録』巻43　出羽源八59。
(21)室町幕府御教書「大野系図」（『愛媛県史　資料編　古代・中世』一二九六〈愛媛県、一九八三年〉）。以下、同書による場合、愛――…（号数）と記す。

(22) 細川勝元書状「大野文書」愛―一二九五。拙稿「伊予国人大野氏と室町幕府・守護」(『史学研究』二六九、二〇一〇年)。本書第三部第三章に収録。
(23) 拙稿「伊予国人大野氏と室町幕府・守護」(前掲註22)。
(24) 室町幕府御教書写「小早川家証文」三五六。
(25) 室町幕府御教書写「小早川家証文」三五九。
(26) 重見通実書状写「小早川家証文」三六四。拙稿「伊予国人大野氏と室町幕府・守護」(前掲註22)。
(27) 室町幕府奉行人連署奉書『吉川家文書』一一一五(『大日本古文書　家わけ第九　吉川家文書』)。
(28) 『建内記』嘉吉元年六月十八日条、『斎藤基恒日記』同日条。
(29) 『建内記』嘉吉三年正月三十日条。
(30) 『建内記』嘉吉三年正月二十六日条。
(31) 『建内記』嘉吉三年正月三十日条。
(32) 『建内記』嘉吉三年正月三十日条。
(33) 『建内記』嘉吉三年正月二十六日条。
(34) 『建内記』嘉吉三年正月三十日条。
(35) 『建内記』嘉吉三年二月十七日条。
(36) 『建内記』嘉吉三年二月十七日条。
(37) 『建内記』嘉吉三年二月二十七日条、『建内記』嘉吉三年二月二十八日条。
(38) 室町幕府御教書「美吉文書」(『金沢市史　資料編1』六七二〈金沢市、一九九八年〉)。
(39) 室町幕府御教書写「慶元諸大名直判集」(『金沢市史　資料編1』六七五〈前掲註38〉)。
(40) 『師郷記』文安三年九月十三日条。
(41) 『師郷記』文安三年十月十六日条。

(42)『師郷記』文安三年十月十六日条。
(43)『師郷記』文安三年十一月十四日条。
(44)『康富記』文安四年五月十七日条。
(45)『建内記』文安四年七月十一日条。
(46)川岡『山名宗全』(前掲註14)。
(47)『建内記』嘉吉元年九月十七日条。
(48)『建内記』嘉吉元年十月二十八日条。
(49)『建内記』嘉吉三年六月三日条、『建内記』文安四年二月二十五日条。
(50)川岡「室町幕府―守護体制の変質と地域権力」(前掲註1)。
(51)家永『室町幕府将軍権力の研究』(前掲註17)。
(52)百瀬「応仁・文明の乱」(前掲註2)。
(53)吉田賢司「室町幕府の軍事親裁制度」(『史学雑誌』一一五―四、二〇〇六年。のち、同『室町幕府軍制の構造と展開』〈前掲註5〉に収録)。
(54)家永『室町幕府将軍権力の研究』(前掲註17)。
(55)『経覚私要鈔』宝徳二年七月二十三日条。
(56)『康富記』宝徳三年十月十日条。
(57)百瀬「応仁・文明の乱」(前掲註2)。
(58)吉田「室町幕府の軍事親裁制度」(前掲註53)。
(59)『建内記』文安四年七月十六日条、『師郷記』同日条。
(60)『師郷記』文安五年十二月二十四日条。
(61)『師郷記』享徳三年十一月二日条。

(62) 吉田「室町幕府の軍事親裁制度」(前掲註53)。
(63) 『師郷記』享徳三年十一月三日条。
(64) 吉田「室町幕府の軍事親裁制度」(前掲註53)。
(65) 『経覚私要鈔』長禄元年十月二十七日条。
(66) 『経覚私要鈔』長禄四年閏九月六日条。
(67) 吉田「室町幕府の軍事親裁制度」(前掲註53)。
(68) 『経覚私要鈔』長禄二年六月十九日条、『在盛卿記』長禄二年八月九日条。
(69) 『経覚私要鈔』長禄二年九月二十二日条。
(70) 『蔭凉軒日録』文正元年八月三日条。
(71) 『大乗院寺社雑事記』文正元年七月二十八日条。
(72) 『経覚私要鈔』文正元年七月二十九日条。
(73) 『経覚私要鈔』文正元年九月七日条。
(74) 『経覚私要鈔』文正元年九月十六日条。
(75) 家永『室町幕府将軍権力の研究』(前掲註17)。
(76) 『経覚私要鈔』寛正六年十一月二十六日条。
(77) 拙稿「南北朝・室町期における芸予の政治動向と沼田小早川氏の海上進出」(『芸備地方史研究』二三五・二三六、二〇〇三年)。
(78) 吉見頼世起請文『益田家文書』五四四(『大日本古文書　家わけ第二十二　益田家文書』)。以下、同書による場合、これを記さない。
(79) 拙稿「安芸国人沼田小早川氏と室町幕府・守護」(『ヒストリア』二三三、二〇一二年)。本書第三部第三章に収録。
(80) 伊勢貞親奉書写「小早川家証文」一三二。
(81) 室町幕府奉行人連署奉書写「小早川家証文」一五一。
(82) 拙稿「伊予国人大野氏と室町幕府・守護」(前掲註22)。

(83) 大内氏文書案『蜷川家文書』二八（『大日本古文書　家わけ第二十一　蜷川家文書』）。この軍事行動では、安芸国人毛利氏、石見国人益田氏が九州出兵を命じられている（室町幕府御教書『毛利家文書』六二〈『大日本古文書家わけ第八　毛利家文書』〉、室町幕府御教書『益田家文書』五〇三）。
(84) 金剛三昧院雑掌宥泉申状案「金剛三昧院文書」（『太宰府市史　中世資料編』243〈太宰府市、二〇〇二年〉）。
(85) 佐伯弘次「大内氏の筑前国支配」（『九州中世史研究』一、一九七八年）。
(86) 『親元日記』寛正六年九月十一日条。佐伯弘次「室町時代における大内氏と少弐氏」（『史淵』一三〇、一九九三年）。
(87) 家永遵嗣「一五世紀の室町幕府と日本列島の「辺境」」（鐘江宏之・鶴間和幸編『東アジア海をめぐる交流の歴史的展開』〈二〇一〇年〉）。
(88) 岸田裕之『大名領国の構成的展開』（吉川弘文館、一九八三年）。
(89) 拙稿「安芸国人沼田小早川氏と室町幕府・守護」（前掲註79）、拙稿「伊予国人大野氏と室町幕府・守護」（前掲註22）。
(90) 川岡『室町幕府と守護権力』（前掲註1）。
(91) 吉田「室町幕府による都鄙の権力編成」（前掲註5）。
(92) 拙稿「安芸国人沼田小早川氏と室町幕府・守護」（前掲註79）。
(93) 拙稿「安芸国人沼田小早川氏と室町幕府・守護」（前掲註79）。
(94) 『経覚私要鈔』応仁元年五月二十八日条。
(95) 山田康弘『戦国期室町幕府と将軍』（吉川弘文館、二〇〇〇年）。
(96) 『大乗院寺社雑事記』文明九年十二月十日条。

第二部　守護山名氏の分国支配と同族連合体制

第一章　南北朝動乱と山名氏

はじめに

南北朝期において、守護は従来から保持していた軍事指揮権・検断権に加え、使節遵行権・闕所地処分権・半済給与権を中世国家から付与され、大幅に権限が拡大したとされている[1]。室町幕府体制において、守護は重要な役割を果たした存在とされているが、権限が大幅に拡大したとされる南北朝期は、守護について理解する上で重要な時期と考えられよう。しかし、当該期の守護については分国支配のあり方をはじめとして明らかにされていない点が多く、個別研究を進めていく必要がある。そこで本章では、南北朝期の山名氏について考察していく。

山名氏は、上野多胡郡山名郷を出自とする新田氏の一族である[2]。南北朝動乱勃発前の山名氏について、惣領時氏は「元弘以往はたゞ民百姓のごとくにて、上野の山名といふ所より出侍りしかば」と語ったとされており[3]、元は山名郷を拠点に行動した領主であったとみられる。しかし、南北朝期において山名氏は、「六分一殿」と称されたと伝えられるように[4]、西日本海沿岸諸国を中心に一族で多くの守護職を保持しており、勢力が大幅に拡大している。山名氏は、室町幕府体制における西国の有力守護であり、幕政にも大きな影響力を有した存在とされているが[5]、同氏の特性を理解する上で、南北朝期は重要な時期と考えられよう。

ここで、南北朝期の山名氏に関する先行研究[6]をみると、政治動向については詳細な論述がみられるが、分国支配機構や被官層の動向について明らかにされているとは評価し難い状況にある。また、惣領家と一族の関係について、とくに、広範囲に展開する一族分国を惣領家がどのように統制したのかという点は重要な課題と考えられるが、南北朝期の山名氏について、このような点を明らかにした研究はみられないのが現状であり、当該期における山名氏の惣庶関係について、分国支配機構や被官層の動向をふまえつつ考察する必要がある。さらに、分国が大幅に拡大した南北朝期の山名氏の分国支配について考察することは、分国が特定の守護家に固定していない当該期の守護のあり方を理解する上でも有意義と考えられよう。

そこで本章では、山名氏の分国支配機構や被官層の動向について明らかにするとともに、惣領家と一族の関係について考察していく。これにより、南北朝期における守護山名氏の権力構造について検討を加えたい。

一、山名氏の分国支配と惣領時氏

本節では、南北朝動乱の勃発後、山名氏の惣領時氏が死去する応安四（一三七一）年二月までの時期を取り上げ、山名氏の分国支配機構や惣領時氏と一族の関係について考察していく。

1　南北朝動乱の勃発と山名氏

南北朝動乱が勃発すると、山名氏は早期に足利尊氏に従軍しており、惣領時氏は幕府方の軍事指揮官として、南朝方勢力に対する軍事行動を展開した。すなわち、建武三（一三三六）年七月、周防国人平子氏は京都において「属大将軍山名伊豆守殿御手」と、山名時氏の指揮下で行動しており、その軍忠状には時氏が証判を加えている(7)。また、貞和三（一三四七）年、幕府は南朝方の楠木正行を制圧するため、細川顕氏の援軍として時氏を河内に派遣したが(8)、この戦闘で時氏の弟三人が戦死している(9)。ここから、山名氏の一族は、幕府方の軍事指揮官である惣領時氏の下で軍事行動を展開したと考えられよう。さらに、山名氏の惣領時氏と室町幕府の関係をみると、康永四（一三四五）年八月の天竜寺供養に係わる行列の先陣として「侍所山名伊豆前司」がみえ(10)、時氏は侍所頭人に任じられている。このように、時氏は草創期の室町幕府において重要な役割を担っていたのである。

次に、山名氏の分国支配について考察してみよう。まず、山名氏が最初に守護に補任された伯耆をみると、建武四年七月、時氏は幕府から汗入郡国延保の遵行を命じられており(11)、守護としての在職徴証を確認することができる。また、伯耆においては、時氏の被官小林氏の行動がみられる。すなわち、建武五年七月、三宝院雑掌行秀は、「守護方被官小林左京亮押妨」と、守護時氏の被官小林左京亮国範の国延保押領を訴えた(12)。そして、国延保については貞和五年閏六月、「守護代小林」と公文が下地中分を行うことを決定しており(13)、ここにみえる小林は、国延保を押領していた国範と考えられる。このように、時氏の被官である小林国範は伯耆守護代として行動しているが、小林氏は上野緑野郡小林を出自とする一族とみられる。さらに、小林と山名氏の本拠―山名郷が近距離に位置していることからすれば、小林氏と山名氏の関係は、鎌倉期に上野において形成されたものと考えられる。伯耆において山名氏は、鎌倉期から関係を有し、被官化していたとみられる小林氏を守護代に任じており、小林氏を通じて分国支配を展開したのである。

なお、小林氏の守護代としての行動は、丹波・丹後においても確認することができる。すなわち、康永二年五月、小林国範は丹後熊野郡河上本荘に係わる遵行について請文を発給しており(14)、同国の守護代として行動していたとみられる。また、丹波についてみると、康永二年、山名時氏の守護補任に当たって、「新守護代」として小林国範が下向している(15)。さらに、山名氏の丹波支配と守護代小林氏の関係について考察してみよう。

円宗寺雑掌定勝申丹波国三和勅旨田葛野新五郎致濫妨之由事、御奉書并御施行案遣之、早任被仰下之旨、沙汰付地下於雑掌、被執進請取之状、若有子細者、可被伺（注カ）申之状如件、

観応二年四月廿九日　　民部□（丞）（花押）

庁鼻和次郎左衛門尉殿

観応二（一三五一）年四月、小林民部丞は、三和勅旨田を円宗寺雑掌に沙汰付けるよう庁鼻和次郎左衛門尉に命じた(16)。守護代小林氏から遵行を命じられた庁鼻和氏は小守護代とみられるが、同氏は武蔵幡羅郡庁鼻和を出自とする一族と考えられる。丹波においては、守護代・小守護代ともに関東を出自とする被官が任じられており、小林氏を中核として分国支配に従事したのである。

このように、山名時氏は新たに守護に補任された国において、小林氏を守護代として入部させており、小林氏を中心に関東を出自とする被官を通じて分国支配を展開した。また、山名氏の在京奉行人として武蔵埼西郡成田を出自とする成田氏の行動が確認できることからすれば(17)、時氏は関東を出自とする被官を中心に分国支配機構を整備したと考

えられよう。

　それでは、なぜ、時氏は関東を出自とする被官を中心に分国支配を展開したのだろうか。この点について、山名氏の守護補任の背景と併せて考察してみると、時氏は南朝方勢力が優勢であった国や、前任守護の下で政情が不安定であった国の守護に任じられている。すなわち、伯耆は南朝方の名和長年の本拠であり、時氏の守護補任は南朝方勢力の制圧を目的としたものと考えられる。また、出雲・隠岐についてみると、暦応四（一三四一）年三月、時氏は京から「逐電」した守護塩冶高貞を追討しており(18)、後任の守護に任じられている。さらに、丹波においても、康永二年十二月、守護代荻野氏（氷上郡葛野荘を本拠とする国人）の「陰謀」を守護仁木氏が上表しており(19)、幕府は、この問題に対応するために山名氏を後任の守護に任じた。このように、山名氏は西日本海沿岸諸国を中心として、政情が不安定な国の守護に任じられており、幕府は山名氏を通じて当該地域の反幕府方勢力の制圧と政治情勢の安定を図ったと考えられる。しかし、伯耆守護補任を契機として西日本海沿岸諸国に進出した、すなわち南北朝期以前に当該地域に権力基盤を有さなかったとみられる山名氏にとって、これら政情が不安定な国において国人を被官化し、分国支配を展開することは困難であったと推測される。そして、このような地域で山名氏が分国支配を展開していくには、鎌倉期から被官化していたとみられる関東を出自とする旧来の被官を入部させる他に選択肢がなかったと考えられよう。さらに、伯耆の事例にみられるように、関東を出自とする山名氏の被官は、新たに入部した分国において、押領や下地中分によって勢力の拡大を図ったのである。

　これまで山名氏の分国支配について述べたが、当該期においては全ての分国の守護職を惣領である時氏が保持している。また、先述したように、山名氏の一族は幕府方の軍事指揮官である惣領時氏の下で軍事行動を展開した。このように、時氏は守護職を独占するとともに一族を率いて軍事行動を展開したが、これは惣領が一族を統制する上でも有効であったと考えられよう。

2　観応の擾乱と山名氏

観応の擾乱において、山名氏は反尊氏・幕府方として西日本海沿岸諸国を中心に軍事行動を展開した。そして、山名氏が反尊氏方に転じた背景については、時氏が尊氏に敵対した足利直義方として行動していたという点が指摘されている[20]。さらに、『太平記』によると、山名氏は若狭の税所今富名の領有をめぐる佐々木導誉（尊氏方）との抗争を背景として、尊氏に敵対したとされている[21]。

そこで、山名氏と若狭の関係についてみると、貞和四年、時氏は若狭守護に任じられており、守護領として遠敷郡税所今富名を領有している[22]。また、文和二（一三五三）年、反幕府方に転じた時氏は南朝から若狭守護に任じられ、若狭に代官を派遣したものの、幕府方勢力の反攻により撤退した。そして、山名氏が今富名の領有をめぐって反幕府方に転じたとされていることからすれば、南朝による若狭守護補任は時氏の要求を受けて行われた可能性を指摘することができよう。

このように、山名氏が反幕府方に転じた背景には、税所今富名の領有をめぐる問題が存在したとみられる。さらに、貞治二年に幕府方に帰順した山名氏は、幕府から税所今富名を与えられ[23]、明徳の乱まで領有している。ここから、南北朝期の山名氏にとって、税所今富名の領有は重要な問題であったと考えられよう。なお、税所今富名は九州から日本海沿岸を経て若狭に至る西日本海水運の要衝小浜津[24]を含む所領である。そこで、山名氏と小浜の関係について次の

史料をみてみよう。(25)

臨川寺領年貢運送事、
綸旨如此、於若狭国小浜津、称馬足役及違乱云々、太不可然、早可被停止彼妨之状、依仰執達如件、
康暦元年十二月廿七日　左衛門佐（斯波義将）判
山名左京大夫（時氏）入道跡

康暦元（一三七九）年十二月、幕府は臨川寺領の年貢運送について、小浜津での「馬足役」徴収を停止するよう山名氏に命じた。ここから、山名氏が小浜において役を徴収し、経済的な権益を得ていたことを確認することができる。さらに、時氏は出雲守護在任時に、西日本海水運の要衝である出雲美保関を守護領として領有していたとみられる。(26)そして、若狭税所今富名の領有と出雲守護職をめぐって山名氏と佐々木導誉が対立していることからすれば、時氏は西日本海水運の要衝の地をめぐって導誉と争い、反幕府・尊氏方に転じたと考えられる。すなわち、出雲守護について佐藤進一氏によると、尊氏方の導誉が守護に任じられていたが、直義方が尊氏方に勝利したことを背景として、直義主導の人事により導誉から時氏に交替したとされている。(27)また、観応二年二月、導誉は尊氏から税所今富名を与えられており、(28)時氏は直義方として行動することで、直義から同所を与えられることを期待したのではないか。時氏は、導誉が尊氏との関係を背景として西日本海水運の要衝の地を獲得したことに対抗するため、尊氏と敵対する直義方に転じたと考えられる。

ここで、反幕府・尊氏方に転じた山名時氏の動向をみると、観応二年七月、時氏は尊氏に敵対して「北国」に没落した足利直義に従軍しており、(29)観応三年の直義死後は足利直冬の下で行動している。そして、山名氏は西日本海沿

岸諸国における反幕府方の有力勢力として行動しており、直冬の下で南朝方として京に進攻した。すなわち、正平八（一三五三）年六月、因幡を進発した時氏は、但馬、丹波を経て足利直冬と合流して京に進攻している[30]。また、京において軍事行動を展開した南朝方の「宮方四人大将」として、四条隆俊・吉良満義・石塔頼房とともに山名時氏が挙げられていること[31]からすれば、時氏は南朝方の軍事指揮官として行動していたとみられる。さらに、京に進攻した山名氏については「山名者如云直冬命之体也」とされており[32]、直冬の命に従って行動する存在と認識されていた。このように時氏は、直冬の命を受けて南朝方として軍事行動を展開したのである。

次に、観応の擾乱における山名氏の動向と地域社会の関係をみると、文和元年十一月、僧実有は因幡智頭郡土師について荘園領主である称名寺に書状を発給したが、この中で「山名豆州被成御敵候、伯州・雲州・因州・作州四ヶ国、既被打取候」と、反幕府方に転じた時氏が伯耆・出雲・因幡・美作を軍事的に制圧したことを報じている[33]。観応の擾乱において南朝方に転じた山名氏は、西日本海沿岸諸国を拠点として、幕府方勢力に対する軍事行動を展開した。これに対し、幕府は中国管領細川頼之を派遣し、足利直冬や山名時氏を中心とする南朝方への対応を図っている[34]。それでは、反幕府方に転じた山名氏は、これらの地域をどのように支配したのだろうか。

まず、出雲についてみると、観応二年三月、飯石郡三刀屋を本拠とする国人諏訪部氏は丹波において戦闘を展開しており、その軍忠状には時氏が証判を加えている[35]。ここから、時氏は出雲国人を指揮下に置き、軍事行動を展開していたとすることができよう。

また、出雲においては時氏の子息の行動を確認することができる。すなわち、正平七年、時氏の子の高義は塩冶新八幡宮に所領を寄進している[36]。さらに、時氏の子息と出雲の関係について考察してみよう。

相催一族并同心之輩、馳参御方、可被抽戦功之状如件、

正平九年六月一日　　右衛門佐《（山名師義）》（花押）

諏方《（訪）》部三郎《（扶重）》左衛門入道殿

正平九年六月、山名師義は、諏訪部扶重に「一族并同心之輩」を動員し、南朝方として行動するよう命じた[37]。ここから、出雲において師義は諏訪部氏を通じて国人を動員し、軍事行動を展開したとみられる。また、正平十二年三月、師義は、石見邑智郡佐波を本拠とし、石見・出雲の国境を越えて領域を形成した国人佐波実連に出雲飯石郡阿賀那荘地頭職を兵粮料所として預け置いた[38]。出雲において師義は、国人に対する軍事動員を行うとともに兵粮料所の預置を行っており、同国の軍事指揮官として行動していたと考えられる。

さらに、正平十二年七月、山名義理（時氏の子）は、石見那賀郡周布を本拠とする国人周布兼氏に兵粮料所を与えた[39]。義理による軍勢催促状や感状は確認できないが、石見国人に対する兵粮料所の給与は軍事行動を背景としたものと考えられる。ここから、義理は、石見において軍事指揮官として行動していたと推測してもよいのではないか。観応の擾乱において時氏は、広範囲に拡大する戦線に対応するため、子息を軍事指揮官として派遣することで、各国の国人を糾合することを図ったのである。

次に、但馬についてみると、山名氏が観応の擾乱以前に守護に補任されたことは確認できない。また、時氏が因幡から但馬を経て京に進攻していることからすれば、山名氏は京都進攻を契機として但馬との関係を形成したとみられる。すなわち、正平九年十月、時氏は但馬養父郡小佐を本拠とする国人伊達貞綱に対し、「上洛事、来月九日必定可罷立候、被致用意、御同道候者、喜入候」と、京都進攻を報じて従軍を要請した[40]。さらに、山名氏と伊達氏の関係に

ついて次の史料をみてみよう(41)。

於御方致忠節之状、尤以神妙也、彌令同心長能登守、可抽戦功之状如件、

正平八年八月三日　　　前伊豆守（山名時氏）（花押）

伊達三郎蔵人殿

正平八年八月、時氏は伊達氏に対し、軍忠を賞すとともに長能登守と同心して行動するよう命じた。ここにみえる長氏は、養父郡土田を本拠とする但馬の有力国人であり(42)、但馬において時氏は、国人を長氏に同心させることで、同氏を中心に軍事行動を展開することを図ったと考えられる。但馬・出雲の事例に見られるように山名氏は、有力国人を中心に国人を結集させることを図ったのである。

これまで、観応の擾乱における山名氏の動向と地域社会の関係について述べたが、当該期においては小林氏を中心とする被官層の動向を確認することはできない。観応の擾乱が勃発する以前の山名氏は、幕府から補任された守護職を背景として、関東を出自とする被官を通じて分国支配を展開したが、当該期においては、伯耆・出雲・因幡・美作を軍事的に制圧した事例にみられるように、軍事力によって勢力圏の維持・拡大を図る必要があった。このような状況下で時氏は、子息を軍事指揮官として派遣して国人を糾合するとともに、地域社会における有力な国人との関係を形成し、有力国人を中心に国人を結集させることで、西日本海沿岸諸国を掌握し、幕府方勢力に対する軍事行動を有利に展開することを図ったのである。

3　山名氏の幕府方帰順

貞治二（一三六三）年九月、山名氏は幕府方に帰順し[43]、因幡・伯耆・丹波・丹後・美作の守護に補任されるとともに[44]、幕府から若狭税所今富名を与えられた[45]。

まず、山名氏が幕府方に帰順した背景について考察してみよう。この点について考える上で重要となるのが、貞治二年三月以前と考えられる大内弘世の幕府方への帰順である[46]。すなわち、山名氏と同じく直冬方として行動していた弘世が幕府方に帰順し、直冬が備後から没落したことにより[47]、中国地方においては幕府方の優勢が確立したとみられる。山名氏が幕府方に帰順した背景として、このような政治情勢の変化を挙げることができよう。また、時氏は、大内弘世が幕府から周防・長門の守護職を与えられたことを受け、軍事的に占拠していた国の守護職や税所今富名を与えられることを条件に、幕府方に帰順したと考えられる。そして、幕府方に帰順した山名氏は、一族で守護職を分有して分国支配を展開した。すなわち、丹波・伯耆については惣領時氏が守護に任じられているが、因幡は氏冬、美作は義理、丹後は師義と、時氏の子息が守護に任じられている。

それでは、一族で守護職を分有した山名氏は、どのように分国支配を展開したのか。まず、惣領時氏の分国丹波をみると、貞治三年、幕府は丹波国分寺地頭職の遵行を守護時氏に命じている[48]。また、この幕命を受けて、時氏の子の氏冬は小林民部大夫に遵行を命じており[49]、丹波守護代として、観応の擾乱以前と同じく関東を出自とする被官小林氏が行動していたことを確認することができる。そして、守護時氏に対する幕命を受けて、氏冬が守護代小林氏に遵行を命じていることからすれば、丹波において氏冬は、惣領時氏の意向の下で分国支配に関与したとみられる。この点については、幕府帰順後の時氏が在京して行動したことから[50]、丹波支配を氏冬に委ねたと考えられよう。

さらに、山名氏冬が守護職を有した因幡をみると、応安二年、氏冬は高草郡古海郷の遵行を高山出羽前司に命じている[51]。ここから、因幡守護代として上野緑野郡高山を出自とする一族とみられる高山氏の動向を確認することができる。幕府方に帰順した山名氏は一族で守護職を分有したが、氏冬が時氏の意向の下で丹波支配に関与した事例にみられるように、山名氏の一族は惣領家との密接な関係の下で分国支配を展開していたと考えられる。そして、丹波―時氏、因幡―氏冬と、守護が異なる国においても小林・高山氏を通じて分国支配が展開されていることからすれば、時氏は関東を出自とする旧来の被官を通じて一族を統制することを図ったと考えられるのではないか。

次に、師義の分国丹後をみると、貞治三年八月、幕府は与謝郡日置郷の遵行を師義に命じており[52]、守護としての在職徴証を確認することができる。さらに、師義の丹後支配と惣領時氏の関係について、次の史料をみてみよう[53]。

丹後国則松保事、本郷入道進代官候、無相違之様計沙汰候者悦入候、唯者ニて候間進状申候、恐々謹言、

六月二日　道静（山名時氏）（花押影）

右衛門佐殿（山名師義）

本書状は年欠だが、貞治五年、幕府は成相寺衆徒によって押領されていた丹波郡則松保について、若狭大飯郡本郷を本拠とする奉公衆本郷氏[54]に打ち渡すよう師義に命じており[55]、同年に発給されたものと考えられる。また、この書状によると、時氏は師義に対し、本郷氏の所領の打渡について相違なく沙汰を行うよう要請している。時氏が師義に書状を発給した背景については、奉公衆の所領問題を円滑に解決することで、幕府・将軍権力や奉公衆との良好な関係の形成を図ったという点を指摘することができよう。そして、時氏が師義の分国丹後の問題に介入していることからすれば、山名氏の惣領時氏は一族の分国に対して強い影響力を有していたと考えられる。

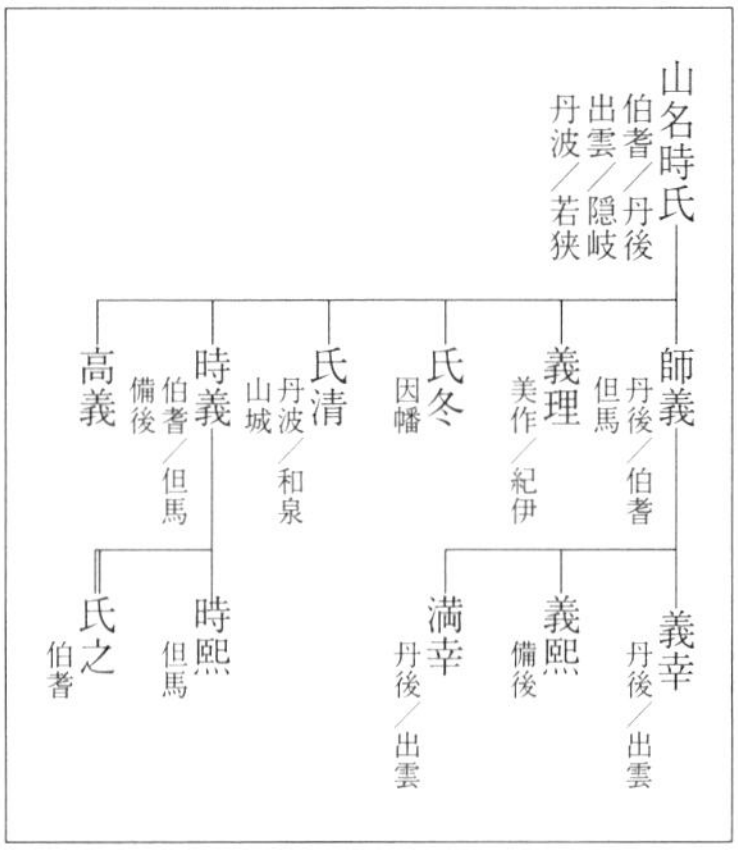

山名氏略系図　※人名の左に守護に補任されていた国名を記した。

これまで述べたように、山名氏の惣領時氏は、一族に守護支配を委ねるとともに、一族の分国内で生じた問題に対しても介入している。山名氏は守護職を一族で分有していたが、惣領時氏は、一族の分国に対して強い影響力を有していたのである。そして、その背景として、惣領時氏の影響力の大きさという点に加え、関東を出自とする被官の存在を指摘することができると考えられる。すなわち、小林氏をはじめとする関東を出自とする被官は、時氏が伯耆守護に任じられた段階から分国支配に関与しており、時氏と強い信頼関係で結ばれていたとみられる。さらに、時氏の分国のみならず、氏冬の分国においても上野を出自とする被官が守護代として行動していることからすれば、時氏は関東を出自とする旧来の被官を通じて、一族の分国支配に影響力を行使することを図ったと考えられるのではないか。関東を出自とする被官は、時氏が惣領の時期の山名氏の分国支配において重要な役割を担っていたのである。

【山名氏守護職一覧】

年	西暦	和泉	紀伊	丹波	丹後	但馬	因幡	伯耆	出雲	美作	備後	若狭	山城
建武4	1337												
暦応元	1338												
暦応2	1339												
暦応3	1340				↑								
暦応4	1341												
康永元	1342				時氏				時氏				
康永2	1343												
康永3	1344				↓			時氏					
貞和元	1345												
貞和2	1346												
貞和3	1347			時氏									
貞和4	1348												
貞和5	1349											時氏	
観応元	1350												
観応2	1351								時氏				
反幕府・南朝方として行動（観応二年七月～貞治二年九月）													
貞治2	1363												
貞治3	1364						時氏						
貞治4	1365												
貞治5	1366												
貞治6	1367			時氏			氏冬	時氏					
応安元	1368												
応安2	1369				師義								
応安3	1370												
応安4	1371						氏重						
応安5	1372						↓						
応安6	1373					師義							
応安7	1374							師義					
永和元	1375												
永和2	1376												
永和3	1377												
永和4	1378				義幸		山			義理			
康暦元	1379						名						
康暦2	1380						一		↑				
永徳元	1381			氏清		時義	族		義幸				
永徳2	1382				↓		カ	時義	↓				
永徳3	1383												
至徳元	1384	氏清	義理		↑						時義		
至徳2	1385				満幸				↑				氏清
至徳3	1386				↓								
嘉慶元	1387				義幸								
嘉慶2	1388				↓				満幸				
康応元	1389												氏清
明徳元	1390				↑	時熙	↑	氏之			義熙		
明徳2	1391				満幸	氏清	氏家	満幸					氏清

※佐藤進一『室町幕府守護制度の研究　上』（東京大学出版会、一九六七年）、同『室町幕府守護制度の研究　下』（東京大学出版会、一九八八年）、今谷明『守護領国支配機構の研究』（法政大学出版局、一九八六年）をもとに作成した。

※山名氏の守護分国の内、本稿で取り上げていない伊勢・隠岐については省略した。

※表中の「↑」、「↓」については、以前・以後の在職を比定しうる場合に用いた。

二、山名氏の分国支配と惣領師義・時義

山名時氏は応安四年二月に死去し、その遺骸は丹波船井郡氷所に葬送された。[56] ここから、時氏が惣領の時期の山名氏は、丹波を本国としていたと考えられる。そして、時氏の跡をついだ師義も永和二（一三七六）年に死去し、[57] 時氏の子の時義が跡をついでおり、山名氏においては惣領が短期間で交替している。なお、山名氏の分国が拡大したのは、時氏死後、師義と時義が惣領の時期である。すなわち、時氏が惣領の時期の山名氏は丹波・伯耆・丹後・因幡・美作の五ヶ国の守護職を有していたが、師義と時義が惣領の時期に、山名氏の一族は但馬・隠岐・出雲・備後・紀伊・和泉・伊勢・山城の守護に補任されている。[58]

それでは、山名氏一族は、拡大する分国をどのように支配したのだろうか。この点について、本節では山名氏の分国支配機構や惣領師義・時義と一族の関係から考察していく。

1　山名氏惣領家の分国支配

まず、惣領家の分国として、時氏の跡をついだ師義の分国についてみると、師義は時氏が惣領の時期から守護職を保持していた丹後に加え、伯耆の守護職を時氏から継承している。[59] また、応安五年十二月、師義は但馬守護に任じられており、守護代として出雲島根郡大芦を出自とすると考えられる大葦氏が下向している。[60] そして、応安七年、但馬守護代布志名氏は気多郡楽前南荘の遵行を国依氏に命じた。[61] さらに、布志名氏が出雲意宇郡布志名を出自とする一族

とみられることからすれば、師義の但馬支配は、出雲を出自とする被官により展開されていたとすることができよう。

なお、観応の擾乱において師義は、出雲の軍事指揮官として同国の国人を指揮下に置き、軍事行動を展開していた。しかし、山名氏が幕府方に帰順した後は京極氏が出雲守護に任じられており、[62]山名氏の同国守護としての在職徴証は永徳元（一三八一）年までみられない。[63]ここから、出雲を出自とする被官は、観応の擾乱において師義が被官化したものと考えられる。そして、師義の分国支配において、出雲を出自とする被官が重要な役割を果たした一方で、関東を出自とする被官の動向は確認することができない。それでは、なぜ師義は、関東を出自とする被官ではなく、出雲を出自とする被官を通じて分国支配を展開したのだろうか。この点を考える上で重要となるのが、師義と父時氏の関係である。すなわち、観応の擾乱において師義は、父時氏が反幕府方に転じた後も一時、幕府方として行動しており、[64]時氏に対して独自性の強かった人物とみられる。そして、関東を出自とする被官は、時氏の信任の下で山名氏の分国支配において重要な役割を果たしていた。ここから、師義は、出雲を出自とする被官を中心に分国支配を展開することで、自身を中核とする新たな分国支配機構を整備することを図ったと考えられよう。

これまで、山名師義の分国支配について述べたが、師義は永和二年に死去し、時氏の子で師義の弟にあたる時義が跡をついだ。また、時義は師義の分国のうち伯耆・但馬の二ヶ国を継承しており、康暦元年には備後守護に任じられている。[65]そして、時義の備後支配をみると、嘉慶二（一三八八）年、時義の「官領」布志名宗清は備後守護代石原氏に書状を発給し、備後の高野山領について扶持を加えるよう要請している。[66]さらに、時義の「官領」、すなわち執事としてみえる布志名氏は、師義の下で但馬守護代として行動した一族である。布志名氏は、守護代や「官領」として、師義と時義の二代にわたって惣領家の分国支配に従事しており、師義死後、出雲を出自とする被官の一部は時義に引き継がれたとみられる。しかし、時義は、康応元（一三八九）年に死去し、その分国は但馬が子の時熙に、伯耆が氏之（師義の子・時義の養子）に、備後が師義の子の義熙に継承された(67)。

ここで、師義の子の義幸と満幸についてみてみよう。義幸・満幸は惣領になっておらず、厳密には惣領家と位置付けることはできないが、父師義の分国支配と共通点が多いので、便宜上ここで述べたい。師義死後、義幸は丹後の守護職を継承したが、義幸が病気であったため、弟の満幸が義幸から守護職を継承したとされている(68)。それでは、師義から守護職を継承した義幸は、どのように分国支配を展開したのだろうか。

この点について、義幸の分国丹後をみると、至徳四（一三八七）年、義幸は土屋土佐守に加佐郡志楽荘内朝来村の打渡を命じている(69)。また、土屋氏が丹後を出自とする一族とされていることからすれば(70)、義幸は丹後において新たに被官化した在地勢力を守護代に起用したとみられる。さらに、この問題について大葦宗信は同日付で国依五郎兵衛尉に沙汰を行うよう命じており、義幸の守護代として宗信が行動していたことを確認することができる。丹後において義幸は、複数守護代制を採用しており、在地勢力である土屋氏を起用するとともに、出雲を出自とする大葦氏を通じて分国支配を展開した。なお、大葦氏は、義幸の下で丹後守護代として行動するとともに、師義の下で但馬守護代として行動している。ここから、出雲を出自とする師義の被官は、弟の時義と、子の義幸・満幸に引き継がれたと考えられる。義幸は父師義から継承した出雲を出自とする被官に加え、在地勢力を守護代に起用することで、丹後支配を展開したのである。

これまで述べたように、時氏死後の山名氏惣領家は、出雲を出自とする被官を通じて分国支配を展開している。なお、先述したように、時氏は一族分国に対して強い影響力を有していたが、師義・時義については一族分国への介入という事例を確認することができない。そして、その背景として、惣領が短期間で交替したことにより、惣領家による一族統制が弛緩したという点を指摘することができると考えられる。さらに、惣領家を相対化しうる有力な一族が現れたことも重要な要因とみられるが、この点については項を改めて論じたい。

2　有力一族の分国支配

ここでは、山名氏の有力一族として、時氏の子の氏清と義理の分国支配について考察していく。

まず、時氏から丹波を継承した氏清の分国支配をみてみよう。先述したように、時氏が惣領の時期の山名氏は丹波を本国としていたと考えられる。丹波は、京の後背地に位置しており、京と西日本海沿岸の山名氏分国を結ぶ重要な国であった。そして、氏清の丹波支配をみると、関東を出自とする被官小林氏の行動がみられる。すなわち、至徳三年、氏清は天田郡雀部荘の遵行を小林上野介に命じており(71)、小林氏が丹波守護代として行動していたことを確認することができる。なお、永和四年、三条公忠は、「丹州守護代庁鼻和入道」と対面したが(72)、庁鼻和氏が丹波において小林氏の代官として行動していることからすれば(73)、同氏は小守護代とみられる。丹波においては時氏の守護在任時と同様に、関東を出自とする被官小林氏が守護代として、庁鼻和氏が小守護代として行動していたのである。また、小林氏は、山名氏一族の丹波守護在任時は一貫して同国の守護代として行動している。時氏の信任の下で伯耆・丹後・丹波の守護代を歴任した小林氏は、山名氏分国の中で重要な位置を占めた丹波については、時氏死後も守護代としての職を保持することを図った。そして、その背景として長期間にわたる守護代在任により丹波において小林氏の勢力が浸透していたという点を指摘することができよう。丹波において氏清は、小林氏を中核として関東を出自とする被官を通じて分国支配を展開したのである。

さて、氏清は時氏から継承した分国丹波に加え、和泉の守護にも任じられている。すなわち、永和四年、氏清は和泉守護に任じられており、[74] 永和五年及び康暦二年、氏清は南朝方勢力を制圧するため、山名時義・義理と共に和泉に進攻した。[75] それでは、丹波と和泉という遠距離に位置する分国を氏清はどのように支配したのだろうか。

（端裏書）「かたの山のたちわき」

和泉国八木郷諸権門四分一事、所預置也、者早守先例、可致沙汰之状如此、

康暦元年七月廿日　（氏清）（花押）

片山帯刀丞殿

康暦元年七月、氏清は、丹波船井郡和知を本拠とする国人片山氏に和泉南郡「八木郷諸権門四分一」を預け置いた。[76] ここから、氏清は丹波国人に和泉の所領を預け置くことで、遠距離に位置する分国を連結させることを図ったとみられる。また、南朝方勢力の制圧を目的として守護に補任された氏清は、旧来からの山名氏分国である丹波の国人を和泉に配置することで、分国支配の安定的な展開を図ったと考えられよう。さらに、氏清の和泉支配をみると、嘉慶二年、氏清は「八幡宮大山崎神人等申、和泉国向井住人夜叉次郎・同所二王次郎・同国安松宮内太郎・同所又五郎男、号　住吉社御油神人、立置油木、致荏胡麻油等之新儀交易」と、和泉の住人夜叉次郎らが荏胡麻油の製造・販売を行ったことについて、「油木」を破却するよう高山尾張守に命じた。[77] 氏清から遵行を命じられた高山尾張守は和泉守護代とみられるが、同氏は関東を出自とする被官である。ここから、氏清は父時氏から高山氏と小林氏という関東を出自とする被官を引き継いだと考えられる。氏清は、京の後背地にあたる丹波と、堺を擁する和泉という山名氏一

族の中でも重要な分国の守護職を保持したが、その分国支配は関東を出自とする被官により展開されていたのである。

これまで、氏清の分国における関東を出自とする被官の動向について述べたが、次に、摂津矢部郡蓮池を出自とする新規被官蓮池氏の動向をみてみよう。至徳二年、氏清は山城守護に任じられたが[78]、守護代として蓮池前美濃守の行動を確認することができる[79]。さらに、氏清が但馬守護に任じられた際も、蓮池氏は守護代として行動している[80]。ここから、氏清は西国を出自とする新規被官蓮池氏を重用し、新たに守護に補任された国の守護代に任じたと考えられる。また、蓮池氏の台頭に対し、小林氏は、氏清が蓮池氏を重用し自身を蔑ろにしたことを非難している[81]。そして、このような非難の背景には、氏清被官中での主導権をめぐって、小林氏と蓮池氏が対立していたという点を指摘することができるのではないか。氏清の被官中においては、西国を出自とする新規被官が台頭しており、これに不満を抱く関東を出自とする被官との間で軋轢が生じていたのである。

次に、氏清と同じく時氏の子である山名義理の分国をみてみよう。まず、美作についてみると、永和二年、義理は、広戸氏と高山氏の勝田郡勝賀茂郷押妨を停止するよう守護代入沢佐貞に命じた[82]。そして、入沢氏が山陰を出自とする一族とされていることからすれば[83]、義理の美作支配は、西国を出自とする被官を通じて展開されていたとみられる。一方で、押領者の高山氏は関東を出自とする被官であり、守護義理との関係を背景として美作に入部したと考えられる。美作における役割は不明だが、高山氏は義理分国において、所領押領により勢力の拡大を図ったのである。それでは、義理の分国支配において高山氏はどのような役割を果たしたのだろうか。

この点について、義理の紀伊支配から考察してみよう。永和四年、義理は紀伊守護に補任された[84]。この守護補任は、氏清の和泉守護補任と同じく、南朝方勢力の制圧を目的としたものである。そして、義理の紀伊支配をみると、高山氏の行動を確認することができる。すなわち、至徳四年、「守護代高山」国重は用水相論について粉河寺に書状を発給した(85)。ここから、高山氏が義理の紀伊守護代として行動していたことを確認することができる。このように、和泉・紀伊においては、和泉―氏清、紀伊―義理と守護は異なるが、守護代は高山氏の一族が務めている。そして、その背景として、氏清と義理が南朝方勢力の制圧を目的として守護に補任された両国において、父時氏から引き継いだ関東を出自とする旧来の被官を守護代とすることで、分国支配の安定的な展開を図ったという点を指摘することができよう。

これまで、山名氏一族の分国支配について考察したが、山名氏においては、物領時義の死後、時熙・氏之と氏清・満幸・義理の間で対立が生じ、明徳の乱が勃発している。それでは、当該期の山名氏はどのような問題を抱えていたのだろうか。

まず、師義・時義が惣領の時期の山名氏においては分国が急速に拡大するとともに、国人の被官化が進行しており、西国を出自とする新規被官が増加している。そして、物領家が出雲を出自とする被官を中心に分国支配を展開したのに対し、関東を出自とする被官は、一族の氏清と義理に引き継がれている。しかし、氏清の被官中においても西国を出自とする新規被官蓮池氏が台頭しており、小林氏は氏清が蓮池氏を重用したことを非難している。ここから、明徳の乱勃発前の山名氏においては、関東を出自とする旧来の被官と西国を出自とする新規被官の間で、被官中における主導権をめぐって軋轢が生じていたとみられる。

さらに、当該期の山名氏においては、被官同士のつながりを背景として、一族が連携して行動している。すなわち、関東を出自とする被官高山氏は、一族が氏清と義理の下で守護代として行動しており、明徳の乱において氏清は義理に協力を要請している。[86] また、明徳の乱において満幸は舅の氏清に協力を求めた。そして、惣領師義・時義が一族の分国支配に介入した事例がみられないことからすれば、山名氏の一族は惣領の統制下で行動するのではなく、被官同士のつながりを背景として、一族間で独自の関係を形成していたとみられる。

次に、当該期における山名氏と室町幕府の関係をみると、山名氏は、一族が侍所頭人や山城守護という幕府の要職に就いている。[87] そして、幕府は山名氏の惣領のみではなく、一族の氏清についても幕府の要職に起用した。ここから、幕府は氏清を重用することで、惣領への権力集中を抑止することを図ったと考えられるのではないか。先述したように、観応の擾乱において山名氏は、惣領時氏を中心に一族が結集して反幕府方として行動した。幕府は、多くの守護職を保持した山名氏の一族が惣領の下に結集し、幕府に敵対することを避けるため、有力な一族を重用することで、惣領家の相対化を図ったと考えられよう。

これまで述べたように、時氏死後の山名氏においては、一族が惣領との関係とは別に連携して行動するとともに、氏清のような有力一族が現れており、惣領家の影響力は相対的に低下していたと考えられる。そして、このような問題を背景として、一族間で対立が生じ、明徳の乱が勃発した。すなわち、山名氏においては、惣領時義の死後、時熙と満幸の間で惣領の地位をめぐって対立が生じており、この対立において山名氏の一族は、時熙方（氏之）と、満幸方（氏清・義理）に分かれ、それぞれが連携して行動している。そして、氏清・満幸は幕命に従い時熙・氏之を追討したが、後に義満が両者を赦免し、満幸が上意を蔑ろにしたことにより丹後に追放されたため、幕府に対して反乱を起こすに至った。[88] なお、この乱の背景については、強大な守護となった山名氏の勢力を削減するため、将軍足利義満が一族分裂策を展開したという点が指摘されてきた。[89] しかし、時熙・氏之追討後、その守護職は満幸・氏清に与えられるとともに、氏清が山城守護に補任されており、この段階で山名氏の勢力が削減されたと評価することはできない。この乱の性格を理解するには、将軍義満の意向のみではなく、反乱を引き起こした山名氏の実情についても重視する必要があろう。すなわち、明徳の乱勃発前の山名氏は、惣領家の統制力の低下と有力一族の出現という問題を抱えていたのであり、このような問題を契機として生じた一族間の対立が、明徳の乱の直接的な要因であったと考えられる。そして、この乱の結果、山名氏においては氏清が戦死するとともに満幸・義理が没落しており(90)、山名氏の分国は但馬・伯耆・因幡の三ヶ国に削減されたのである(91)。

おわりに

本章では、南北朝期における山名氏の分国支配機構や、惣領家と一族の関係について考察した。最後に、本章で明らかにした点をまとめてみたい。

南北朝動乱が勃発すると、山名氏の一族は惣領時氏を中心に軍事行動を展開した。また、山名氏は西日本海沿岸諸国の守護に任じられたが、当該期においては時氏が守護職を独占している。このように、時氏は守護職を独占するとともに一族を率いて軍事行動を展開したが、これは惣領が一族を統制する上でも有効であったと考えられよう。なお、時氏は鎌倉期から関係を有したと考えられる関東を出自とする被官を通じて分国支配を展開しており、上野を出自とする小林氏が守護代として重要な役割を果たしていた。時氏が守護に補任された国は反幕府方が優勢な国や政情が不安定な国が多く、分国内の国人を被官化することが困難であったため、関東を出自とする旧来の被官を守護代として入部させる他に選択肢がなかったと考えられる。そして、観応の擾乱において反幕府方に転じた時氏は、子息を軍事指揮官として各国に派遣し、国人を糾合することで幕府方との戦闘を有利に展開することを図った。さらに、幕府方に帰順した山名氏は一族で守護職を分有したが、守護が異なる国においても関東を出自とする被官が守護代として行動しており、惣領時氏は一族分国の問題に対しても介入している。このように、時氏が惣領の時期の山名氏は、惣領が一族に対して強い影響力を有しており、本書第二部第三章で述べる室町期の山名氏の同族連合体制の原型として理解することができよう。そして、時氏を中心とする同族連合体制の原型ともいうべき体制を支えた要素の一つとして、時氏と強い信頼関係で結ばれ、惣領家のみならず一族の分国においても守護代を務めた関東を出自とする被官の存在を指摘することができると考えられる。

しかし、時氏死後、師義が惣領になると変化が生じている。すなわち、師義は出雲を出自とする被官を通じて分国支配を展開しており、惣領家の分国支配において関東を出自とする被官の動向を確認することはできない。師義は、父時氏に対し独自性が強く、出雲を出自とする被官を中心に自身を中核とする新たな分国支配機構を整備することを図ったと考えられる。そして、関東を出自とする被官である小林氏と高山氏は、山名氏一族の氏清と義理の下で守護代として行動した。しかし、氏清被官中においても西国を出自とする被官蓮池氏が台頭しており、小林氏は氏清が自身を蔑ろにしたことを非難している。このように、時氏死後の山名氏においては分国が急速に拡大するとともに国人の被官化が進行しており、関東を出自とする被官と西国を出自とする新規被官の間で軋轢が生じていたと考えられる。さらに、山名氏の一族は被官同士のつながりを背景として、惣領との関係とは別に連携して行動していた。加えて、幕府要職に起用された氏清のような有力一族の出現により、惣領家の統制力は低下しており、山名氏においては一族間で対立が生じている。これらの点から、当該期においては、広範囲に展開する分国を山名氏が一体的に支配することは困難であったと考えられる。すなわち、山名氏は幕府方の軍事指揮官として、反幕府方勢力との戦闘を展開し、その勲功により多くの守護職を与えられているが、一族内で様々な問題を抱えていた山名氏にとって、守護在任期間が短く、また、本拠地である西日本海沿岸諸国から遠距離に位置する分国を安定的に支配することは困難だったと考えられよう。

これまで述べたように、南北朝期に西日本海沿岸諸国に進出した山名氏は、惣領時氏の下で同族連合体制の原型ともいうべき体制を創り出したが、この体制は幕府や国人・被官との関係により様々な影響を受ける中で動揺し、一族間の対立を背景として明徳の乱が勃発しており、山名氏の分国は大幅に削減されている。そして、このような山名氏のあり方は、守護分国の形成期にあたり、分国が特定の守護家に固定していない南北朝期特有のあり方と評価することができると考えられる。

註

（1）川岡勉「室町幕府―守護体制の成立と地域社会」（『歴史科学』一三三、一九九三年）、同『室町幕府と守護権力』（吉川弘文館、二〇〇二年）。

（2）山名氏の出自については、奥富敬之「山名氏」（『室町幕府守護職家事典　下巻』〈新人物往来社、一九八八年〉）を参照した。なお、山名氏の先行研究については、渡邊大門『中世後期山名氏の研究』（日本史史料研究会、二〇〇九年）にまとめられている。

（3）「難太平記」（『新校群書類従　第十七巻』〈内外書籍、一九三〇年〉）。

(4) 宮田靖国『山名家譜』〈六甲出版、一九八七年〉。
(5) 川岡勉『山名宗全』〈吉川弘文館、二〇〇九年〉。
(6) 水野恭一郎「南北朝内乱期における山名氏の動向」〈『岡山大学法文学部学術紀要』一三、一九六〇年。のち、同『武家時代の政治と文化』〈創元社、一九七五年〉に収録〉。
(7) 平子重嗣軍忠状『三浦家文書』一三（『大日本古文書　家わけ第十四　三浦家文書』）。
(8) 『師守記』貞和三年十月一日条。佐藤進一『南北朝の動乱』〈中央公論社、一九六五年〉。
(9) 『園太暦』貞和三年十一月二十七日条。
(10) 『園太暦』康永四年八月二十九日条。
(11) 高師直施行状案「三宝院文書」（『南北朝遺文　中国四国編　第一巻』六三七〈東京堂出版、一九八七年〉）。
(12) 水本僧正坊重申状案「三宝院文書」（『南北朝遺文　中国四国編　第一巻』七七四〈前掲註11〉）。小林左京亮について、『祇園執行日記』康永二年十二月二日条によると、「丹波守護代」とみえる。そして、貞和二年七月三日付山名時氏請文「大石寺文書」（『南北朝遺文　関東編　第三巻』一六三二〈東京堂出版、二〇〇九年〉）に丹波「守護代国範」とみえることからすれば、小林左京亮の実名は国範と考えられる。
(13) 醍醐寺蓮蔵院公文所伯耆守護代連署和与状「三宝院文書」（『南北朝遺文　中国四国編　第二巻』一七二五〈東京堂出版、一九八九年〉）。
(14) 小林国範請文「長福寺文書」（『宮津市史　史料編第一巻』一〇三〈宮津市役所、一九九六年〉）。
(15) 『祇園執行日記』康永二年十二月十一日条。
(16) 小林民部丞遵行状「仁和寺文書」（『南北朝遺文　関東編　第三巻』二〇〇〇〈前掲註12〉）。
(17) 『師守記』貞治三年九月二十一日条。佐藤進一『室町幕府守護制度の研究　下』〈東京大学出版会、一九八八年〉。
(18) 『師守記』暦応四年三月二十五日条。
(19) 『祇園執行日記』康永二年十二月二日条。

(20) 佐藤『南北朝の動乱』（前掲註8）。
(21) 『太平記』巻三十二。
(22) 「若狭国守護職次第」、「若狭国税所今富名領主代々次第」（『新校群書類従　第三巻』〈内外書籍、一九三〇年〉）。
(23) 「若狭国税所今富名領主代々次第」（前掲註22）。
(24) 井上寛司「中世西日本海地域の水運と交流」（『海と列島文化　第2巻　日本海と出雲世界』〈小学館、一九九一年〉）。
(25) 室町幕府御教書案「天龍寺文書」一五（『福井県史　資料編2』〈福井県、一九八六年〉）。
(26) 出雲美保関について井上寛司氏は、「鎌倉期以来、出雲国守護領の一角を構成し、室町期についても同様であった」としている（井上「中世西日本海地域の水運と交流」〈前掲註24〉）。ここから、南北朝期においても美保関は守護領であったと推測できるのではないか。
(27) 佐藤『室町幕府守護制度の研究　下』（前掲註17）。
(28) 足利尊氏袖判下文案「佐々木文書」（『戦国大名尼子氏の伝えた古文書』一一〈島根県古代文化センター、一九九九年〉）。
(29) 『観応二年日次記』七月三十日条。
(30) 『園太暦』文和二年五月二十九日条、六月二日条、同六日条、同九日条。
(31) 『神護寺交衆任日次第』文和二年六月九日条。
(32) 『園太暦』文和二年六月十日条。
(33) 僧実有書状「東京国立博物館所蔵文書」（『南北朝遺文　中国四国編　第三巻』二三九五〈東京堂出版、一九九〇年〉）。
(34) 佐藤『南北朝の動乱』（前掲註8）。
(35) 諏訪部扶重代扶直軍忠状写「三刀屋文書」36（三刀屋城跡調査委員会編『三刀屋氏とその城跡』〈三刀屋城跡調査委員会、一九八五年〉）。
(36) 山名高義寄進状写「出雲大社諸家所蔵古文書富家所蔵古文書写」（『南北朝遺文　中国四国編　第三巻』二三一九〈前掲註33〉）。
(37) 山名師義軍勢催促状写「三刀屋文書」63（三刀屋城跡調査委員会編『三刀屋氏とその城跡』〈前掲註35〉）。

(38) 山名師義預状「中川四郎所有文書」（『南北朝遺文　中国四国編　第三巻』二九五九〈前掲註33〉）。
(39) 山名義理宛行状写『萩藩閥閲録』巻121ノ1　周布吉兵衛55。
(40) 山名時氏書状『伊達家文書』九（『大日本古文書　家わけ第三　伊達家文書』）。以下、同書による場合、これを記さない。
(41) 山名時氏感状『伊達家文書』一〇。
(42) 佐藤『室町幕府守護制度の研究　下』（前掲註17）、渡邊大門「南北朝期における但馬守護」（『兵庫のしおり』四、二〇〇二年。のち、同『中世後期山名氏の研究』〈前掲註2〉に収録）。
(43) 足利義詮御判御教書写「小早川家証文」二八（『大日本古文書　家わけ第十一　小早川家文書』）。以下、同書による場合、これを記さない。
(44) 佐藤『室町幕府守護制度の研究　下』（前掲註17）。
(45) 「若狭国税所今富名領主代々次第」（前掲註22）。
(46) 大内弘世禁制案「周防国分寺文書」（『南北朝遺文　中国四国編　第四巻』三三二一〈東京堂出版、一九九二年〉）。これによると、弘世は北朝年号を用いており、これ以前に幕府方に帰順したことがうかがえる。
(47) 足利義詮御判御教書写「小早川家証文」二八。拙稿「備後国人宮氏・一宮と室町幕府・守護」（『日本歴史』七八一、二〇一三年）。本書第三部第二章に収録。
(48) 足利義詮御判御教書「井上氏蒐集文書」（『新修亀岡市史　資料編第一巻』五一一〈亀岡市、二〇〇〇年〉）。
(49) 山名氏冬遵行状「井上氏蒐集文書」（『新修亀岡市史　資料編第一巻』五一二〈前掲註48〉）。
(50) 山田徹「南北朝期の守護在京」（『日本史研究』五三四、二〇〇七年）。
(51) 山名氏冬遵行状「東福寺文書」（『南北朝遺文　中国四国編　第四巻』三七六六〈前掲註46〉）。
(52) 室町幕府引付頭人奉書「武家手鏡　東京都尊経閣文庫」（『宮津市史　史料編第一巻』二五〈前掲註14〉）。
(53) 山名時氏書状「本郷文書」五四（『福井県史　資料編2』〈前掲註25〉）。
(54) 拙稿「若狭本郷氏の動向と室町幕府・守護」（『若越郷土研究』五二―一、二〇〇七年）。

(55) 室町幕府引付頭人奉書「本郷文書」五三（『福井県史　資料編2』〈前掲註25〉）。
(56) 『後愚昧記』応安四年二月条。
(57) 『後愚昧記』永和二年三月十一日条。
(58) 佐藤進一『室町幕府守護制度の研究　上』（東京大学出版会、一九六七年）、同『室町幕府守護制度の研究　下』（前掲註17）。
(59) 佐藤『室町幕府守護制度の研究　下』（前掲註17）。
(60) 『祇園執行日記』応安五年十二月三日条。
(61) 沙弥某遵行状「垣谷文書」五（『兵庫県史　史料編　中世3』〈兵庫県、一九八八年〉）。発給者については、『宮津市史』に従い、布志名氏の一族と推測する（『宮津市史　通史編　上巻』第七章第二節　執筆担当　外岡慎一郎〈宮津市役所、二〇〇二年〉）。
(62) 佐藤『室町幕府守護制度の研究　下』（前掲註17）。
(63) 山名義幸書下「北島文書」（『南北朝遺文　中国四国編　第五巻』四六九一〈東京堂出版、一九九二年〉）。
(64) 三吉覚弁軍忠状「鼓文書」（『南北朝遺文　中国四国編　第三巻』二一七三〈前掲註33〉）。
(65) 佐藤『室町幕府守護制度の研究　下』（前掲註17）。
(66) 布志名宗清書状「高野山文書」二二五（『広島県史　古代中世資料編V』〈広島県、一九八〇年〉）。
(67) 佐藤『室町幕府守護制度の研究　下』（前掲註17）、川岡『山名宗全』（前掲註5）。
(68) 『明徳記』（『明徳記』については、和田英道『明徳記　校本と基礎的研究』〈笠間書院、一九九〇年〉を参照した）。佐藤『室町幕府守護制度の研究　下』（前掲註17）
(69) 丹後志楽荘朝来村文書案『醍醐寺文書』三二七三（『大日本古文書　家わけ第十九　醍醐寺文書』）。
(70) 太田亮『姓氏家系大辞典第二巻』（姓氏家系大辞典刊行会、一九三四年）。
(71) 山名氏清遵行状「松尾大社文書」（東家文書）」一二一（『福知山市史　史料編一』〈福知山市役所、一九七八年〉）。
(72) 『後愚昧記』永和四年十二月十一日条。
(73) 応安二年十一月、「小林代長鼻和」が、多紀郡大山荘について渡状を発給している（丹波大山荘文書案『東寺百合文書』に四一〈『大

日本古文書　家わけ第十　東寺文書』）。なお、丸山裕之氏は、庁鼻和氏について、桑田郡隼人保の遵行を行っていることから、桑田郡の小守護代としている（丸山裕之「中世後期の隼人司領」〈『日本歴史』七七五、二〇一二年〉）。しかし、庁鼻和氏は多紀郡においても守護代小林氏の命を受け遵行を行っており、小守護代としての活動範囲は桑田郡に止まらなかったと考えられる。

(74)『愚管記』永和四年十二月二十一日条。
(75)『花営三代記』永和五年正月二十二日条、康暦二年七月二十日条。
(76)山名氏清宛行状「片山家文書」42（『和知町誌　史料集（一）』〈和知町役場、一九八七年〉）。
(77)山名氏清奉行人連署奉書「離宮八幡宮文書」五三（『大山崎町史　史料編』〈大山崎町役場、一九八一年〉）。
(78)「興福寺略年代記」（『続群書類従　第二十九号下』〈続群書類従完成会、一九二六年〉）。
(79)佐藤『室町幕府守護制度の研究　下』（前掲註17）。
(80)佐藤『室町幕府守護制度の研究　下』（前掲註17）。
(81)『明徳記』（前掲註68）。
(82)山名義理書下案「東福寺文書」（『南北朝遺文　中国四国編　第五巻』四二七七〈前掲註63〉）。
(83)太田亮『姓氏家系大辞典第一巻』（姓氏家系大辞典刊行会、一九三四年）。
(84)『愚管記』永和四年十二月二十一日条。
(85)高山国重書状案「御影堂文書」（『那賀町史』二〇八〈那賀町、一九八一年〉）。
(86)『明徳記』（前掲註68）。
(87)今谷明『守護領国支配機構の研究』（法政大学出版局、一九八六年）。
(88)『明徳記』（前掲註68）。
(89)佐藤『南北朝の動乱』（前掲註8）。
(90)『明徳記』（前掲註68）。
(91)『大乗院日記目録』明徳三年正月条。

第二章　安芸守護山名氏の分国支配と地域社会

はじめに

南北朝・室町期の権力構造を理解する上で、守護は重要な存在と考えられている。すなわち、田沼睦氏は、守護について「将軍権力の統治権的支配権および主従制的支配権の国別執行者としての立場」にあり、幕府公権の分掌を背景に領域支配を展開したとしており、室町幕府の全国支配の根幹・中心に位置付けている(1)。また、榎原雅治氏は、守護について在地の社会秩序を吸収することによって「地域秩序の守り手」となり、公権者としての性格を獲得したとしている(2)。このように、守護権力の背景を、国家公権の分有にみるか、在地秩序の吸収にみるかという違いはあるものの、当該期の権力構造を理解する上で守護が重要視されてきたという点は揺るがないだろう。そして、川岡勉氏は、中世後期の武家権力の基本構造について、室町幕府―守護体制と理解しており(3)、守護については中央国家と地域社会を結ぶ媒介項としての役割を果たしたとしている。すなわち、中世国家は守護に大幅な権限を委ねることで地域社会の自立化を抑制し、求心性を回復することを図っており、守護は中世国家から付与された一国公権を基軸に領域支配を展開し、地域秩序を統合したというのである。しかし、守護については、分国支配の実態や地域社会との関係をはじめとして明らかにされていない点が多く、個別研究を進めていく必要がある。そこで、本章では安芸守護山名氏の分国支配について考察していく。

但馬を本国とする山名氏は、西国で複数の分国を保持しており、幕政にも大きな影響力を有した存在とされている。(4)山名氏は、室町幕府体制における有力守護であり、室町期の守護を理解する上で格好の素材と考えられるが、分国支配の実態について明らかにされているとは評価し難い状況にあり、とくに本章で取り上げる安芸は、「守護権力の弱体な地域」と述べられるに止まっているのが現状である。(5)そして、室町期の安芸について、先行研究では国人間の連携の存在が重視されてきた。(6)すなわち、安芸国人は連携して行動することで所領問題の解決を図っており、国人間の連携は安芸の地域的特質として評価することができる。しかし、当該期の安芸の政治秩序を明らかにするには、国人間の連携のみではなく、守護の動向や分国支配の実態についても考察する必要があるのではないか。

そこで本章では、安芸守護山名氏の分国支配について、幕府の地方支配や地域社会の政治情勢との関係を中心に考察していく。これにより、国人間の連携という特質が存在した安芸において、山名氏がどのように守護支配を展開したのかという点について検討を加えたい。

一、応永の乱後の安芸と守護・国人

本節では、応永六（一三九九）年に勃発した応永の乱後の安芸の政治情勢と、守護山名氏の動向について考察していく。応永の乱により大内義弘は和泉堺で戦死したが、乱後、防長において大内盛見が幕府に対して軍事抵抗に及んでいる。また、安芸においては南北朝期に大内氏が進出しており、大内氏と安芸国人の関係が形成されている。(7) そして、応永の乱において佐西郡桜尾を本拠とする厳島神主家は大内義弘に従軍しており、(8) 山県郡大朝荘を本拠とした国人吉川氏は義弘から軍勢催促を受けている。(9) このように、安芸においては大内方として行動した国人が存在しており、幕府は大内方勢力の制圧を目的として山名氏を安芸守護に任じたとされている。(10) さらに、応永の乱後、幕府は安芸に加えて備後・石見の守護についても山名氏の一族を補任しており、山名氏を通じて防長の大内氏の封じ込めを図ったとされている。

それでは、応永の乱後の安芸において、山名氏はどのように守護支配を展開したのか。この点について、次の史料をみてみよう。(11)

当国之事、被仰付候、仍近日可差下代官候、其時委細可申候、毎事無御等閑候者、恐悦候、恐々謹言、

卯月十九日　　　　満氏（山名）（花押）

毛利左近将監入道殿（広世）

本書状は年欠だが、応永十年十二月に守護山名氏と賀茂郡高屋保を本拠とした国人平賀氏の間で戦闘が勃発しており、(12) これ以前のものであるので同年の発給と考えられる。そして、この書状によると、山名満氏は守護補任と守護代派遣を報じ、高田郡福原を本拠とした国人毛利広世に連携を要請している。さらに、応永の乱後の安芸と山名氏の関係について考察してみよう。

当国事、為御料国、被預下候、仍面々当知行支証等、悉来六月中ニ可有出帯之由、被仰出候、毎事為　上意、可有御尋候、尚々、六月中ニ可有参洛候也、恐々謹言、

卯月廿六日　　　　常熙（山名時熙）（花押）

小早川竹原（弘景）殿

四月二十六日、山名氏の惣領時熙は、賀茂郡都宇・竹原荘を本拠とした国人竹原小早川弘景に対し、安芸を「御料国」として預け下されたことを伝え、六月中に知行支証を提出し、上洛するよう命じた(13)。そして、安芸を料国として預け下された山名時熙は料国代官ではないかと考えられる。なお、本書状は年欠だが、田中淳子氏は、四月十九日付山名満氏書状と四月二十六日付山名時熙書状の日付が近いことから、安芸の料国化は応永十年と指摘している(14)。この料国化の問題について、さらに次の史料から考察してみよう(15)。

安芸国地頭御家人以下当知行新本所領等事、来八月五日以前、以代官可出帯支証之旨、可被相触之由、所被仰下也、仍執達如件、

応永十一年六月廿六日　　沙弥（畠山基国）御判

山名民部（満氏）少輔殿

応永十一年六月、幕府は守護満氏に対し、「安芸国地頭御家人以下」、すなわち安芸国人に「当知行新本所領」の支証を提出させるよう命じた。この六月二十六日付室町幕府御教書と、四月二十六日付山名時熙書状は、安芸国人に知行支証の提出を命じるという点で内容が一致しており、近い時期に発給されたものと考えられる。そして、山名時熙書状が提出期限を「六月中」としている一方で、室町幕府御教書は「八月五日以前」としているが、この点については、知行提出を命じる御教書が発給されるという情報を事前に入手した時熙が私信により竹原小早川氏に伝えたものの、正式な幕命発令は六月二十六日までずれ込み、併せて提出期限も延期されたとするのが妥当だろう。ここから、安芸

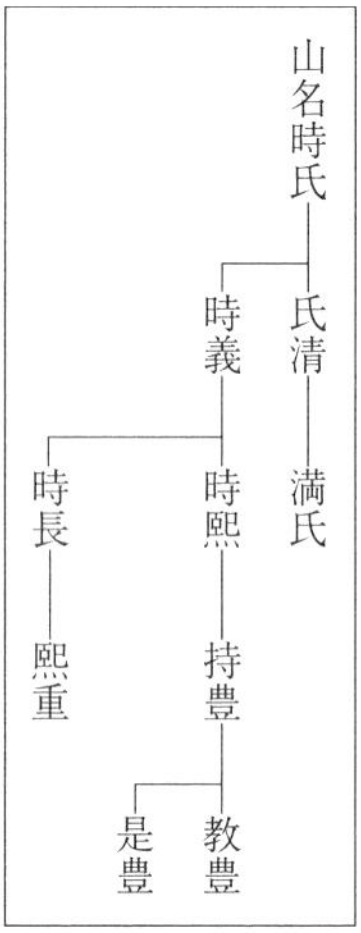

山名氏略系図

の料国化については、応永十一年とすべきと考えられる。なお、料国化について田中淳子氏によると、「守護支配が不安定となっていた国」を料国とすることで、「幕府―守護支配の安定」が図られたという点が指摘されている。(16) 先述したように、応永十年の山名満氏の守護補任後、安芸においては平賀氏と守護の間で戦闘が勃発している。幕府は、このような守護補任後の情勢悪化を受けて安芸を料国化し、守護満氏に加えて料国代官として山名氏の惣領時熙を補任することで、山名氏を通じて安芸支配を展開することを図ったと考えられる。

また、幕府は安芸の料国化と併せて所領支証を提出するよう国人に命じており、料国化により幕府直轄国とすることは所領支証の提出、ひいては所領整理を伴うものであった可能性が想定される。この点について先行研究によると、応永の乱後の安芸においては、大内方国人の所領整理が実施されたという点が指摘されている。(17) ここから、幕府は安芸を料国とすることで、守護満氏に加え、料国代官山名時熙を通じて地方支配を展開するとともに、所領整理を実施することを図ったと考えられよう。このように応永の乱後の安芸において、幕府は山名氏を通じて地方支配を展開しているが、これまでの研究では、時熙と満氏の関係について明らかにされているとは評価し難い状況にある。

そこで、まず、山名氏と幕府、守護方として行動した安芸国人の関係について考察してみよう。この点について、山名氏と吉川氏の関係からみると、吉川経見は応永の乱後の安芸において守護代の指揮下で行動しており、(18) 守護満氏から「当知行之地」を安堵されている。(19) また、応永十三年、満氏は「吉河弾正小(少)弼無子孫」という経見の申出を受けて、吉川弾正少弼の「本領彼在所二ヶ所」を経見に与えた。(20) さらに、同年三月、満氏は「為駿河守惣領一味同心」と、吉川経見を惣領として認め、経見に同心するよう「吉川人々中」に命じている[21]。なお、吉川氏は応永の乱において大内義弘から軍勢催促を受けており[22]、大内氏との関係を確認することができる。しかし、吉川氏は応永の乱後の安芸において守護の下で行動することで知行地を安堵されており、大内方国人にとっても山名氏の下で行動することは有効な選択肢になりえたと考えられる。

さらに、山名氏と安芸国人の関係をみると、応永十一年と推測される九月、山名満氏は奉公衆竹原小早川氏が守護代小林氏に「同道」したことを賞し、「国事ハ一向合力」を求めている[23]。ここから、応永の乱後の安芸においては、奉公衆も守護の分国支配に協力するよう求められ、守護代の指揮下で行動したことがうかがえる。また、応永十一年と推測される九月、守護満氏は毛利広世の忠節について「小林方より委申上候」と守護代小林氏からの報告を受けて将軍足利義持に披露したことを伝え、御教書の発給を報じている[24]。さらに、満氏は毛利広世に対して「国之事ハ一向面々合力憑入候」と、分国支配について安芸国人の合力を要請した。このように、守護満氏は守護代小林氏を派遣して反幕府、守護方勢力に対する戦闘を展開するとともに、分国支配の展開に当たっては安芸国人に協力を求めたのである。

ここで、応永十一年と推測される九月、山名氏の惣領時熙は、佐東郡銀山城を本拠とした武田氏と平賀氏の反幕府方としての行動について、「御使を被下候、若猶難渋申候者、可有御退治之由、被仰出之間、目出候」と、幕命により退治が行われることを広世に伝えた[25]。また、時熙は「守護方御随遂事、内々達上聞候、目出候」と、広世が守護満氏方として行動したことを賞している。このように、時熙は反幕府方勢力に対する幕府の対応を安芸国人に報じるとともに、国人が守護指揮下で行動したことを賞しており、満氏の上級権力として安芸の問題に関与していたと考えられる。

これまで、山名氏と幕府、守護方として行動した安芸国人の関係について述べたが、次に、安芸において守護に敵対した国人についてみてみよう。応永十一年九月、安芸国人三十三名は一揆契約を結び、連携して守護山名氏に敵対することを盟約した[26]。そして、この国人一揆については、大内方国人の所領整理への抵抗を目的としたものとされており、一揆衆による在地秩序の維持を図ったものの、幕府、守護の前に崩壊したとされている[27]。しかし、国人一揆については、主として一揆側の視点から考察が行われており、幕府、守護山名氏の対応については、さほど述べられていないのが現状である。そこで、山名氏と安芸国人一揆の関係について、次の史料から考察してみよう[28]。

去十五日重状、委細令披露候、両度之罰文、則備　上覧之候、此上者、御勢発向事被止候、面々進退御免にて候、国事右京亮(熙重)ニ被仰付候、民部少輔(満氏)可召上之由、今朝被仰出候之間、今日遣飛脚候、上洛之後可被下にて候、面々御免之御教書事をも、其時可申沙汰候、向後御振舞事共、如被申上候、不相替候者、就公私、不可有等閑候、委細使者僧ニ令申候、恐々謹言、

壬六月廿六日　　常熙(花押)

毛利(光房)備中守殿

平賀尾(張)(弘章)入道殿

本書状は年欠だが、閏六月とあることから応永十三(一四〇六)年に発給されたものとすることができる。また、宛所の高田郡吉田荘を本拠とした国人毛利光房と平賀弘章については、一揆の中心的役割を果たした人物と考えられる。すなわち、毛利光房は一族のうち五名が国人一揆に参加した毛利氏の惣領であり、平賀弘章は守護満氏の安芸支

配に対して軍事抵抗に及んでいる。そして、この書状によると、光房と弘章の罰文を山名時熙が披露し、両者が幕府から赦免されたことがうかがえる。さらに、国人一揆の制圧を目的として幕府軍の派兵が検討されていることからすれば、山名氏は幕府との関係を背景として安芸の問題を解決することを図ったと考えられよう。また、時熙は、守護が満氏から山名熙重に交替したことを報じ、「公私」にわたって連携することを光房と弘章に伝えた。このように、山名時熙は一揆の中心人物であった光房・弘章と幕府の和平交渉に関与しており、安芸の紛争解決において重要な役割を果たしていたのである。

しかし、毛利氏と平賀氏の帰順によっても、安芸における紛争が終結したわけではない。すなわち、応永十五年と推測される五月三日付山名時熙書状[29]によると、時熙は「佐々井并二山城又熊谷御方へ参候事、何も〱目出候、毎度粉骨候とて、守護方悦喜此事候」と、安北郡三入荘を本拠とした国人熊谷氏らが幕府方に帰順したことを報じ、光房の働きを賞している。ここから、幕府、守護山名氏は、一揆の中心人物であった毛利光房を通じて安芸における反幕府、守護方の国人を帰順させることを図ったと考えられるのではないか。また、時熙は「武田事、於国振舞、可奉上（達）聞候、定堅可有御沙汰候歟、条々自守護方可被申候」と、武田氏の動向について幕府の沙汰が行われることを報じており、この点については守護が伝達するとしている。そして、応永十四年か十五年と推測される四月、時熙は安南郡温科を本拠とする国人金子氏の「心替」に対する軍事行動において光房が動かなかったことについて、「一向被申候し旨趣令相違候」[30]と非難しており、光房は反幕府方国人に対する軍事行動において、幕府方として行動することを時熙に誓約していたとみられる。さらに、光房は時熙に「国事無為」という安芸の政治情勢を報じた[31]。このように、光房は時熙との関係を背景として反幕府方国人に対する帰順の働きかけや戦闘に関与していたのである。

さらに、山名氏と毛利氏の関係は安芸に限定されるものではなく、石見・備後と国境を越えてみられる。すなわち、応永十五年と推測される四月九日付山名時熙書状[32]によると、時熙は「三吉入道阿須那方事ハ、遣状候」と光房に報じた。ここにみえる三吉入道は備後三次郡を本拠とした国人であり、石見邑智郡阿須那は安芸・石見の国境を越えて領域を形成した高橋氏の石見における拠点である（安芸における拠点は高田郡横田[33]）。また、時熙は「備後辺荒説事、無跡形事候、可御心安候」と、備後の混乱が終息したので安心するよう光房に伝えた。

このように、時熙は安芸のみならず備後・石見の問題についても光房に対応を報じているが、その背景にはいかなる問題が存在したのか。先述したように、光房は安芸国人一揆の中心的役割を果たした人物と考えられるが、国人間の連携は安芸国内に限定されるものではない。すなわち、安芸・備後・石見の国人は国境を越えて連携しており、毛利氏については備芸石の国人間の連携において重要な役割を果たしたという点が指摘されている[34]。ここから、時熙は国人間の連携における毛利氏の位置を評価し、安芸のみならず備後・石見の問題についても対応を報じたと考えられるのではないか。また、応永十二年と推測される二月、時熙は「備後石見軍勢可相触」と、安芸の問題について備後・石見の軍勢を派遣するとしている[35]。備芸石の国人間の連携と広範囲に展開する地域紛争に対し、幕府は国境を越えて対応する必要があった。そして、守護満氏の行動が安芸国内に止まる一方で、山名氏の惣領時熙は国という枠組みを越えて備芸石の問題に対応しており、一族の分国支配を補完していたとみられる。応永の乱後の安芸において料国代官に任じられた惣領時熙は、幕府との関係を背景として一族の分国に関与していたのである。

なお、安芸の料国化の終期については、関係史料を欠くため明らかにしえない。しかし、田中淳子氏は料国化について「四、五年の内には解除されるのが一般的」であったとしている[36]。また、安芸の紛争が終息した応永十五年以後、同国における時熙の行動がみられないことから、料国化の終期については応永十五年からさほど下らない時期と推測できるのではないか。ここから、安芸の料国化については、応永の乱後の紛争状態を解決するための一時的な措置であったと考えられよう。

本節では、応永の乱後の安芸における山名氏の守護支配について考察した。応永の乱後の安芸において国人は一揆を結成し、連携して守護支配に抵抗した。これに対し、幕府は山名満氏を守護に補任するとともに、安芸を料国化し、物領時熙を料国代官としており、山名氏を通じて地方支配を展開している。また、備芸石の国境を越えて展開する紛争や国人間の連携に対し、時熙は国という枠組みを越えて広域的に対応しており、安芸においては惣領が一族の分国支配を補完していたとみられる。そして、山名時熙は、国人一揆の中心的役割を果たした毛利・平賀氏との関係を形成しており、毛利光房は、時熙との関係を背景として反幕府方国人に対する帰順の働きかけや戦闘に関与している。ここから、幕府、守護山名氏は、毛利・平賀氏との関係を形成することで、安芸における反幕府、守護方の国人間の連携に対応することを図ったと考えられよう。

二、室町前期における山名氏の分国支配

本節では、室町前期として、応永の乱に伴う安芸の紛争終結後、主として永享年間における山名氏の守護支配について考察していく。先述したように、山名氏の安芸守護補任は応永の乱後の大内氏対策を目的としたものであった

が、幕府と和解した大内盛見については、足利義持の「影の直轄軍」としての役割を果たしたという点が指摘されている[37]。また、当該期の安芸において大規模な紛争はみられず、安芸は隣国の備後とともに山名氏惣領家の分国となっている。そして、山名氏の惣領時熙については、在京して幕政を支える存在であったとされているが[38]、惣領家による安芸支配の実態について明らかにされているとは評価し難い状況にある。

そこで、まず、守護山名氏と安芸国人の関係について、永享年間の九州出兵から考察してみよう。永享年間の九州においては、大内氏と少弐・大友氏の間で大規模な戦闘が勃発しており[39]、幕府は安芸国人を九州に動員することを検討している[40]。そして、足利義教の諮問を受けた山名時熙は、安芸が自身の分国であることから「内々」に安芸国人に用意させることを幕府に進言しており、幕府は時熙の進言を受けて、将軍の命令としてではなく守護の命により安芸国人に九州出兵を命じることを決定した[41]。さらに、幕府は、重要な成敗でなければ軽率に行動しないよう事前に将軍義教から命じられ、守護からの命令だけでは難渋することが懸念されていた武田氏[42]と豊田郡沼田荘を本拠とした奉公衆沼田小早川氏[43]についても、守護を通じて動員することを決定している。なお、安芸においては沼田小早川氏の他に竹原小早川氏と平賀氏が奉公衆に編成されており[44]、毛利氏と吉川氏は奉公衆には編成されていないものの、幕府から段銭京済を認められている[45]。そして、これまでの研究では、奉公衆や段銭京済を命じられた国人について、守護からの独立という点が指摘されてきた[46]。しかし、守護山名氏の命により動員が行われるに当たって問題視されたのは武田氏と沼田小早川氏のみであり、この他の国人については、守護の命により動員を行いうる存在として幕府から認識されていたとみられる。ここから、奉公衆や段銭京済を認められた国人について、守護の軍事指揮から独立した存在と評価することはできないだろう。このように、室町前期の安芸において幕府は、守護山名氏を通じて奉公衆を含む国人を動員することを図ったのである。

ここで、山名氏による安芸国人の動員方法をみると、永享四（一四三二）年十月、時熙は備後守護代犬橋氏を「安芸堺」に派遣して安芸国人を動員している。(47) ここから、安芸においては守護代を常置しておらず、備後守護代が山名氏の安芸支配に関与していたと考えられる。それでは、安芸国人は九州においてどのように軍事行動を展開したのか。この点について吉田賢司氏によると、幕府直属国人（奉公衆）が守護の軍事指揮から独立した一方で、奉公衆を除く一般の国人は守護代犬橋氏の指揮下で行動したとされている。(48) しかし、幕府は安芸国人に対し、大内持世の指揮下で軍事行動を展開するよう命じており、(49) 沼田小早川・竹原小早川・毛利・吉川・平賀氏の戦闘については持世が幕府に注進している。(50) 管見の限り、安芸国人の軍事行動を守護代犬橋氏が注進した事例は確認できず、山名氏の命を受けて九州に出兵した奉公衆を含む安芸国人は、大内持世の指揮下で行動していたとみられる。ここから、備後守護代犬橋氏が指揮下に置いたのは備後国人のみであり、(51) 安芸国人に対しては軍事動員を行うに止まったと理解すべきだろう。

次に、地域紛争の解決や地域社会の秩序維持という点から、山名氏と安芸国人の関係について考察してみよう。室町前期の安芸において幕府は、山名氏による守護遵行を通じて所領押領問題を解決することを図っている。(52) また、永享元年十一月、山名時熙は「任　御判之旨、領掌不可有相違」と、幕命を背景として奉公衆竹原小早川氏の知行を保証した。(53) ここから、安芸において守護遵行を命じられた山名時熙は、幕命を背景として知行を保証することで、奉公衆を含む安芸国人との関係を形成することを図ったと考えられる。

さらに、地域紛争の解決と山名氏の関係について、厳島社領押領問題から考察してみよう。厳島神主家は、厳島社（安芸一宮）の神主家であり、室町期において大内氏との関係を強化したとされている。(54) また、厳島神主家は佐西郡の一

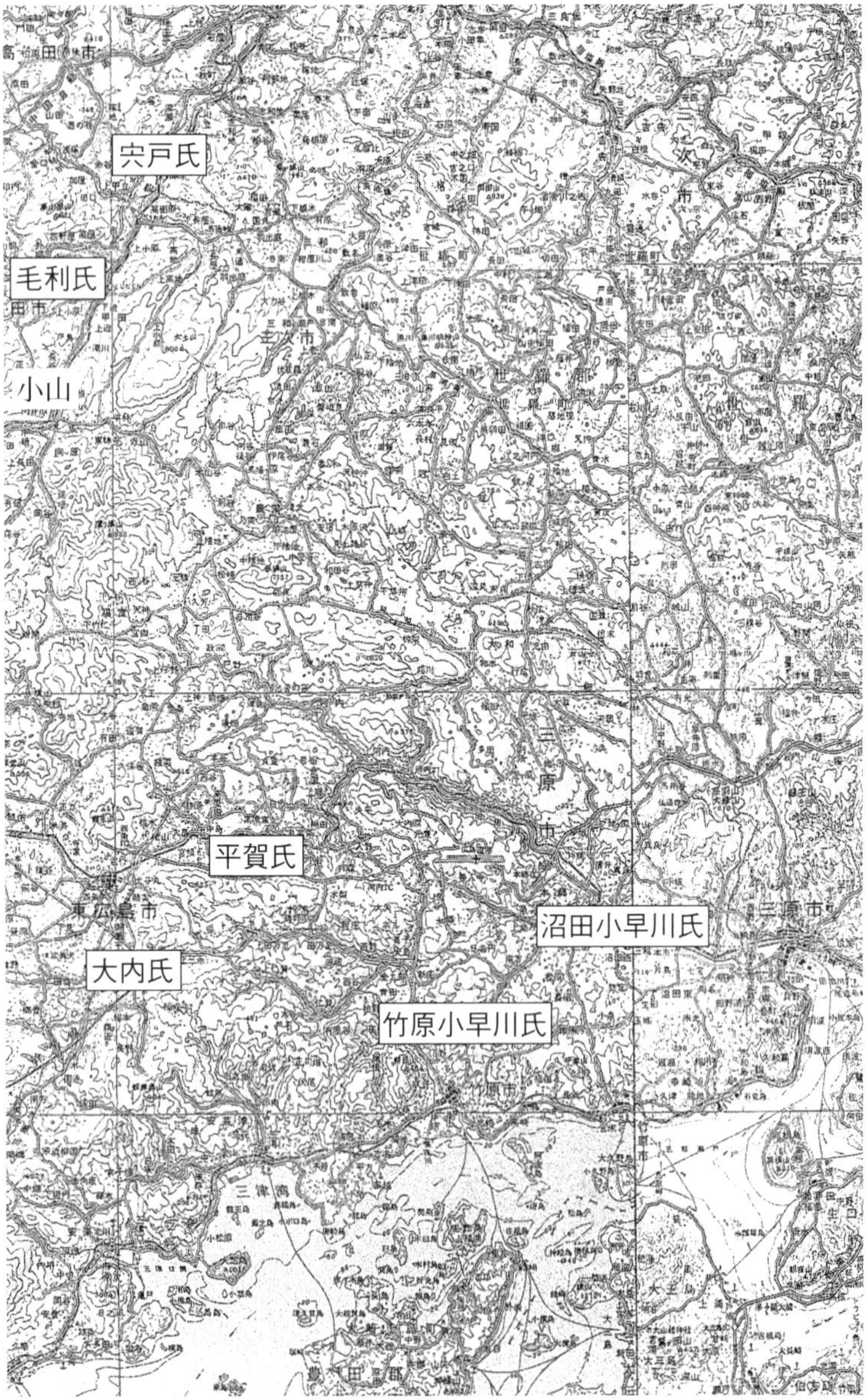
宍戸氏
毛利氏
小山
平賀氏
沼田小早川氏
大内氏
竹原小早川氏

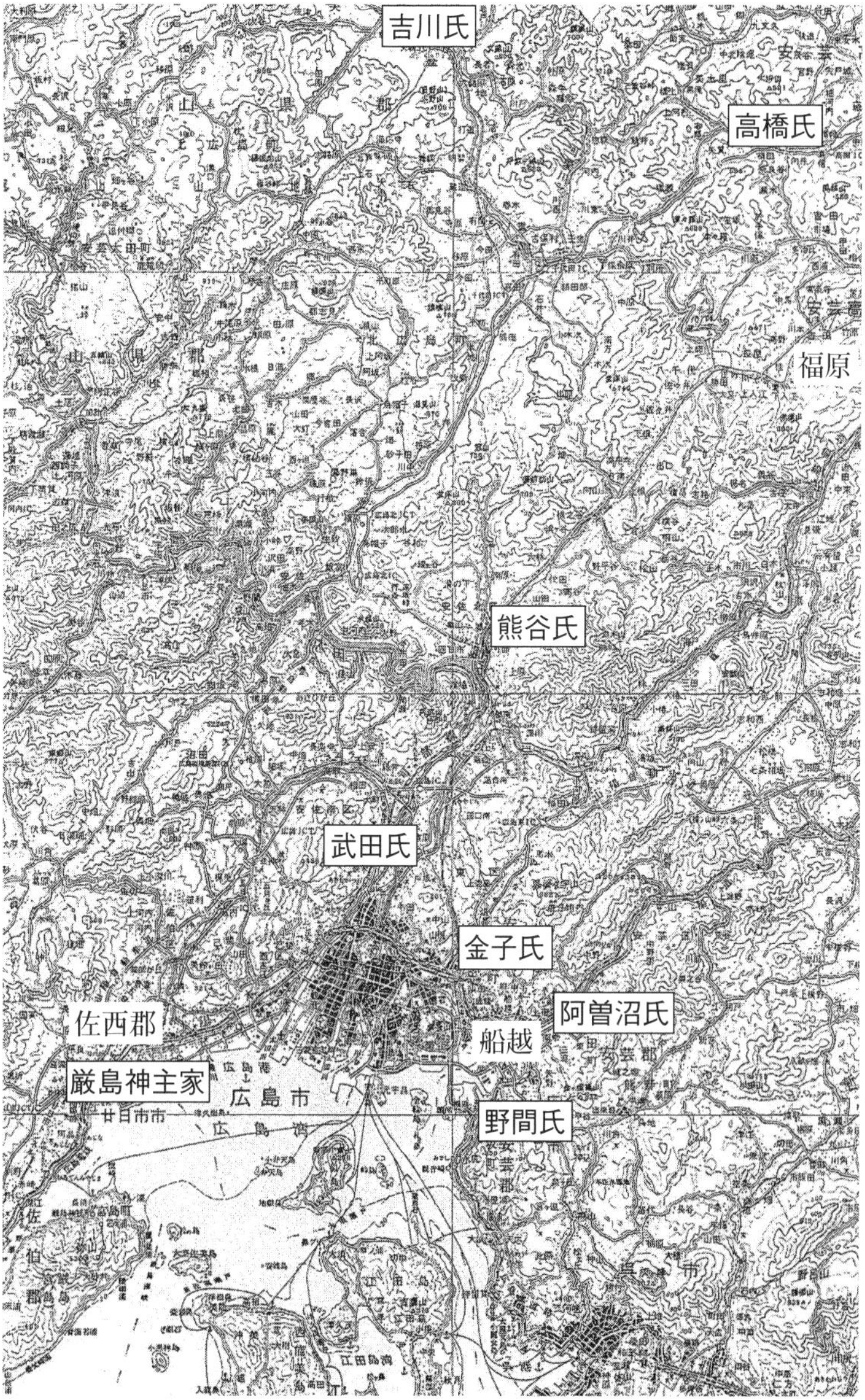

図１　安芸守護山名氏の分国支配と地域社会　関係地図　本地図は１：200,000 地勢図広島、浜田、岡山及丸亀、高梁（国土地理院発行）より作成した。

郡一円神領化を実現したとされているが、国内各地に散在した社領は周辺国人によって押領されており、幕府への訴訟や実力行使、大内氏との関係強化により社領の維持を図ったとされている。この厳島社領押領問題と守護山名氏の関係について、次の史料から考察してみよう(55)。

（端裏書）「厳島下野守殿　本書京都在　　持豊」

就御神領事、委細之書状、并犬橋状披見候了、則備　上覧候間、今自分甚不可然候由、宍戸安芸入道方へ被成下
御教書候、目出候、在陣事候之間、万事を堪忍候て注進候、神妙之由　上意候、於向後此趣可有存知候、委細者
犬橋方へ申下候、恐謹言、

　三月二日　　　　持豊

　厳島下野守（親藤）殿

本書状は年欠だが、永享八年三月、高田郡甲立を本拠とした国人宍戸氏に厳島社領の押領停止を命じる御教書が発給されており(56)、同年のものと考えられる。これによると山名持豊は、宍戸氏に対して厳島社領の押領停止を命じる御教書が発給されることを厳島神主家に報じている。また、持豊は「備　上覧」と、社領押領問題が将軍に披露されたことを伝え、厳島神主家が「万事を堪忍」し、「注進」したことについて「神妙」であるという上意が示されたことを厳島神主家に報じた(57)。そして、持豊は厳島神主家の「委細之書状」を披見しており、厳島神主家は宍戸氏の押領を停止し、社領を回復するため守護山名氏に対応を求めたとすることができよう。さらに、端裏書に「本書京都在」とあることからすれば、厳島神主家は、持豊の書状を持って押領問題の解決を幕府に働きかけていたのではないかと推測される。

なお、この社領押領問題について吉田賢司氏によると、厳島神主家は幕府に直属した国人であり、幕府との関係において本来は守護を経由しないものの、紛争の相手方が幕府に直属せず、守護の指揮下に属した一般国人の宍戸氏であったために守護が関与したとされている(58)。この問題について考えるに当たり、次の史料をみてみよう(59)。

(端裏書)
「　　　　(貼紙)
　　　　　当社領小山之事

　毛利方へ御奉書案　本書毛利方ニ有小山事」

厳島自社家注進候当社領小山之事者、自往古無相違当知行候之処、押妨と云々、事実候者不可然候、早可有彼違乱停止、若又可被申子細候者、可有支証出来由候、恐々謹言、

　　永享三辛亥

　　　十月十七日　　　　　　　　(山口)遠江守国衡

　謹上　毛利(光房)備中守殿

山名殿御内奉行山口より、毛利備中守方へ被文(マヽ)下奉書、案文ハ毛利方へ持遣候、

永享三(一四三一)年、山名氏の奉行人山口国衡は厳島社領に対する「違乱」を停止し、申し出たいことがあれば支証を提出するよう毛利光房に命じた。また、山名氏は厳島神主家の注進を受けて社領押領問題に対応しており、山名氏が主体となって毛利氏と厳島神主家の抗争を解決することを図ったとみられる。さらに国衡は同日付で厳島神主家に対し、社領問題について毛利氏に書状を発給したことを報じ、「毎事不可有等閑之儀候、重而可申承候」と連携

を要請した。[60]そして、押領問題の相手方である毛利氏について、吉田賢司氏は「奉公衆に准じる地位にあった」としており、幕府直属国人と理解している。[61]何をもって直属とするかという点については慎重に考える必要があるが、吉田氏が幕府直属国人とする毛利氏を相手方とした社領押領問題についても、守護山名氏が対応している。ここから、紛争の相手方が幕府直属国人か一般国人かというような固定的な関係論の中で、厳島神主家が守護に押領問題の解決を求めたとすることはできない。厳島神主家が守護に対応を求めた背景については、山名氏の紛争解決能力が安芸国人から評価されていたという点を指摘することができよう。

なお、室町前期において、安芸国人は周辺国人と連携することで所領問題の解決を図っており、[62]国人間の連携は安芸の地域的特質として評価することができる。安芸国人は周辺国人と連携することで所領保全を図ったが、一方で国人間の連携による問題解決が困難となった場合は、守護の紛争解決能力に期待し、山名氏に所領問題への対応を求めている。室町期の安芸は守護権力の弱体な地域とされているが、山名氏の分国支配によって地域社会の秩序維持が図られた点も重視すべきだろう。それでは、国人間の連携という地域的特質が存在した安芸を、山名氏はどのように支配したのか。この点について、室町前期の安芸における守護と国人の関係からみると、山名氏は、幕命を背景として奉公衆竹原小早川氏の知行を保証するとともに、厳島神主家の要請を受けて所領問題の解決を図っている。ここから、山名氏は知行保証や所領問題の解決を通じて安芸国人との関係を形成することを図ったとみられる。さらに、安芸において守護代が常置されていないことからすれば、山名氏は守護代以下の分国支配機構を構築せず、奉公衆を含む国人との関係を形成することで、安芸支配の展開を図ったと考えられるのではないか。このような状況下で、幕府は奉公衆を含む安芸国人について守護を通じて動員するとともに、奉公衆の所領問題についても守護に遵行を命じており、山名氏を通じて地方支配を展開したのである。

本節では、室町前期の安芸における山名氏の守護支配について考察した。安芸においては国人間の連携により所領問題の解決が図られたとされているが、守護山名氏は安芸国人から紛争解決能力を評価され、国人の要請を受けて所領問題に対応している。また、山名氏は、守護代以下の分国支配機構を構築せず、所領問題の解決や知行保証を通じて奉公衆を含む安芸国人との関係を形成している。ここから、国人間の連携という地域的特質が存在した安芸において、山名氏は国人との関係を形成することで、守護支配の展開を図ったと考えられよう。このような状況下で、幕府は守護を通じて軍事動員や使節遵行を執行しており、山名氏を通じて安芸支配を展開したのである。

三、室町後期における山名氏の分国支配

本節では、室町後期として、主に寛正年間から応仁・文明の乱までの時期を取り上げ、山名氏の守護支配について考察していく。先述したように、応永の乱後、山名氏は防長の大内氏の封じ込めを目的として安芸守護に任じられたが、室町後期において山名氏の惣領持豊は大内氏との関係を形成し、細川勝元と対立している。そして、持豊と大内氏の関係形成により、山名氏が大内氏対策の担い手として適さない状況で、幕府・細川氏は武田・沼田小早川・吉川・毛利氏という細川方国人を通じて安芸における大内氏対策を実行しており、大内方の竹原小早川・平賀氏、安南郡瀬野を本拠とした国人阿曽沼氏、同郡矢野を本拠とした国人野間氏との間で抗争が勃発している(63)。しかし、当該期にお

ける山名氏の守護支配について明らかにされているとは評価し難い状況にあり、安芸国人が細川方と大内方に分裂した状況下での山名氏の分国支配の実態について考察する必要があろう。

そこで、まず、山名氏と安芸国人の関係について室町後期の軍事行動からみると、寛正二（一四六一）年から四年にかけて、山名是豊は河内での畠山義就に対する戦闘において、安芸国人吉川・竹原小早川・毛利氏の軍忠を幕府に注進している(64)。このうち竹原小早川氏は、安芸において大内方として行動した国人であり、幕府は、平賀弘宗と竹原小早川盛景が病気と称して上洛しないことから、両者を河内に出陣させ、陣中で療養させるよう沼田小早川氏と備後国人宮氏に命じた(65)。ここから、幕府は大内方を含む安芸国人を京畿の戦線に動員し、是豊の指揮下で軍事行動を展開させることで、大内氏との関係を弱めることを図ったと考えられるのではないか。竹原小早川氏は、応仁・文明の乱において西軍の山名持豊・大内方として行動し、幕府から「於竹原者、為其身奉公之仁、非啻与御敵、如此之所行、罪科重畳」と非難されており(66)、結果的には大内氏との関係を弱めるには至らなかったとみられるが、安芸国人を京畿の戦線に動員した背景として、大内氏対策という問題を指摘することができよう。

なお、是豊は山名氏の惣領持豊の子だが、応仁・文明の乱において細川方として行動し、西軍方の持豊と対立した人物である(67)。ここから、室町後期の安芸において、山名氏の惣領持豊が大内氏対策の担い手として適さない状況で、幕府は細川方の山名是豊を守護に補任し、是豊を通じて安芸国人を糾合することを図ったと考えられるのではないか。先述したように、応永の乱後の安芸においては、惣領が一族の分国支配を補完していたが、当該期においては、山名持豊と大内氏の関係形成や細川氏との対立を背景として、惣領と敵対する一族が守護に補任されたのである。

さらに、山名是豊と安芸国人の関係について、地域紛争の解決という問題から考察してみたい。この点について、

次の史料をみてみよう。(68)

其御安堵事、先可被打置候歟、只可有御申歟之由、自京都被申下候、愚身心中ニ者、此時節御判御頂戴候者、可目出候、然者、先度就此事、左衛門大夫（之経）方へ上状申候き、以其愚状被致披露、御領掌之儀候者、其時支証事者、御取返候て可然候、但是者愚身か心底計候、毎事左衛門大夫方意得可為肝要候、恐々謹言、

閏六月十四日　　是豊（花押）

「（切封ウハ書）吉川次郎三郎（元経）殿　　是豊」

本書状は年欠だが、閏六月とあることから、寛正四（一四六三）年に発給されたものとすることができる。また、「以其愚状被致披露」とあるように、山名是豊は吉川氏の所領安堵について書状を発給しており、この書状が幕府に披露されたことがうかがえる。そして、是豊は吉川之経の同意を得るよう元経（之経の子）に要請しており、吉川氏内部の問題に密接に関与していた。さらに、是豊は「此時節御判御頂戴候者、可目出候」と元経に報じており、所領安堵について幕府と吉川氏の関係を仲介していたとみられる。このように、山名是豊は吉川氏の所領安堵に密接に関与しているが、その背景として、吉川氏が是豊に所領安堵への対応を求めたという点を指摘することができるのではないか。室町後期において、吉川氏は細川方として行動しており、細川方の武田・沼田小早川・毛利・吉川氏は連携して所領問題を解決することを図ったが(69)、吉川氏の所領安堵について山名是豊が密接に関与していることからすれば、室町後期においても安芸国人は、守護の紛争解決能力に期待し、山名氏を通じて所領問題の解決を図ったと考えられよう。

しかし、室町前期の安芸において、守護山名氏を通じて幕府の地方支配が展開されたのに対し、当該期においては

山名氏による守護遵行を確認することができず、沼田小早川氏を中心とする細川方の安芸国人の両使遵行によって幕命が執行されている[70]。そして、幕府から両使遵行を命じられた安芸国人は、連携して幕府の地方支配の実現のために行動した。室町後期の安芸において幕府は、山名持豊と大内氏の関係形成により、山名氏惣領家が大内氏対策の担い手として適さない状況で、惣領と対立する一族を守護に補任して国人の糾合を図るとともに、国人間の連携という地域的特質の存在を重視し、細川方の安芸国人を通じて地方支配を展開したのである。

これまで述べたように、幕府・細川方の安芸国人は、幕府の地方支配において政治的役割を求められ、連携して行動するとともに、山名是豊との関係を形成している。これに対し、大内方の安芸国人は幕命による軍事動員をも拒否しており、竹原小早川氏が是豊指揮下で軍事行動を展開した事例を除き、是豊との関係を確認することができない。そして、大内方の安芸国人については、山名氏の惣領持豊との関係がみられる。

去十八日、於当国船越合戦御被官人等致粉骨、敵数輩討捕之由、内藤美濃入道註進候、神妙存候、尚々、対大内方無御等閑候者、於身可悦喜申候、恐々謹言、

二月卅日　　　　　　　　　　　　宗峯《(山名持豊)》（花押）

小早川中務少輔《(弘景)》殿

文安四（一四四七）年と推測される二月[71]、山名持豊は安南郡船越合戦における竹原小早川弘景の軍忠を賞した[72]。竹原小早川氏は大内方として行動した国人であるが、その軍事行動は大内氏の被官である内藤氏を通じて持豊に注進されており、大内氏は竹原小早川氏について、山名氏の指揮下で行動する国人と認識していたと考えられる。さらに、持豊は「対大内方無御等閑候者、於身可悦喜申候」と、大内氏と連携して行動するよう弘景に要請しており、竹原小早川氏が大内方として行動した背景として、山名氏の意向が存在したと考えられるのではないか。ここから、大内方の安芸国人については、山名持豊との関係を背景として行動した側面を指摘することができよう。

このように、室町後期の安芸において、幕府・細川方の国人は山名是豊との関係を形成しており、大内方の国人については山名氏の惣領持豊との関係がみられる。それでは、山名是豊と持豊が安芸国人との関係を形成した背景には、どのような問題が存在したのか。まず、惣領持豊と対立し、独自の権力基盤を整備することが必要となった是豊は、幕命を背景として安芸国人を動員し、幕府との関係を背景として国人の所領問題に関与することで、細川方の安芸国人との関係を形成したとみられる。また、幕府・細川氏は、是豊を通じて安芸国人を糾合することを図っており、このような状況下で細川方の安芸国人は、是豊との関係を背景として所領問題を解決することを図ったと考えられよう。これに対し、大内氏との関係を形成していた山名氏の惣領持豊は、安芸国人の軍忠を賞し、大内氏と連携して行動するよう要請している。ここから、持豊は、大内方の安芸国人との関係を形成することで、山名氏惣領家の伝統的な守護分国であった安芸において、幕府・細川方勢力に対抗することを図ったと考えられるのではないか。

本節では、室町後期における山名氏の守護支配について考察した。室町後期において安芸国人は、幕府・細川方と大内方に分かれ、それぞれが連携して行動している。また、山名氏の惣領持豊が大内方国人との関係を形成したのに対し、幕府は、持豊と対立する是豊を守護に補任し、国人を糾合することを図っている。しかし、室町前期の安芸において、守護山名氏を通じて幕府の地方支配が展開されたのに対し、当該期においては細川方の安芸国人を通じて幕命が執行されており、安芸国人は連携して幕府の地方支配の実現のために行動している。ここから、安芸における国人間の連携は、幕府の地方支配においても重視されるに至ったと評価することができよう。このような状況下で、山名是豊は吉川氏の所領安堵に密接に関与しており、所領問題の解決を通じて細川方の安芸国人との関係を形成することを図ったとみられる。

おわりに

本章では、安芸守護山名氏の分国支配について、幕府の地方支配や地域社会の政治情勢との関係を中心に考察した。最後に、本章で明らかにした点をまとめてみたい。

応永の乱後の安芸において、山名氏は大内氏対策を目的として守護に補任されたが、国人は一揆を結成し、連携して守護支配に抵抗した。これに対し、幕府は安芸を料国化するとともに山名氏の惣領時熙を料国代官としており、山名氏を通じて安芸支配を展開している。そして、備芸石の国境を越えて展開する紛争に対し、時熙は国という枠組みを越えて広域的に対応しており、安芸においては惣領が一族の守護支配を補完していたとみられる。さらに、時熙は、国人一揆の中心的役割を果たした毛利・平賀氏との関係を形成しており、毛利光房は時熙との関係を背景として反幕府方国人に対する帰順の働きかけに関与している。ここから、応永の乱後の安芸において、山名氏は、毛利・平賀氏との関係を形成することで、反幕府、守護方の国人間の連携に対応することを図ったとすることができよう。

次に、室町前期において安芸は山名氏惣領家の分国となっており、幕府は奉公衆を含む国人の軍事動員や使節遵行について、守護を通じて執行している。そして、山名氏は、奉公衆をも軍事指揮下に置いており、幕命を背景として国人の知行を保証している。さらに、室町期において安芸国人は連携して行動することで所領問題の解決を図ったが、国人間の連携による問題解決が困難となった場合は、守護山名氏に対応を求めている。ここから、国人間の連携という地域的特質が存在した安芸において、山名氏は所領問題の解決や知行保証を通じて奉公衆を含む国人との関係を形成することで、守護支配の展開を図ったと考えられよう。

さらに、室町後期において、山名氏の惣領持豊は大内氏との関係を形成し、細川勝元と対立しており、安芸国人は細川方と大内方に分かれ、それぞれが連携して行動している。そして、幕府は惣領持豊と対立する山名是豊を守護に補任し、安芸国人を糾合することを図っており、是豊は吉川氏の所領問題に密接に関与している。ここから、室町後期においても山名氏は、所領問題への対応を通じて安芸国人との関係を形成することを図ったとみられる。しかし、室町前期において守護を通じて幕府の地方支配が展開されたのに対し、当該期においては細川方の安芸国人を通じて幕命が執行されている。そして、細川方の国人が連携して幕府の地方支配の実現のために行動していることからすれば、安芸における国人間の連携は、幕府の地方支配においても重視されるに至ったと評価することができよう。

これまで述べたように、室町期において安芸国人は連携して行動することで所領問題の解決を図っており、幕府、守護山名氏は、安芸の地域的特質ともいうべき国人間の連携に対応し、地方支配を展開する必要があった。そして、山名氏は安芸の紛争解決を図るとともに、幕命を背景として国人の知行を保証しており、室町幕府権力を背景として国人との関係を形成することを図ったとみられる。ここから、安芸における国人間の連携の存在に対し、山名氏は守護代以下の分国支配機構を構築せず、奉公衆を含む国人との関係を形成することで安芸支配の展開を図ったと考えられるのではないか。さらに、安芸国人は、国人間の連携による所領問題の解決が困難となった場合は、守護を通じて解決することを図っている。安芸は、守護権力の弱体な地域とされているが、山名氏は、幕府から国人を糾合し地域社会の問題を解決するよう命じられ、幕命を背景として国人との関係を形成するとともに、安芸国人から所領問題への対応を求められており、地域社会の秩序維持の担い手として重要な役割を果たしていたのである。

註

（1）田沼睦「室町幕府・守護・国人」（『岩波講座　日本歴史7　中世3』〈岩波書店、一九七六年〉。のち、同『中世後期社会と公田体制』〈岩田書院、二〇〇七年〉に収録）。
（2）榎原雅治「中世後期の地域社会と村落祭祀」（『歴史学研究』六三八、一九九二年。のち、同『日本中世地域社会の構造』〈校倉書房、二〇〇〇年〉に収録）。
（3）川岡勉「室町幕府―守護体制の成立と地域社会」（『歴史科学』一三三、一九九三年）、同『室町幕府と守護権力』（吉川弘文館、二〇〇二年）。
（4）川岡勉『山名宗全』（吉川弘文館、二〇〇九年）。
（5）『広島県史　中世　通史Ⅱ』Ⅲ―五　執筆担当　岸田裕之（広島県、一九八四年）。
（6）岸田裕之『大名領国の構成的展開』（吉川弘文館、一九八三年）、『広島県史　中世　通史Ⅱ』Ⅲ―四・六　執筆担当　岸田裕之（前掲註5）。
（7）松岡久人「大内氏の安芸国支配」（『広島大学文学部紀要』二五―一、一九六五年）。
（8）『応永記』（『新校群書類従　第十六巻』〈内外書籍、一九二八年〉）。
（9）大内義弘書状『吉川家文書』二五三（『大日本古文書　家わけ第九　吉川家文書』）。以下、同書による場合、これを記さない。
（10）岸田『大名領国の構成的展開』（前掲註6）。
（11）山名満氏書状「福原文書」三（『広島県史　古代中世資料編Ⅴ』〈広島県、一九八〇年〉）。以下、同書による場合、広Ⅴ―…（号数）と記す。
（12）平賀氏系譜『平賀家文書』二四八（『大日本古文書　家わけ第十四　平賀家文書』）。以下、同書による場合、これを記さない。
（13）山名時熙書状写「小早川家証文」三一八（『大日本古文書　家わけ第十一　小早川家文書』）。以下、同書による場合、これを記さない。
（14）田中淳子「山城国における「室町幕府―守護体制」の変容」（『日本史研究』四六六、二〇〇一年）。

(15) 室町幕府御教書案「福原文書」広Ⅴ―四。
(16) 田中「山城国における「室町幕府―守護体制」の変容」（前掲註14）。
(17) 岸田『大名領国の構成的展開』（前掲註6）。
(18) 室町幕府御教書『吉川家文書』二五四。
(19) 山名満氏安堵状『吉川家文書』二四一。
(20) 山名満氏宛行状『吉川家文書』二四四。
(21) 山名満氏下知状『吉川家文書』二四五。
(22) 南北朝期において、吉川経見は大内氏から安芸・石見の所領を預け置かれており、大内氏と吉川氏の関係は応永の乱以前から形成されていたと考えられる（大内氏奉行人連署奉書『吉川家文書』二三三、大内義弘預状『吉川家文書』二三四）。
(23) 山名満氏書状写「小早川家証文」四二三。本書状は年欠だが、年代比定については、岸田『大名領国の構成的展開』（前掲註6）に従った。
(24) 山名満氏書状「福原文書」広Ⅴ―六。本書状は年欠だが、年代比定については、岸田『大名領国の構成的展開』（前掲註6）に従った。
(25) 山名時熙書状「福原文書」広Ⅴ―八。本書状は年欠だが、年代比定については、岸田『大名領国の構成的展開』（前掲註6）に従った。
(26) 安芸国諸城主連署契状『毛利家文書』二四（『大日本古文書　家わけ第八　毛利家文書』）。以下、同書による場合、これを記さない。
(27) 岸田『大名領国の構成的展開』（前掲註6）。
(28) 山名時熙書状「福原文書」広Ⅴ―三九。
(29) 山名時熙書状『毛利家文書』三五。本書状は年欠だが、佐々井氏が幕府方に帰順したことが報じられており、同じく佐々井氏の帰順を受けて発給されたと考えられる四月九日付山名時熙書状（『毛利家文書』三二）と同年のものと考えられる。また、四月九日付山名時熙書状によると足利義満の伊勢参宮が報じられている。そして、義満の伊勢参宮が応永十五年であることから（『教言卿記』応永十五年四月十日条）、二点の山名時熙書状は同年に発給されたものと考えられる。
(30) 山名時熙書状『毛利家文書』三四。本書状は年欠だが、毛利氏が幕府方に帰順したのが応永十三年閏六月であることから、これ以後のものと推測できる。また、応永十五年には安芸の紛争が終結していることから、応永十四年か十五年のものと考えられる。

(31) 山名時熙書状『毛利家文書』四三。

(32) 山名時熙書状『毛利家文書』三三。年代比定については、註(29)参照。

(33) 岸田『大名領国の構成的展開』(前掲註6)。

(34) 岸田『大名領国の構成的展開』(前掲註6)。

(35) 山名時熙書状『毛利家文書』三一。本書状は年欠だが、年代比定については、岸田『大名領国の構成的展開』(前掲註6)に従った。

(36) 田中「山城国における「室町幕府—守護体制」の変容」(前掲註14)。

(37) 桜井英治『室町人の精神』(講談社、二〇〇一年)。

(38) 川岡『山名宗全』(前掲註4)。

(39) 柳田快明「室町幕府権力の北九州支配」(『九州史学』五九、一九七六年。のち、木村忠夫編『戦国大名論集　七　九州大名の研究』〈吉川弘文館、一九八三年〉に収録)。

(40) 『満済准后日記』永享四年正月十八日条。

(41) 『満済准后日記』永享四年正月二十三日条。

(42) 武田氏は安南・佐東・山県郡の段銭徴収を幕府から命じられており、山県郡の国人吉川氏を指揮下に置いていることなどから「分郡守護」とされてきた。しかし、川岡勉氏は、武田氏の郡知行権について、私領的側面を有するもので分郡守護という規定は当たらないとしている(川岡勉「中世後期の分郡知行制に関する一考察」〈『愛媛大学教育学部紀要　第Ⅱ部　人文・社会科学』二〇、一九八八年。のち、同『中世の地域権力と西国社会』〈清文堂、二〇〇六年〉に収録〉)。そして、本章で述べたように、武田氏については安芸守護山名氏を通じて軍事動員が行われており、「分郡」内の国人とされる吉川氏も守護指揮下で行動している。ここから、武田氏について「分郡守護」とすることはできないと考えられる。

(43) 拙稿「安芸国人沼田小早川氏と室町幕府・守護」(『ヒストリア』二三三、二〇一二年)。本書第三部第一章に収録。

(44) 「永享以来御番帳」、「文安年中御番帳」、「長享元年常徳院様江州御動座当時在陣衆着到」(『新校群書類従　第二十二巻』〈内外書籍株式会社、一九三二年〉)。
(45) 室町幕府奉行人連署奉書『毛利家文書』七一、布施英基書状案『吉川家文書』二九九。
(46) 田沼「室町幕府・守護・国人」(前掲註1)、吉田賢司「室町幕府による都鄙の権力編成」(中世後期研究会編『室町・戦国期研究を読みなおす』〈思文閣出版、二〇〇七年〉。のち、同『室町幕府軍制の構造と展開』〈吉川弘文館、二〇一〇年〉に収録)。
(47) 『満済准后日記』永享四年十月十日条。
(48) 吉田賢司「中期室町幕府の軍勢催促」(『ヒストリア』一八四、二〇〇三年。のち、同『室町幕府軍制の構造と展開』〈前掲註46〉に収録)、同「室町幕府の守護・国人連合軍」(『年報中世史研究』三四、二〇〇九年。のち、同『室町幕府軍制の構造と展開』〈前掲註46〉に収録)。
(49) 足利義教御内書案写「小早川家証文」四九。
(50) 足利義教御内書『小早川家文書』一四(『大日本古文書　家わけ第十一　小早川家文書』)。以下、同書による場合、これを記さない。室町幕府御教書写「小早川家証文」三四一、室町幕府御教書『毛利家文書』一三五四、室町幕府奉行人連署奉書『吉川家文書』二六四、室町幕府御教書『平賀家文書』三三。
(51) 室町幕府御教書『山内首藤家文書』九三(『大日本古文書　家わけ第十五　山内首藤家文書』)。
(52) 外岡慎一郎「鎌倉末〜南北朝期の備後・安芸」(『年報中世史研究』一五、一九九〇年。のち、同『武家権力と使節遵行』〈同成社、二〇一五年〉に収録)。
(53) 山名時熙施行状『小早川家文書』七九。
(54) 秋山伸隆「南北朝・室町期における厳島神主家の動向」(『史学研究』二一四、一九九六年)。
(55) 山名持豊書状案「厳島野坂文書」一八一〇(『広島県史　古代中世資料編Ⅱ』〈広島県、一九七六年〉)。以下、同書による場合、広Ⅱ―…(号数)と記す。
(56) 室町幕府御教書「巻子本厳島文書」一二(『広島県史　古代中世資料編Ⅲ』〈広島県、一九七八年〉)。
(57) 本史料について、拙稿「安芸守護山名氏の分国支配と地域社会」(『史学研究』二七九、二〇一三年)では、「九州在陣中であることから「堪忍」し「注進」するよう厳島神主家に要請した」と解釈したが、本書で述べた解釈に改めたい。なお、この点については呉座勇一氏のご教示を賜った。記して御礼申し上げたい。
(58) 吉田「室町幕府の守護・国人連合軍」（前掲註48）。
(59) 守護山名氏奉行人書状案「厳島野坂文書」広Ⅱ―一七六二。
(60) 守護山名氏奉行人書状案「厳島野坂文書」広Ⅱ―一七六三。
(61) 吉田「中期室町幕府の軍勢催促」（前掲註48）。
(62) 岸田『大名領国の構成的展開』（前掲註6）。
(63) 岸田『大名領国の構成的展開』（前掲註6）、『広島県史　中世　通史Ⅱ』Ⅲ―四　執筆担当　岸田裕之、Ⅳ―一　執筆担当　河村昭一（前掲註5）。
(64) 足利義政御内書案『吉川家文書』三二五、足利義政御内書写「小早川家証文」三六六、室町幕府御教書『毛利家文書』一〇四。
(65) 伊勢貞親奉書写「小早川家証文」一三二。
(66) 室町幕府奉行人連署奉書写「小早川家証文」一五一。
(67) 川岡『山名宗全』（前掲註4）。
(68) 山名是豊書状『吉川家文書』六三。
(69) 拙稿「安芸国人沼田小早川氏と室町幕府・守護」（前掲註43）。
(70) 拙稿「安芸国人沼田小早川氏と室町幕府・守護」（前掲註43）。
(71) 文安四年と考えられる閏二月、武田信賢は船越合戦について感状を発給している（武田信賢感状『萩藩閥閲録』巻168　中村藤左衛門2）。ここから、山名持豊感状写についても、同年の発給と考えられる。なお、拙稿「安芸守護山名氏の分国支配と地域社会」（前掲註57）では、文正元年と比定したが、持豊の法号が宗峯とみえ、文正元年段階では宗全とみえることから、文安四年に改める。なお、この点については川岡勉氏のご教示を賜った。記して御礼申し上げたい。
(72) 山名持豊感状写「小早川家証文」三八二。

第三章　室町期における山名氏の同族連合体制

はじめに

南北朝・室町期において、守護は「中央国家と地域社会との媒介項」としての役割を果たした存在とされており[1]、守護権力の実態を明らかにすることは、当該期の権力構造を理解する上で重要な課題と考えられる。また、室町期においては、一族で複数の分国を保持した有力守護が存在しており、有力守護家の惣領は「大名」として幕政に参与し[2]、室町幕府体制下において重要な役割を果したとされている。そして、このような有力守護の実態を明らかにするには、惣領家と一族の関係について、とくに惣領家が一族守護をどのように統制し、広範囲に展開する分国を支配したのかという点について考察する必要があろう。

そこで、室町期における守護家の惣庶関係について先行研究によると、小川信氏は細川氏について、「宗家の京兆家を中心」に「各庶家が連合する、同族連合体制ともいうべき族的結合を確立」していたとしており、細川氏は「強固な同族結合を維持」したことにより、幕府内で他の諸大名の追随を許さない勢力を形成したとされている[3]。また、細川氏の同族連合体制について、末柄豊氏によると、細川氏の惣領家は一族守護の「内衆中枢部」を「直接に掌握」することによって一族統制を図ったとされており、「細川氏の同族連合体制の本質は、京兆家による内衆を通じての庶流守護家統制」にあったとされている。[4]そして、川岡勉氏によると、細川氏の同族連合体制と同様の性格が、室町期の山名氏にもみられるとされている。[5]すなわち、山名氏においては、惣領家と庶子家の人的ネットワークが存在しており、山名氏一族の分国は惣領家を中心に秩序付けられていたというのである。山名氏の惣庶関係と同族連合体制に関する川岡氏の指摘は首肯しうるものであり、細川氏と同様とされる山名氏の同族連合体制について、その実態を明らかにすることは、室町期の山名氏の動向を理解する上で重要な意義を有すると考えられよう。

また、山名氏は、西国で複数の分国を有し、幕政にも重要な役割を果たした存在とされており、山名氏の同族連合体制を明らかにすることは、室町幕府体制下における有力守護の実態を理解する上で有意義なテーマとなりうるのではないか。さらに、本書第二部第一章では、南北朝期における山名氏の惣庶関係について考察し、惣領時氏を中心とする同族連合体制の原型ともいうべき体制を支えた要素の一つとして複数の分国で守護代を務めた関東を出自とする被官の存在を指摘したが、明徳の乱後、このような構造がどのように変質したのかという点について考察する必要がある。

そこで、本章では、室町期における山名氏の惣領家と一族の関係について、分国支配機構や被官層の動向、さらには幕府との関係をふまえつつ考察していく。とくに、室町後期の惣領持豊は応仁・文明の乱において西軍方の中心として行動した人物であり、山名氏の動向と同族連合体制の実態について、当該期の政治情勢の中で位置付けながら検討したい。

一、惣領時熙と山名氏一族

本節では、明徳の乱終結以後、山名氏の惣領時熙が死去する永享七（一四三五）年までの時期を取り上げ、惣領時熙と一族の関係について、分国支配機構や幕府との関係をふまえつつ考察していく。

1　応永の乱と山名氏

明徳二（一三九一）年、明徳の乱が勃発し、山名氏清・満幸・義理が没落した。この乱の結果、山名氏一族の分国は、幕府方として行動した時熙・氏之・氏家の分国である但馬・伯耆・因幡の三ヶ国を除き他氏に与えられており、山名氏の勢力は大幅に削減されている。なお、この乱の背景には山名氏一族間の対立という問題が存在したと考えられるが[6]、乱後、惣領時熙は、明徳の乱で戦死した氏清の子の満氏と氏利や、高義の子の熙高を保護しており、一族の再結集を図ったという点が指摘されている[7]。また、この乱により関東を出自とする被官小林氏が没落しており、惣領時熙の分国である但馬を出自とする被官が台頭している。すなわち、川岡勉氏によると、山名氏の有力被官として太田垣・垣屋・塩冶・田公・佐々木氏が挙げられているが、その多くは但馬を出自とする被官であったとされており[8]、明徳の乱後の山名氏は、惣領家の分国である但馬を出自とする一族を中心に被官層を整備したと考えられる。

さて、明徳の乱により分国を削減された山名氏は、応永六（一三九九）年に勃発した応永の乱後、備後・安芸・石見三ヶ国の守護に任じられている。そして、この守護補任については応永の乱後の大内氏対策を目的として行われたという

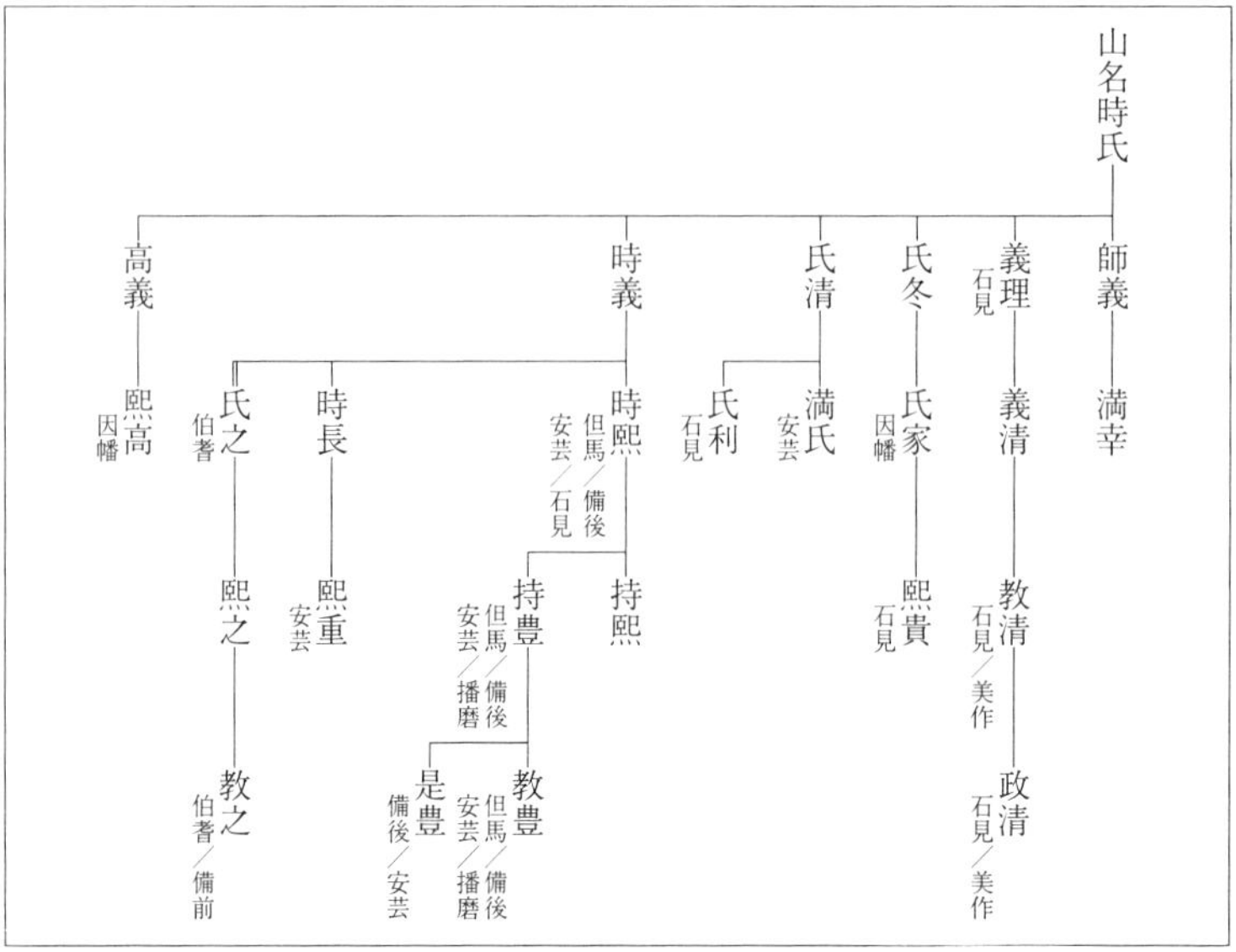

山名氏略系図　※人名の左に守護に補任されていた国名を記した。

点が指摘されてきた(9)。すなわち、応永の乱により大内義弘は和泉堺で敗死したが、幕府に敵対した大内盛見が防長を掌握するとともに、安芸・石見において大内方の国人が軍事抵抗に及んでおり、幕府は大内方勢力の封じ込めを目的として山名氏を備芸石の守護に任じたというのである。さらに、大内方勢力の封じ込めを目的として守護に補任された備芸石三ヶ国について、山名氏は一体的に支配を展開したという点が指摘されている。それでは、大内方勢力への対応を目的として守護に補任された備芸石において、山名氏はどのようにして分国支配を展開したのだろうか。

まず、惣領家の分国となった備後をみてみよう。応永八年、時熙は備後恵蘇郡地毗荘を本拠とする国人山内氏に対し、守護補任と守護代太田垣・佐々木氏の派遣を報じ、「毎事無御等閑候者、悦入候」と、協力を要請した(10)。また、同年八月、時熙は、山内氏の本領地毗荘を安堵しており(11)、川岡勉氏によると、「このときの知行安堵は極めて政治的性格の強いものであった」という点が指摘されている(12)。ここから、大内氏対策を目的として守護に補任された山名氏は、分国支配への協力要請や本領安堵を行うことで国人との関係を形成し、備後支配を展開することを図ったと考えられよう。さらに、時熙の備後支配について考察してみよう。

高野山領備後国太田荘并桑原方地頭職尾道倉敷以下事、於下地者致知行、至年貢者毎年千石可寺納之旨、被仰山名右衛門佐入道常熙（時熙）畢、早可存知之由、所被仰下也、仍執達如件、

応永九年七月十九日　沙弥（畠山持国）（花押）

当寺衆徒中

応永九年、幕府は世羅郡大田荘を守護請とし、下地については守護山名時熙が知行することを荘園領主である高野山に通達した[13]。大田荘は備後中部に位置する大規模な荘園だが、この守護請の対象には、瀬戸内海水運の要衝である尾道（大田荘倉敷）が含まれている。備後支配を展開する上で大田荘は重要な所領であったと考えられるが、この守護請については「経済的な効果」に加え、安芸進撃の経路掌握という「政治的な効果」が存在したという点が指摘されている[14]。ここから、備後において時熙は、幕府権力の支援を背景に政治・経済上の要衝を獲得し、分国支配を展開したという点を指摘することができよう。

次に、石見についてみてみよう。石見においては氏清の子の氏利が守護に補任されており、応永九年六月、氏利は那賀郡周布郷を本拠とする国人周布氏の「本新并当知行地」を「任相伝之旨」、安堵した[15]。また、氏利は公田数の減少を認めることにより国人の懐柔を図ったとされている。すなわち、同年六月、守護氏利は美濃郡益田荘を本拠とする国人益田兼世の申し出を受けて、公田数の減少を認めたが[16]、この「減少は国人領主にとって実に大きな負担減」であったというのである[17]。石見においては南北朝期に大内氏が進出しており、大内氏対策を目的として守護に補任され

た氏利は、国人の所領を安堵するとともに公田数の減少を認めることで国人との関係を形成し、石見の掌握と大内方勢力への対応を図ったと考えられる。しかし、石見守護山名氏利は安芸に出兵し陣没したとされている。この点について、次の史料をみてみよう[18]。

左京亮（氏利）為芸州合力被差下候之処、不慮之儀無是非候、雖然右京亮（煕重）発向候、守護代入沢八郎左衛門入道同下向候、彼是付候て、早々出陣可然之由、上意ニて候、為御心得申候也、恐々謹言、

正月廿八日　　　常煕（山名時煕也）　判

周布次郎殿

本書状は年欠だが、岸田裕之氏は発給年を応永十二年と比定している[19]。また、「不慮之儀」について、岸田氏によると氏利は安芸に出陣したものの死没したとされている。そして、この書状によると、時煕は氏利の死没を受けて、右京亮煕重と守護代入沢氏の派遣を報じ、「上意」により周布氏に出陣を要請した。守護氏利の死という非常事態を受けて発給されたものだが、惣領時煕が一族分国の問題に関与し、一族の煕重と守護代の派遣を国人に報じた点は重視すべきだろう。すなわち、時煕は守護氏利が陣没したことを受けて守護代を派遣しており、一族分国の守護代をも軍事指揮下に置いていたと考えられる。また、時煕は石見国人周布氏に出兵を要請しており、一族分国の国人に対しても軍事動員を行っている。そして、時煕が安芸の紛争解決に関与し、備後・石見の軍勢を安芸に派兵していることからすれば[20]、守護氏利は、惣領時煕の意向を受けて安芸に出兵したのではないかと考えられる。このように、山名氏の惣領時煕は、石見守護・守護代を指揮下に置いて紛争の解決を図っており、一族守護の上級権力として行動してい

たという点を指摘することができよう。

次に、安芸についてみてみよう。安芸においては氏清の子の満氏が守護に補任されており、守護代として小林氏の行動を確認することができる。小林氏は氏清の下で守護代として行動した一族であり[21]、氏清死後、同氏は満氏に引き継がれたのではないかと考えられる。そして、安芸守護に任じられた満氏は、守護代の派遣を報じて国人に協力を要請するとともに[22]、国人の所領安堵を行っている[23]。安芸においては、石見と同じく南北朝期に大内氏が進出し、大内氏と安芸国人の関係が形成されており[24]、満氏は、分国支配への協力要請や所領安堵を行い、安芸国人と関係を形成することで安芸支配の展開と大内方勢力への対応を図ったと考えられよう。

しかし、満氏の安芸入部に対し、賀茂郡高屋保を本拠とする国人平賀氏は軍事抵抗に及んでおり[25]、守護と国人の間で戦闘が勃発している。そして、応永十一年六月、幕府は、国人に知行支証を提出させるよう守護満氏に命じており[26]、安芸国人の所領支証を調査し、大内方国人の所領整理を実施することを図ったと考えられる[27]。これに対し、安芸国人三十三名は一揆を結成し、連携して守護満氏に抵抗しており[28]、安芸においては守護に敵対する国人一揆への対応が重要な政治課題であった。

ここで、安芸における惣領時熙の動向をみてみよう。応永十一年、幕府は安芸を料国に設定したが、時熙は安芸の料国化と併せて料国代官に任じられており[29]、幕府との関係を背景に安芸の問題に介入している。すなわち、時熙は安芸の紛争を解決するため、備後・石見の軍勢を安芸に派兵するとともに[30]、幕府と国人一揆の和睦交渉に関与したのである。この点について、応永十三年に発給されたと考えられる閏六月二十六日付時熙書状によると、「国事右京亮《(熙重)》ニ被仰付候、民部少輔《(満氏)》可召上之由、今朝被仰出候之間、今日遣飛脚候」と、守護が満氏から熙重に交替したことを、国人一揆の中心人物である高田郡吉田荘を本拠とする国人毛利光房に報じている[31]。また、この守護交替について、時熙は同年七月に「当国事、去廿日右京亮被仰付候、仍守護代今日罷立候、面々御本意令満足候歟」と、守護代が安芸に下向したことを光房に報じたが[32]、これによると守護の交替が国人にとって「満足」いくものであったとされており、満氏の守護解任と熙重の守護補任が国人の要求を受けて行われたことがうかがえる。そして、時熙が、守護の交替を安芸国人に報じていることからすれば、山名氏の惣領時熙は一族守護の上位に位置し、幕府との関係を背景として安芸の紛争解決を図ったと考えられる。さらに、時熙は、備後・石見の紛争についても光房に対応を報じている[33]。これらの点から、時熙は、大内方勢力の封じ込め政策の中心人物として、一族守護を指揮下に置き、国という枠組みを越えて広域的に対応することで、紛争の解決を図ったという点を指摘することができよう。また、安芸の事例にみられるように、時熙は幕府権力を背景に一族分国に関与しており、幕命に従い大内氏対策の担い手として行動することは、惣領が一族を統制する上でも利点を有したと考えられる。このように、応永の乱後、山名氏は幕府権力を背景として、惣領時熙を中心に一族守護が行動することで、大内氏対策の実行と備芸石の掌握を図ったのである。

2　惣領時熙と一族分国

次に、永享年間の九州出兵や因幡の事例を通じて、惣領時熙と一族分国の関係について考察していく。

まず、永享年間の九州出兵という事例から考察してみよう。永享年間の九州においては大内氏と小弐・大友氏の間で紛争が勃発しており[34]、幕府は安芸・石見の軍勢を九州に動員することを検討している。そして、永享四（一四三二）年一月、時熙は「所詮安芸国事如申分国也、石見国事一家分国之間、以内々先可致用意之由、可申遣歟云々」と、安芸が自身の分国であり、石見が一族の分国であることから、九州への発向の用意を両国に「内々」に命じることを義教に進言した(35)。ここから、時熙は一族守護の分国の軍事動員についても影響力を有していたという点を指摘することができよう。

次に、因幡における時熙と一族守護の関係について考察してみたい。まず、山名氏の因幡支配について、次の史料をみてみよう(36)。

因幡国服部荘領家職事、任去九日御施行之旨、可沙汰付楞厳寺雑掌之状如件、

応永五年十一月十二日　中務大輔《（山名氏家）》（花押）

土屋次郎殿

発給者は因幡守護の山名氏家であり、受給者の土屋次郎は守護代と考えられる。この土屋氏は、但馬守護代として行動した惣領家の有力被官垣屋氏と同族であり、山名氏においては、惣領家分国の守護代と一族分国の守護代を同族が務めたことがうかがえる。また、この遵行状の背景についてみると、同年十一月、幕府は、楞厳寺に服部荘領家職を「沙汰付」けるよう氏家に命じており(37)、この幕命を受けて氏家は守護代に遵行を命じたとみられる。さらに、応永十九年四月、幕府は因幡守護山名熙高に対し、服部荘領家職について「止方々競望、可被全雑掌所務」と遵行を命じた(38)。このように、因幡においては、守護—守護代という山名氏の分国支配機構を通じて、但馬楞厳寺の所領に関する幕命が執行されているのである。

それでは、山名氏一族の分国である因幡と惣領時熙は、どのような関係にあったのだろうか。

楞厳寺領服部領家分段銭以下諸御公事、所令免除之状如件、

永享五年癸丑二月廿八日　（花押）（山名時熙）

当寺住持

永享五年二月、時熙は、但馬楞厳寺の所領である因幡法美郡服部荘領家職について「段銭以下諸公事」を免除した(39)。段銭免除に関する因幡守護の動向は不明だが、服部荘領家職の段銭は因幡守護に対して、もしくは守護を通じて納入するものと考えられ、段銭等の免除の前提として、時熙と因幡守護の間で調整が行われたのではないかと考えられる。また、永享二年五月、時熙は服部荘領家職について安堵状を発給した(40)。ここから、時熙は惣領家分国但馬の寺院が所有する一族分国の所領に対しても影響力を有していたという点を指摘することができよう。さらに、惣領時熙と因幡の関係について考察してみよう。

寄進　円通寺

因幡国津井郷事

右当所者、為恩賞之地、代々知行無相違処、今度重帯其身令拝領安堵畢、而任亡父時義素意、令寄附当寺之上、末代為無其煩、去明徳五年四月十九日、公方御寄附之御判所申成也、次当郷国衙分事、為　上意、為御免之地之間、寺家ニ付渡畢、早守先例、可被致寺務之状如件、

応永九年六月廿四日　（山名時熙）沙弥常熙御判

応永九年六月、時熙は但馬円通寺に因幡法美郡津井郷を寄進した(41)。また、津井郷について時熙は「為恩賞之地、代々知行無相違」としており、惣領家が一族の分国である因幡に所領を有していたことがうかがえる。このように、時熙は、一族分国内に存在する惣領家の所領や、惣領家分国の寺院が所有する一族分国内の所領に関与しており、一族分

国に対しても影響力を有していたと考えられる。

3　山名時煕と室町幕府

これまで、山名氏の惣領時煕と一族分国の関係について述べたが、次に、時煕と幕府の関係について考察してみたい。この点について川岡勉氏によると、時煕は、足利義満・義持・義教のもとで幕政を支え、「幕府の重鎮として管領家をしのぐほどの大きな発言力を保持」した存在であったとされている。[42]また、先述したように、応永の乱後の備芸石において、大内氏対策の担い手としての政治的役割を幕府から求められた山名氏は、幕府権力を背景に分国支配を展開している。これらの点から、時煕は、在京し、幕政に密接に関与することで勢力の拡大を図ったと考えられよう。

さらに、山名氏と幕府の関係をみると、応永三十五年、時煕の後継者をめぐる争いに室町殿義教が介入している。この相続争いについて、『満済准后日記』応永三十五年四月二十三日条によると、時煕の病が「以外大事」であったため、義教は「遺跡」について諮問を行っており、時煕が持豊を支持したのに対し、義教は「昵近奉公」していた持煕を支持し、持煕に相続させるよう時煕に命じることを検討している。川岡氏によると、この問題は時煕の病状が回復したため沙汰止みになったとされているが[43]、義教は時煕の意向に反して近習持煕を支持し、持煕を家督とすることを図った。しかし、『満済准后日記』永享三年五月二十四日条によると、持煕の行動が「以外様也」と問題になっており、持煕の処分については、父時煕が「宿老」であるので、「如元出仕申サせ候ハムトモ、又遠国へ下置候ハムトモ、簡要可被任山名所存」と、これまで通り出仕させるも遠国に下向させるも、時煕の意向に委ねるとされている。そして、永享五年八月、「山名金吾入道一跡与奪子息弾正少弼持豊事内々被仰出旨在之」と、義教は時煕の「一跡」を持豊に「与奪」することを命じており、持豊は、但馬・備後・安芸・伊賀の「四ヶ国守護職」と「新本知行所々」について「御判二通」を拝領した(44)。

このように、時熙の後継者をめぐる争いは、時熙が持豊を支持し、義教が支持した持熙が失脚したことにより持豊に決定したが、永享七年七月に時熙が死去すると、持熙は備後国府城で挙兵し(45)、幕府・持豊に対して軍事抵抗に及んでいる。ここから、山名氏惣領家の分国であった備後において持熙を支持する勢力が存在したことがうかがえるが、永享九年七月、持熙は、持豊方の軍勢の攻撃を受け、討ち死にした。ここに、山名氏の相続争いは備後において軍事衝突に発展しており、持豊は室町殿が支持した家督候補者―持熙を戦闘によって排除したのである。

これまで述べたように、時熙は幕政に密接に関与し、幕府との関係の下で行動することで勢力の拡大を図ったが、幕府重鎮として大きな発言力を有した時熙の跡をめぐる相続争いに室町殿義教が介入しており、とくに義教が父時熙の意向に反して兄持熙を支持し、戦闘により持熙を排除した経験は、持豊に室町殿の介入を阻止する必要性を認識させたのではないかと考えられる。

二、惣領持豊と山名氏一族

本節では、永享七年の時熙死後、主として嘉吉の乱から応仁・文明の乱勃発までの時期を取り上げ、惣領持豊と山名氏一族の関係について、分国支配機構や被官層の動向、さらには幕府との関係をふまえつつ考察していく。

1　嘉吉の乱と山名氏

まず、嘉吉の乱と山名氏の動向について考察してみよう。嘉吉元（一四四一）年六月二十四日、赤松教康は室町殿義教を殺害し、父満祐とともに播磨に下向した。[46]この翌日には、諸大名が協議し、赤松氏追討を目的とする幕府軍の西国発向を決定したが[47]、追討軍の発向は進まず、幕府は旧赤松氏分国を戦功により与えるという方針を打ち出している。[48]このような状況下で山名氏一族は、惣領持豊を中心に赤松氏追討の主力として行動しており、赤松氏の分国であった播磨・備前・美作の守護職を獲得した。それでは、旧赤松氏分国の播磨・備前・美作において山名氏はどのように守護支配を展開したのだろうか。

まず、赤松氏の本国であった播磨をみてみよう。播磨に侵攻した持豊は守護に任じられる以前から守護職を要求し、所領を押領するとともに代官請を強要しており、『建内記』の記主万里小路時房は持豊が守護に補任されれば「一国可滅亡」と記している。[49]そして、播磨守護に任じられた持豊は守護代と郡司を設置しており、守護代として垣屋・太田垣・犬橋氏の行動を確認することができる。[50]さらに、文安元（一四四四）年四月、持豊は、播磨で新たに獲得した三郡において「散合」を実施している。[51]「散合」について、川岡勉氏によると、「「地検」と同様な意味で用いられる言葉」であったとされており[52]、持豊は、寺社本所領について「田数」や「公用員数」のみならず、「本所直務実否事、先方之時者雖為守護請之地、播州之時ニ成而本所直務ニ成歟否事、又先方時本所雖為直務、守護請ニ成哉否事」と、本所支配や守護請の状況を調査し注進するよう命じた。そして、川岡氏によると、持豊は「散合」を実施することで「徹底した在地の実態把握」を行い、「在地への支配権を強く浸透させようとはかった」とされている。[53]

さらに、持豊の播磨支配をみると、文安元年七月、持豊は、備後国人山内時通に播磨明石郡枝吉別符領家渡辺兵庫助跡を給分として与えている(54)。備後国人に播磨の闕所地や所領を与えた事例は他にもみられるが(55)、持豊は赤松方勢力の所領を闕所地として処分し、自身の分国である備後の国人に与えることで、赤松方勢力の排除と惣領家分国間の連結を図ったと考えられる。また、惣領家分国間の連結という点については、播磨の守護代を務めた垣屋・太田垣・犬橋氏が、惣領家の分国である但馬・備後の守護代を務めた一族であるという点からもうかがえよう。持豊は、自身の分国である但馬・備後の守護代を播磨に配置するとともに、備後国人に播磨の所領を与えることで、但馬・備後・播磨という惣領家分国を連結させ、新分国播磨における守護支配の展開を図ったのである。

これまで述べたように、播磨において山名氏は、所領押領や代官請の強要により実力によって勢力の拡大を図るとともに、「散合」を行い、地域社会の実態を把握することを図った。また、山名氏が実力により地域社会における勢力の拡大を図った背景として、赤松方勢力の存在を指摘することができる。すなわち、赤松氏は本国播磨の回復を図っており、文安五年九月には、赤松則尚に播磨・備前・美作を与えるとの「下知」がみられる(56)。この問題について、『経覚私要鈔』文安五年十二月十二日条によると、幕府は「其時御契約ニハ播州可被下」と則尚に播磨を与えることを「契約」していたが、持豊の抵抗により御教書は発給されず、則尚の申次を務めた細川持常と伊勢貞国は面目を失い、分国の軍勢を動員している。これに対し、持豊も分国の軍勢を動員しており、「大名小名分両方之間、京都儀以外也」と、諸大名が持豊方と細川持常方に分かれたため、京において緊張が高まっているが、赤松氏をめぐる持豊と持常の対立は、三宝院義賢・細川勝元・畠山持国の「籌策」によって足利義政が持豊を赦免したことにより終結した(57)。しかし、後述するように享徳三（一四五四）年十一月、持豊が但馬で隠居するよう義政から命じられると(58)、則尚が播磨を拝領したとの風聞がみられ[59]、則尚は、播磨に侵攻して「実効支配」を行ったとされている[60]。さらに、寛正六（一四六五）年六月、幕府は播磨の寺社本所に「牢人」を追放させるよう持豊に命じており[61]、地域社会において赤松方勢力をかくまう動きが存在したことがうかがえる。このように、播磨においては、山名氏と赤松氏の間で抗争が展開しており、山名氏は赤松方勢力を排除して分国支配を展開するため、幕命に従わず、守護請の強要や所領押領により、実力によって勢力を拡大することを図ったのである。

次に、備前についてみると、伯耆守護の教之が守護に任じられており、守護代として伯耆守護代を務めた小鴨氏（伯耆久米郡小鴨を本拠とする国人）の行動を確認することができる[62]。ここから、備前守護に任じられた教之は、自身の分国である伯耆の勢力を通じて備前支配を展開することを図ったと考えられよう。また、備前において教之は所領押領や代官請の強要を行っており、播磨と同じく実力によって勢力の拡大を図っている[63]。そして、長禄三（一四五九）年六月、和気郡新田荘をめぐって教之と赤松政則の間で相論が勃発しており[64]、備前においても山名氏と赤松氏の間で抗争が展開したことがうかがえる。

このように、備前守護に任じられた山名氏は所領を押領するとともに、赤松方勢力と対立したが、岡村吉彦氏によると、教之は赤松氏と関係の深い地域や国内の経済的要地を掌握することで、赤松方勢力の排除と勢力拡大を図ったとされている[65]。また、文正元（一四六六）年閏二月、守護山名氏と奉公衆松田氏の間で抗争が勃発したが[66]、松田氏については、備前一宮と密接な関係を有し、国内で卓越した地位を有した存在であったという点が指摘されている[67]。このように、備前において赤松方勢力や有力国人松田氏と対立した教之は、実力によって勢力を拡大し、分国支配を展開することを図ったのである。

次に、美作をみると、教清が守護に任じられており、守護代として高山氏が行動している。[68]また、美作において教清は国衙領をはじめとする所領を押領するとともに、代官請を強要し、「不叙用上裁」、「抑留御教書」と非難されており[69]、幕命に従わず、実力によって勢力の拡大を図ったことがうかがえる。

ここで、教清の美作支配と惣領持豊の関係について、『建内記』文安四年七月三日条によると「大町山城入道無沙汰事、以状示遣山名大夫入道許、明後日可申御返事云々」とみえ、時房は教清被官大町山城入道基佐の「無沙汰」について持豊に対応を要請している。また、同年閏二月、教清は美作の所領の年貢未進問題について時房の要請を受けて大町氏に下知を加えており[70]、この問題が解決しなかったため、時房は持豊に対応を要請したとみられる。ここから、時房は、山名氏の惣領持豊について、教清の分国である美作の問題をも解決しうる存在、すなわち一族分国に対しても影響力を有する存在と認識していたと考えられよう。

これまで、山名氏の播磨・備前・美作支配について述べたが、これら三ヶ国に所領を有した時房は「殊播磨・美作・備前等事、新守護任雅意押領之処、更不及制止沙汰、如無上位(意)」と、持豊を中心とする山名氏一族が幕府の制止に従わず、実力によって勢力の拡大を図ったことを非難している。[71]また、『建内記』文安元年五月二十八日条によると、「不可依文書之理非也、只可依当知行之有無歟、是山名方之法式」と、知行支証文書の正当性ではなく、当知行の有無によるのが山名氏の方式とされている。このように、山名氏は幕命に応じず、当知行を重視し分国支配を展開したが、山名氏が実力により勢力の拡大を図った背景として、播磨・備前・美作に存在する赤松方勢力への対応という点を指摘することができよう。そして、嘉吉の乱後の室町殿不在という状況下で、山名氏は幕命に応じず、実力によって勢力を拡大することで、赤松方勢力を排除し、播磨・備前・美作を掌握することを図ったのである。

2　山名氏の同族連合体制

これまで、嘉吉の乱後の山名氏の播磨・備前・美作支配について述べたが、次に、物領持豊を中心とする山名氏の同族連合体制について考察してみたい。

まず、物領持豊と山名氏被官の関係について、『建内記』文安四年三月八日条を通じて考察してみよう。これによると、山名教之の被官斎藤氏と、備前守護代小鴨氏・伯耆守護代南条氏の間で抗争が勃発しており、斎藤氏は物領持豊の「意見」により下国することとなった。しかし、斎藤氏は「近日斎藤在洛事懇望」と在京を要望しており、教之が小鴨・南条氏の意向を受けて「堪忍」し、在国するよう命じたのに対し、上洛を強行し、小鴨・南条氏の宿所を襲撃することを図った。これに対し、持豊は「両方無為之様雖令籌策」と、双方が「無為」になるよう仲裁を行ったが、斎藤氏が承引しなかったため、「此上者両方可在勝負之由治定」と双方で実力により決着を付けるよう命じ、教之を自身の宿所に招き、「警固」している。また、このような持豊の方針を受けて、小鴨氏は南条氏の宿所に行き「於一所可思切」と、南条氏と共に斎藤氏と対立することを決めており、山名氏被官の対立をめぐって京において緊張が高まっている。

この問題において、持豊は、一族である教之の被官同士の対立に介入しており、斎藤氏に下国するよう意見するとともに、対立の仲裁を行うことで問題の解決を図った。ここから、持豊は、物領家の被官のみならず、一族の被官に対しても影響力を有しており、一族の被官をも統制していたと考えられよう。

さらに、山名氏分国における被官層の動向をみると、嘉吉元年十二月、高山氏は物領家分国である備後の「国衙安那」の年貢を京に送付している。[72]高山氏は、山名教清の下で美作守護代を務めており、『建内記』嘉吉二年四月三日条によると、時房は備後安那郡の年貢について高山氏に書状を発給したが、「彼在国美作国」と美作に在国していたことがうかがえる。ここから、高山氏は、惣領家分国備後と一族分国美作の双方に関与していたという点を指摘することができよう。さらに、先述した教之の被官斎藤氏についてみると、同族と考えられる人物が持豊の下で播磨美嚢郡の郡代として行動している。[73] このように、山名氏の分国には、惣領家と一族の枠組みを越えて複数の分国に関与する被官が存在した。そして、山名氏の惣領持豊が一族守護の被官に対しても影響力を有している点からすれば、複数の分国に関与した山名氏の被官は、惣領の統制下にあったと考えられるのではないか。ここから、山名氏の分国は、持豊の統制下にあったと考えられる被官が、複数の分国に関与することで、惣領を中心に連結していたという点を指摘することができよう。

次に、惣領持豊と一族分国の所領の関係について考察してみよう。

伯耆国大山寺領同国日野郡内、久古御牧荘一円、并渡村小柳末正名平名等事、任代々御寄附之旨、寺家領掌不可有相違之状如件、

永享十二年十二月廿四日　　右衛門佐《（山名持豊）》（花押）

西明院衆徒中

永享十二年十二月、持豊は伯耆大山寺領の日野郡内の所領を安堵した。[74] ここから、持豊は、一族分国の寺院の所領に対しても影響力を有していたと考えられよう。

さらに、惣領持豊と一族分国の所領の関係について、次の史料をみてみよう。[75]

親ニて候者他界候て、京ニていミを明候て、少弼殿《（教豊）》出仕申、其後大殿但馬ニ御在国ニて候間、罷下候て、以大塚

左京亮、垣屋越州殿申候御取次ニて、大殿様此安堵之御判ハ、但馬お九日被下候者也、

康正二年六月十九日　　　（花押）《（泰通）》

康正二（一四五六）年六月、備後国人山内泰通は、父時通の他界を受けて京で忌みを明かし、教豊（持豊の子）に出仕したが、但馬に下向し、「大殿」持豊に安堵を要請している。この段階で、持豊は室町殿義政の命により隠居しており、備後守護は教豊であった。しかし、山内泰通は教豊に出仕後、持豊に安堵を求めており、備後守護の上位に、幕政から排除された「大殿」持豊が存在したことがうかがえる。このように、持豊は一族分国の寺院や国人の所領支配を保証しており、山名氏分国においては持豊を中心とする所領支配秩序の確立に向けての動きがみられる。

これまで述べたように、山名氏においては、惣領家分国と一族分国の枠組みを越えて、惣領持豊が所領支配を保証する、惣領を中心とする所領支配秩序の確立に向けての動きがみられる。なお、室町期における山名氏の同族連合体制について、川岡勉氏によると、山名氏一族の分国は惣領家を中心に秩序付けられていたとされており、その背景として、惣領家と庶子家の人的ネットワークという点が挙げられている。[76] さらに、山名氏の分国には、惣領家と一族の枠組みを越えて複数の分国に関与する被官が存在しており、山名氏一族の分国は、川岡氏の指摘する一族間ネットワークに加え、惣領の統制下で行動したこれらの被官を介して連結していたと考えられる。このように、山名氏一族の分国は、一族間ネットワークや、複数の分国に関与する被官を介して連結しており、持豊による一族や被官の統制、さらには持豊を中心とする所領支配秩序の確立に向けての動きにより、惣領持豊を中心とする体制が構築されていたと考えられる。そして、惣領の求心力の源泉として、山名氏の惣領が一族の被官にも影響力を有し、これを統制していたという点や、幕政における山名氏惣領の発言力の大きさという点を挙げることができよう。

3　山名持豊と室町幕府

これまで、惣領持豊を中心とする山名氏の同族連合体制について述べたが、ここで、持豊と室町幕府の関係について考察してみたい。先述したように、嘉吉の乱後、山名氏は幕命に応じず、実力により勢力の拡大を図っており、秩序を破壊する存在と認識されていた。また、嘉吉の乱後の室町殿不在という状況下で、川岡勉氏によると、「家督確保の上で管領や諸大名との結合が重要な要素」となったとされており[78]、持豊は諸大名と縁組を行うことで関係の形成を図っている[77]。すなわち、嘉吉三年六月、持豊は西国の有力守護大内教弘と縁組を行っている[79]。さらに、文安四年二月、持豊は細川勝元と縁組を行ったが、これについては「山名年来望之」とみえ[80]、持豊が勝元との関係形成を望んでいたことがうかがえる。

このように、持豊は、分国内で実力により勢力の拡大を図るとともに、縁組を行うことで諸大名と関係を形成することを図ったが、享徳三年、室町殿義政が幕政の主導権を確立すると[81]、持豊を排除する動きがみられる。すなわち、享徳三年十一月、義政は持豊を追討するため、軍勢を動員したのである[82]。この問題は、細川勝元の取成しにより、持豊を隠居処分とすることで決着したが[83]、この後、持豊は長禄二年八月に義政から赦免され幕政に復帰するまで但馬に在国しており、義政が幕府内の反持豊方勢力の存在を背景として持豊を排除したことがうかがえる。

ここで、幕府内部における反持豊方勢力についてみると、まず、播磨・備前・美作の回復を図る赤松氏の存在を挙げることができる。また、赤松氏は山名氏と対立する上で細川氏との関係を重視している[84]。すなわち、文安五年、細川持常は赤松満政の申次を務めており、赤松氏の問題をめぐって持豊と対立している[85]。また、山名持豊と細川勝元の関係についてみると、当初は縁組により関係を形成し、反畠山持国・義就方として連携して行動したが、赤松氏への対応をめぐって対立に転じている[86]。そして、持豊が勝元と連携し、反畠山方として行動していることからすれば、山名氏と対立する勢力として畠山氏を挙げることができよう。それでは、持豊と対立する勢力は、どのようにして山名氏に対応したのだろうか。

この点について、まず、播磨・備前・美作をみると、反山名方勢力は、赤松氏を通じて山名氏の弱体化を図ったと考えられる。先述したように、播磨・備前・美作には赤松方勢力が存在し、山名氏と対立しており、持豊の抵抗により中止となったが、播磨を赤松氏に与えるという動きもみられる。また、応仁・文明の乱が勃発すると、東軍方（勝元方）に属した赤松氏は播磨を実力によって掌握しており[87]、持豊と対立する勢力は、赤松氏を通じて山名方勢力の弱体化を図ったという点を指摘することができよう。

次に、備後・安芸・石見についてみてみよう。先述したように、山名氏は応永の乱後の大内氏対策を目的として備芸石の守護に任じられたが、持豊と大内氏の関係形成により、大内氏対策の担い手として持豊が適さない状況で、幕府は山名是豊を起用している。すなわち、是豊は備後・安芸の守護に任じられており、両国の国人を率いて軍事行動を展開するとともに、所領問題に関与することで国人との関係を形成することを図った[88]。とくに安芸においては、大内方として行動した国人が存在しており、文安四年と推測される二月、山名氏の惣領持豊は大内氏と連携して行動するよう安芸国人竹原小早川弘景に要請している[89]。ここから、安芸国人と大内氏・山名持豊の関係を確認することができるが、幕府は大内方の竹原小早川・平賀氏が上洛命令を拒否したことを受けて[90]、両者を河内に出兵させるよう安芸国人沼田小早川氏と備後国人宮氏に命じた[91]。また、河内において竹原小早川氏が山名是豊の指揮下で行動していることからすれば[92]、幕府は、安芸国人を是豊の指揮下で行動させることで、安芸国人と大内氏・持豊の関係を弱めることを図ったと考えられる。

さらに、石見についてみると、山名政清が守護として在職しているが[93]、寛正二年、石見国人益田氏は、畿内において是豊の指揮下で軍事行動を展開している[94]。また、応仁二（一四六八）年、細川勝元は「石見国之儀、政清於于今御方ニ不参候上者、守護職事是豊ニ可令申沙汰候」と、守護政清が勝元方として行動しないので、石見守護職については是豊に沙汰を行わせることを石見国人内田氏に報じた[95]。山名是豊は持豊の子だが、細川勝元との関係を重視しており、応仁・文明の乱が勃発すると、父持豊と敵対し、東軍方として行動している。ここから、反持豊方勢力は、父持豊と対立する是豊を起用することで、備芸石における持豊方勢力の弱体化を図ったと考えられる。そして、応仁・文明の乱において是豊が、東軍方の備芸石の国人を率い、持豊方と戦闘に及んでいることからすれば、これらの国においては是豊の起用により持豊の影響力が低下していたという点を指摘することができよう。

このように、持豊と対立する勢力は、赤松氏や山名是豊を起用することで、応永の乱後に守護職を得た備芸石や嘉吉の乱後に守護職を得た播磨・備前・美作という、山名氏の伝統的な守護分国であった但馬・伯耆・因幡を除く地域で持豊の勢力を弱体化させることを図った。これに対し持豊は、斯波義廉・大内・一色氏と連携して行動しており、これらの勢力の「大名頭」となっている[96]。そして、畠山氏の内紛や関東政策への対応という問題を契機として、細川勝元方と持豊方の間で対立が生じ[97]、応仁・文明の乱が勃発したのである。

なお、応仁・文明の乱で対立した山名氏と細川氏について、川岡勉氏によると、惣領家が一族守護を統制しており、同族連合体制という権力構造上の側面において顕著な差は認められないとされている[98]。また、細川氏が応仁・文明の乱後、畿内政治の主導権を掌握したのに対し、持豊死後の山名氏は、「内部分裂を伴いながら勢力を弱体化させていった」としており、このような差が生じた背景として、管領職の問題を挙げている。すなわち、細川氏惣領家の「求心力の源泉は、何よりも管領として幕政の中枢を掌握しているところ」にあり、細川政元が在京して幕政を主導したのに対し、応仁・文明の乱後、「山名氏の盟友であった西軍の諸大名たちが次々に下国する中で、管領家ではない山名氏が京都における権勢を維持することは困難」であったというのである。さらに、川岡氏によると、山名氏は播磨・備前・美作をめぐる赤松氏との争奪戦に敗れたことを契機として衰退したとされている。

細川氏と山名氏の差異については、川岡氏の指摘するように、管領職の問題を重視すべきと考えられる。すなわち、嘉吉の乱後の幕府政治において、管領は重要な役割を果たした存在とされており(99)、伊予守護河野氏の内紛をめぐって管領の交替に伴い幕府政策が変更された事例(100)にみられるように、細川氏と畠山氏という両管領家は、自身と関係が深い地域で勃発した紛争について、自身に有利になるような幕命を発給している。ここに、細川氏は管領として、いわば幕府の「公的」な権限を背景に勢力を拡大することを図ったと考えられよう。これに対し持豊は、当初、細川勝元と姻戚関係を形成したが、勝元との関係が不穏なものになると、管領家である斯波氏と連携して行動しており、管領家との関係形成を重視していたことがうかがえる。管領になることができない持豊が勢力を拡大するには、管領をはじめとする諸大名との関係形成や、分国での実力による所領の押領など、いわば「私的」な側面に依拠せざるを得ず、この点が山名氏の「強み」であるとともに、「限界」であったと考えられる。そして、持豊の実力による勢力拡大は、幕府内外から非難の対象となっており、室町殿義政は幕府内の反山名方勢力の存在を背景として、持豊を幕政から排除している。さらに、反山名方勢力は持豊と対立する勢力を起用することで、播磨・備前・美作および備芸石における山名氏の勢力を弱体化させることを図った。このように、持豊と対立する勢力が起用された地域においては、惣領家を中心とする山名氏の分国支配が動揺しており、義政が持豊を幕政から排除した事例と併せて考えると、幕府内および地域において山名氏の勢力が弱体化した背景として、同氏が抱えた「限界」を指摘することができると考えられる。

さらに、山名氏と細川氏の差異については、管領職の問題に加え、室町殿との関係や、分国の地域性との関係をふまえつつ考察する必要がある。この点について、まず、室町殿との関係からみると、山名氏の家督問題に室町殿足利義教が介入し、持豊は義教が支援した家督候補者（持熙）を戦闘によって排除しており、この問題は、持豊に、室町殿に対し自立・主体的な体制を構築する必要性を認識させたのではないかと考えられる。

次に、室町期における山名氏の分国支配と地域性の関係について考察してみると、室町幕府体制下において山名氏は、幕府の地方支配の担い手として、また、地域社会の秩序維持の担い手として、地域において重要な役割を果たしていたと考えられるが、その分国支配のあり方は地域の実情に応じて一様ではなかったと考えられる。すなわち、南北朝期から守護職を保持していた但馬・因幡・伯耆をみると、戦国期においても山名氏が地域支配を展開しており、山名氏の伝統的な分国として守護支配が浸透していたと考えられる。

これに対し、応永の乱後、守護に補任された備芸石においては、幕府権力を背景として分国支配を展開したが、国人間の連携という特質が存在した安芸[101]においては、国人の自立性を認めた上で「緩やか」に掌握することを図っている。また、このような傾向は石見においても確認することができる。すなわち、嘉吉の乱後の石見においては、所領問題の解決において国人間の連携が重要な役割を果たしており、山名氏の分国支配は限定的なものとなっていたと考えられる。これに対し、備後についてみると、幕府権力を背景として分国支配を展開した山名氏は、「国人領主連合の中核」

に位置した和智氏を「軍事指導者として掌握」し、「国人領主層の掌握を試みた」とされており、(102)守護支配が浸透した地域と考えられる。このように、山名氏の分国支配については、大内氏対策を目的として同時期に守護に補任された国においても、地域の実情に応じて様々なあり方がみられる。

さらに、嘉吉の乱後に守護に補任された播磨・備前・美作をみると、山名氏は幕命に従わず自立的に行動し、実力によって勢力を拡大することで赤松方勢力に対応している。これらの点から、山名氏の分国支配は、地域の実情や直面する政治課題の差異、さらには室町殿や諸大名との関係に応じて不均質なものとなっていたという点を指摘することができよう。

このように、嘉吉の乱後の山名氏が、幕府との関係を重視した細川氏とは異なり、幕府に対し自立的に行動した背景として、室町殿との関係や分国の地域性との関係に伴う様々な問題の存在を指摘することができる。川岡氏が述べるように、山名氏は、播磨をめぐる赤松氏との戦闘に敗北したことを直接的な契機として衰退したと考えられるが、弱体化の要因については、同氏が応仁・文明の乱勃発以前から抱えていた「限界」をはじめとする様々な問題に求めることができるのである。

おわりに

本章では、室町期における山名氏の同族連合体制について、分国支配機構や被官層の動向、さらには幕府との関係をふまえつつ考察した。最後に、本章で明らかにした点をまとめてみたい。

明徳の乱により大幅に分国を削減された山名氏は、応永の乱後、幕府の大内氏対策の中で備後・安芸・石見の守護に任じられており、幕府権力を背景として惣領時熙を中心に一族守護が行動することで、大内氏対策の実行と備芸石の掌握を図った。また、時熙は、幕府宿老として幕政に大きな発言力を有した存在とされているが、応永の乱後、時熙が幕府との関係を背景に一族分国に関与していることからすれば、幕政に密接に関与し、幕府との関係の下で行動することは、一族を統制する上でも利点を有したと考えられる。ここから、時熙は、一族守護を統制して勢力を拡大する上で、幕府との関係を重視していたという点を指摘することができよう。また、有力守護山名氏は、応永の乱後の大内氏対策や嘉吉の乱後の赤松氏追討にみられるように、幕府の西国支配において様々な政治的役割を求められるとともに、幕府の意思決定に関与し、室町殿を政治・軍事面から支えており、室町幕府体制下において重要な役割を果たしていたのである。

次に、山名持豊の動向をみると、嘉吉の乱後の室町殿不在という状況下で、持豊は所領押領や代官請の強要を行うとともに、諸大名と関係を形成することで勢力の拡大を図った。このような持豊の動向に対し、室町殿義政は幕府内に存在する反持豊方勢力の存在を背景として持豊を幕政から排除しており、持豊と敵対する勢力は赤松氏や山名是豊を起用することで、播磨・備前・美作・備後・石見・安芸における持豊方勢力を弱体化させることを図ったとみられる。また、室町幕府体制下において、管領になることができない持豊は、地域社会における実力行使や諸大名との関係形成という「私的」な側面に依拠して勢力の拡大を図っており、この点が山名氏の「強み」であるとともに「限界」であったと考えられる。

そして、当該期の山名氏一族の分国においては、持豊を中心とする体制が構築されていたとみられる。すなわち、山名氏においては、持豊が一族・被官を統制するとともに、惣領が所領支配を保証する所領支配秩序の確立に向けての動きがみられ、山名氏一族の分国は惣領・一族の枠組みを越えて複数の分国に関与する被官層を介して、惣領を中心に連結していたと考えられる。

これまで、山名氏の同族連合体制について述べたが、惣領を中心に被官層を介して一族分国の統制を図るというあり方は、南北朝期の時氏段階からみられるものであり、南北朝・室町期を通じてみられる同氏の特性と考えられる。そして、時氏によって原型が形作られた山名氏の同族連合体制は、明徳の乱により動揺したものの、幕府との関係を重視した時熙によって再整備されており、持豊段階に至って、幕府に対し自立・主体的なものとなっている。すなわち、持豊は、幕命に従わず実力によって勢力の拡大を図っており、惣領を中心とする分国支配体制の構築を図ったのである。しかし、持豊には、勢力を拡大するには、実力行使をはじめとして「私的」な側面に依拠せざるをえないという「限界」が存在しており、応仁・文明の乱勃発以前から抱えていたこの「限界」をはじめとする様々な問題が、山名氏の勢力が弱体化した要因だったと考えられる。

註

（1）川岡勉『室町幕府と守護権力』（吉川弘文館、二〇〇二年）。
（2）吉田賢司「室町幕府による都鄙の権力編成」（中世後期研究会編『室町・戦国期研究を読みなおす』〈思文閣出版、二〇〇七年〉。のち、同『室町幕府軍制の構造と展開』〈吉川弘文館、二〇一〇年〉に収録）。
（3）小川信『足利一門守護発展史の研究』（吉川弘文館、一九八〇年）。
（4）末柄豊「細川氏の同族連合体制の解体と畿内領国化」（石井進編『中世の法と政治』〈吉川弘文館、一九九二年〉）。
（5）川岡勉『山名宗全』（吉川弘文館、二〇〇九年）。
（6）拙稿「南北朝動乱と山名氏」（『中国四国歴史学地理学協会年報』九、二〇一三年）。本書第二部第一章に収録。
（7）川岡『山名宗全』（前掲註5）。
（8）川岡『山名宗全』（前掲註5）。
（9）岸田裕之『大名領国の構成的展開』（吉川弘文館、一九八三年）。
（10）山名時熙書状『山内首藤家文書』七八（『大日本古文書　家わけ第十五　山内首藤家文書』）。以下、同書による場合、これを記さない。
（11）山名時熙判物『山内首藤家文書』八一。
（12）川岡勉「中世後期の守護と国人」（有光友學編『戦国期の権力と地域社会』〈吉川弘文館、一九八六年〉。のち、同『室町幕府と守護権力』〈前掲註1〉に収録）。
（13）室町幕府御教書「高野山文書」一三七（『広島県史　古代中世資料編V』〈広島県、一九八〇年〉）。以下、同書による場合、広V―…（号数）と記す。
（14）『広島県史　中世　通史Ⅱ』Ⅲ―四　執筆担当　岸田裕之（広島県、一九八四年）。
（15）山名氏利安堵状『萩藩閥閲録』巻121ノ1　周布吉兵衛90。
（16）山名氏利書下『益田家文書』六三（『大日本古文書　家わけ第二十二　益田家文書』）。以下、同書による場合、これを記さない。

(17)岸田『大名領国の構成的展開』(前掲註9)。
(18)山名時熙書状『萩藩閥閲録』巻121ノ2　周布吉兵衛101。
(19)岸田『大名領国の構成的展開』(前掲註9)。
(20)山名時熙書状『毛利家文書』三一（『大日本古文書　家わけ第八　毛利家文書』)。以下、同書による場合、これを記さない。
(21)拙稿「南北朝動乱と山名氏」(前掲註6)。
(22)山名満氏書状「福原文書」広V―三。
(23)山名満氏安堵状『吉川家文書』二四一（『大日本古文書　家わけ第九　吉川家文書』)。
(24)松岡久人「大内氏の安芸国支配」(『広島大学文学部紀要』二五―一、一九六五年)。
(25)平賀氏系譜『平賀家文書』二四八（『大日本古文書　家わけ第十四　平賀家文書』)。
(26)室町幕府御教書案「福原文書」広V―四。
(27)拙稿「安芸守護山名氏の分国支配と地域社会」(『史学研究』二七九、二〇一三年)。本書第二部第二章に収録。
(28)安芸国諸城主連署契状『毛利家文書』二四。
(29)山名時熙書状写「小早川家証文」三一八（『大日本古文書　家わけ第十一　小早川家文書』)。以下、同書による場合、これを記さない。拙稿「安芸守護山名氏の分国支配と地域社会」(前掲註27)。
(30)山名時熙書状『毛利家文書』三一。
(31)山名時熙書状『毛利家文書』三九。
(32)山名時熙書状『毛利家文書』四一。
(33)山名時熙書状『毛利家文書』三二。
(34)柳田快明「室町幕府権力の北九州支配」(『九州史学』五九、一九七六年。のち、木村忠夫編『戦国大名論集　七　九州大名の研究』〈吉川弘文館、一九八三年〉に収録)。
(35)『満済准后日記』永享四年正月十八日条。

(36) 山名氏家遵行状「楞厳寺文書」九（『兵庫県史　史料編　中世3』〈兵庫県、一九八八年〉）。以下、同書による場合、兵3—…（号数）と記す。
(37) 室町幕府御教書「楞厳寺文書」兵3—八。
(38) 室町幕府御教書「楞厳寺文書」兵3—一七。
(39) 山名時熙諸公事安堵状「楞厳寺文書」兵3—二〇。
(40) 山名時熙安堵状「楞厳寺文書」兵3—一九。
(41) 山名時熙寄進状案「円通寺文書」兵3—五。
(42) 川岡『山名宗全』（前掲註5）。
(43) 川岡『山名宗全』（前掲註5）。
(44) 『満済准后日記』永享五年八月九日条。
(45) 『薩戒記』永享九年八月一日条。谷重豊季「山名刑部少輔、備後国府城で挙兵す」（『もとやま』三三、二〇〇七年）。
(46) 『建内記』嘉吉元年六月二十四日条。
(47) 『建内記』嘉吉元年六月二十五日条。
(48) 『建内記』嘉吉元年七月六日条。
(49) 『建内記』嘉吉元年閏九月九日条。
(50) 『建内記』嘉吉元年十月二十八日条。稲垣翔「播磨国における山名氏権力の地域支配構造」（『年報中世史研究』三五、二〇一〇年）、同「播磨国における山名氏権力の段銭収取構造」（『ヒストリア』二三四、二〇一一年）。
(51) 『建内記』文安元年四月十四日条。
(52) 川岡勉「室町幕府—守護体制の変質と地域権力」（『日本史研究』四六四、二〇〇一年。のち、同『室町幕府と守護権力』〈前掲註1〉に収録）。
(53) 川岡『山名宗全』（前掲註5）。

(54) 山名持豊判物『山内首藤家文書』九七。
(55) 川岡『山名宗全』（前掲註5）。
(56)『経覚私要鈔』文安五年九月十一日条。
(57)『師郷記』文安五年十二月二十四日条。
(58)『師郷記』享徳三年十一月三日条。
(59)『師郷記』享徳三年十一月四日条。
(60) 川岡『山名宗全』（前掲註5）。
(61) 室町幕府奉行人連署奉書案「伊和神社文書」兵3—九八。
(62) 岡村吉彦「伯耆山名氏の権力と国人」（『鳥取地域史研究』三、二〇〇一年）。
(63)『建内記』嘉吉元年十一月二十一日条。
(64)『蔭凉軒日録』長禄三年六月十五日条。
(65) 岡村「伯耆山名氏の権力と国人」（前掲註62）。
(66)『蔭凉軒日録』文正元年閏二月十七日条。
(67) 榎原雅治『日本中世地域社会の構造』（校倉書房、二〇〇〇年）。
(68)『建内記』嘉吉元年十二月二十七日条。
(69)『建内記』嘉吉元年十二月記紙背文書。
(70)『建内記』文安四年閏二月二十八日条。
(71)『建内記』嘉吉三年五月二十三日条。
(72)『建内記』嘉吉元年十二月二十五日条。
(73)『建内記』文安四年七月十八日条。
(74) 山名持豊安堵状「大山寺文書」（『鳥取県史　第2巻　中世』230〈鳥取県、一九七三年〉）。

(75) 山内泰通覚書『山内首藤家文書』一〇五。
(76) 川岡『山名宗全』（前掲註5）。
(77) 川岡『山名宗全』（前掲註5）。
(78) 川岡「室町幕府―守護体制の変質と地域権力」（前掲註52）。
(79) 『建内記』嘉吉三年六月三日条。
(80) 『建内記』文安四年二月二十五日条。
(81) 家永遵嗣『室町幕府将軍権力の研究』（東京大学日本史学研究室、一九九五年）。
(82) 『師郷記』享徳三年十一月二日条。
(83) 『師郷記』享徳三年十一月三日条。
(84) 『経覚私要鈔』長禄二年六月十九日条、『在盛卿記』長禄二年八月九日条。
(85) 『経覚私要鈔』文安五年十二月十二日条。
(86) 川岡『山名宗全』（前掲註5）。
(87) 渡邊大門『赤松氏五代』（ミネルヴァ書房、二〇一二年）。
(88) 拙稿「安芸守護山名氏の分国支配と地域社会」（前掲註27）。
(89) 山名持豊感状写「小早川家証文」三八二。
(90) 伊勢貞親書状写「小早川家証文」一三一。
(91) 伊勢貞親奉書写「小早川家証文」一三二。
(92) 足利義政御内書写「小早川家証文」三六六。
(93) 渡邊大門「守護山名氏の石見国支配」（『鷹陵史学』三八、二〇一二年）。
(94) 室町幕府奉行人連署奉書『益田家文書』一五二。
(95) 細川勝元書状写『石見内田家文書』九一（鈴木国弘編『日本大学総合図書館所蔵　俣賀文書』〈日本大学文理学部史学研究室、

一九八六年〉）。
(96)『大乗院寺社雑事記』文正元年九月十三日条。
(97)家永『室町幕府将軍権力の研究』（前掲註81）。
(98)川岡『山名宗全』（前掲註5）。
(99)百瀬今朝雄「応仁・文明の乱」（『岩波講座　日本歴史7　中世3』〈岩波書店、一九七六年〉）、鳥居和之「嘉吉の乱後の管領政治」（『年報中世史研究』五、一九八〇年）。
(100)石野弥栄「守護大名河野氏と応仁の乱」（『国史学』九五、一九七五年）。
(101)拙稿「安芸守護山名氏の分国支配と地域社会」（前掲註27）。
(102)柴原直樹「守護山名氏の備後国支配と国人領主連合」（『史学研究』二一三、一九九六年）。

第三部　西国における国人の政治動向と室町幕府・守護

第一章　安芸国人沼田小早川氏と室町幕府・守護

はじめに

南北朝・室町期の国人については、将軍直属国人―奉公衆と、守護の指揮統制に属した国人という二つの系統の中で理解されている[1]。そして、奉公衆については「地方における将軍権力の拠点」として守護支配を統制する側面を有したと評価されてきたが、その性格については、将軍権力への直属と、守護支配からの独立という点が強調される傾向にあり、室町幕府の地方支配における奉公衆の政治的役割の実態を明らかにする必要がある。さらに、南北朝・室町期の国人について、川岡勉氏は守護の分国支配を支えるべき存在と位置付けているが[2]、このような理解に対し、自立した国人の存在形態の分析から守護支配を相対化する必要性が指摘されており[3]、国人の政治的役割を組み込んだ室町幕府の地方支配構造を明らかにすることが求められている。このように、幕府の地方支配における国人の政治的役割を明らかにすることは、南北朝・室町期の権力構造を理解する上で重要な課題であり、個別事例研究の中で明らかにしていく必要がある。そこで、本章では安芸国人沼田小早川氏を取り上げ考察していく。

安芸東部の豊田郡沼田荘を本拠とした沼田小早川氏については、これまで多くの研究で取り上げられてきた[4]。しかし、先行研究では領主制の解明という点に主眼が置かれており、政治動向に関する考察は副次的な位置に止まっているのが現状である。そして、沼田小早川氏の政治動向について河合正治氏は、守護の命令だけでは動かず将軍から直に命令を受けて行動した点を指摘しており、奉公衆として将軍に近侍し、在京して行動することは政治・経済面で有利であったとしている。(5)このように、沼田小早川氏については、地域社会における政治的実力が評価されてきたが、南北朝・室町期の政治情勢における位置や周辺勢力との関係は不明確となっており、沼田小早川氏の政治動向について、幕府の地方支配や、地域社会の政治情勢との関係の中で位置付け明らかにする必要がある。

そこで本章では、安芸国人沼田小早川氏の政治動向について、安芸の政治情勢―とくに大内氏対策の問題や、幕府の地方支配、守護・周辺国人との関係の中で位置付け考察していく。これにより、幕府の地方支配における国人の政治的役割や、地域社会における奉公衆の政治動向と幕府・守護との関係について明らかにしていきたい。

一、南北朝期における沼田小早川氏の動向

南北朝期の沼田小早川氏について、先行研究では守護武田氏と対立する政治勢力と位置付けられている。(6)しかし、沼田小早川氏の政治動向の実態について明らかにされているとは評価し難い状況にあり、守護との関係についても当該期の政治情勢の中で位置付け考察する必要がある。そこで本節では、南北朝期における幕府方と反幕府方の抗争の中での沼田小早川氏の動向について考察していく。

1　南北朝動乱の勃発と沼田小早川氏

沼田小早川氏は、鎌倉幕府の滅亡時まで六波羅探題に従軍しており[(7)]、建武政権下での行動を確認することができない。また、南北朝期における小早川氏庶子家の動向をみると、鎌倉期に分出し、賀茂郡都宇・竹原荘を本拠とした竹原小早川氏は、沼田小早川氏の惣領家とは別行動を展開しており、早期に足利尊氏に従軍している[(8)]。

そして、南朝方として惣領家に敵対した庶子家も存在しており[(9)]、小早川氏の庶子家が沼田小早川氏の惣領家に対し、独自の行動を展開していたことをうかがうことができる。一方で、沼田小早川氏の惣領家は、一貫して幕府・尊氏方として軍事行動を展開している。

まず、京畿における沼田小早川氏の軍事行動について考察してみよう。【表1】は、建武五（一三三八）年の京畿における軍事行動をまとめたものだが、安芸国人の多くが守護武田氏指揮下で従軍している。これに対し、沼田小早川氏の惣領貞平は陸奥国人石川氏と共に軍事行動を展開しており、貞平の弟氏平[(10)]は高師直指揮下で行動している。そして、二月から七月にかけては、貞平ならびに氏平と、武田氏指揮下の安芸国人が同所で戦闘を展開したが、沼田小早川氏は武田氏の指揮下に入らず、一貫して別行動を展開している。ここで、山県郡大朝荘を本拠とした国人吉川氏についてみると、建武五年一月、吉川経久は高師冬に従軍するよう足利直義から命じられており[(11)]、その軍事行動については、師冬の証判がみられる。

京畿における幕府方の軍事行動では、諸国の軍勢を糾合して南朝方に対する軍事行動を展開するため、複数の指揮官による軍事編成が行われていた。このような情勢下で吉川氏は、沼田小早川氏と同様に守護武田氏指揮下ではなく、幕府方の軍事指揮官である高氏の指揮下で行動したと考えられる。

【表1】建武5（1338）年　守護武田氏と安芸国人の軍事行動

No	参戦者	証判者	合　戦	典　拠
1	三戸頼顕	武田信武	2月16日　伊勢雲津川・八太野	南732
2	逸見有朝	武田信武	3月13日　山城八幡 3月16日　摂津天王寺安部野	南742
3	三戸頼顕	武田信武	2月25日　山城山崎 3月　4日　大和南都 3月13日　山城八幡 3月16日　摂津天王寺安部野	南749
4	吉川経久	高師冬	3月13日　山城八幡	南750
5	周防親家	武田信武	5月22日　和泉高瀬浜	南763
6	周防親家	武田信武	6月1日～7月11日　山城八幡	南764
7	三戸頼顕	武田信武	5月16日　和泉石津 5月22日　和泉堺 6月　1日　山城洞塔下 6月18日　山城八幡	南765
8	逸見有朝	武田信武	5月22日　和泉堺	南766
9	逸見有朝	武田信武	6月1日～7月11日　山城八幡	南767
10	沼田小早川氏平	高師直	2月16日　伊勢雲出川 2月24日　大和奈良坂般若寺 3月13日　山城八幡 3月16日　摂津天王寺安部野 5月22日　和泉堺 6月1日～7月11日　山城八幡	南789
11	沼田小早川貞平	―	7月　2日　山城八幡 （陸奥国人石川兼光と共に行動）	遠藤白川文書5

※典拠について、1～10は『南北朝遺文　中国四国編　第一巻』（東京堂出版、1987年）により、南･･･（号数）と記す。11は『福島県史　第7巻　資料編2　古代･中世資料』（福島県、1966年）による。

なお、康永元（一三四二）年、沼田小早川氏は伊予に侵攻して南朝方勢力を攻撃、これを契機として芸予諸島に進出したが[12]、この軍事行動では、小早川氏平の軍忠について細川頼春の証判がみえる[13]。このように、京畿や地方の戦線において複数の軍事指揮官が存在する中で、沼田小早川氏は守護武田氏ではなく、他の軍事指揮官の指揮下で行動していたのである。

2　観応の擾乱と沼田小早川氏

次に、観応の擾乱における沼田小早川氏の政治動向について考察していく。観応の擾乱における安芸は、山陰の山名氏、周防・長門の大内氏の反幕府方としての行動や、足利直冬の進出の中で、幕府方の最前線として位置付けられていた。そして、このような情勢下

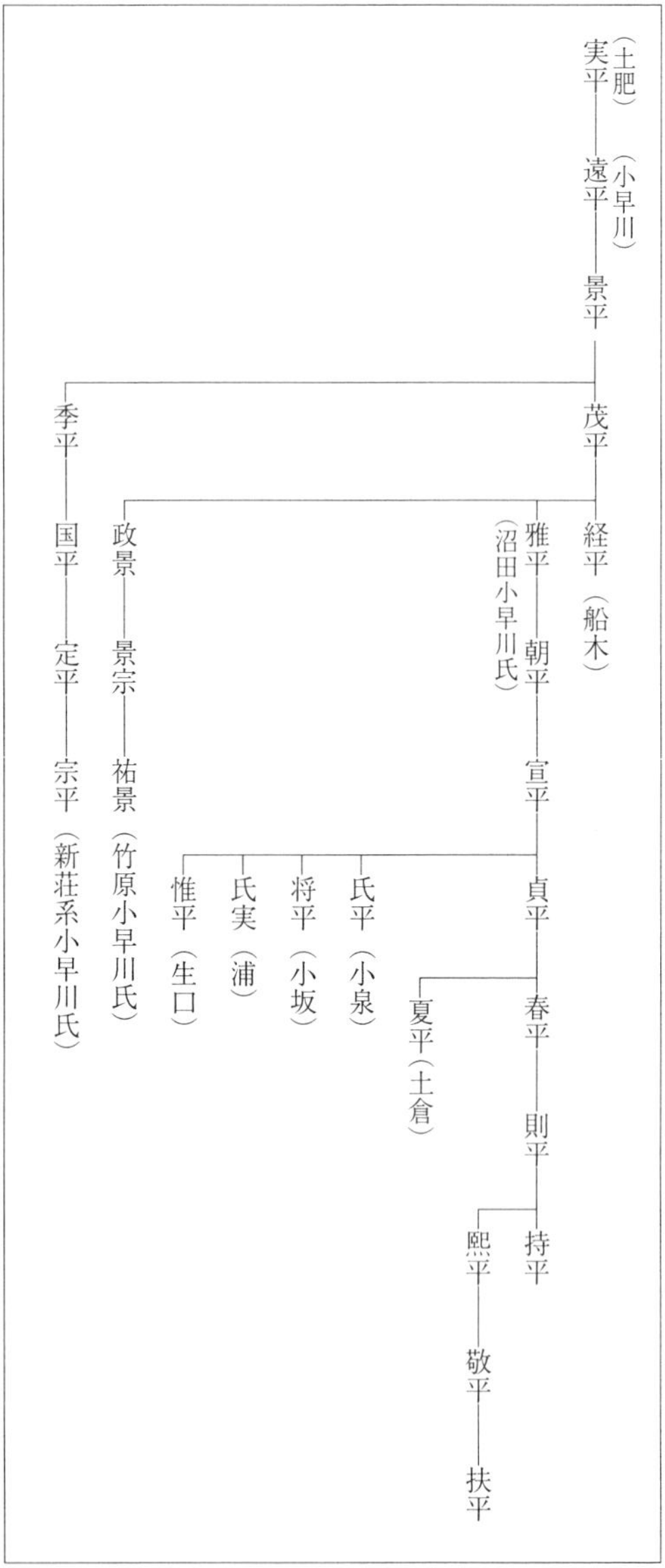

小早川氏略系図

で沼田小早川氏は、幕府方として、竹原小早川氏をはじめとする庶子家を率い、守護から独立して軍事行動を展開している。[14]

まず、沼田小早川氏と庶子家の関係について、竹原小早川氏との関係からみると、文和四（一三五五）年、高山城における竹原小早川薬寿の軍忠を小早川貞平が幕府に注進しており、[15]竹原小早川氏が沼田小早川氏の指揮下で行動していたことを確認することができる。そして、先述したように沼田小早川氏と竹原小早川氏は、動乱勃発時には別行

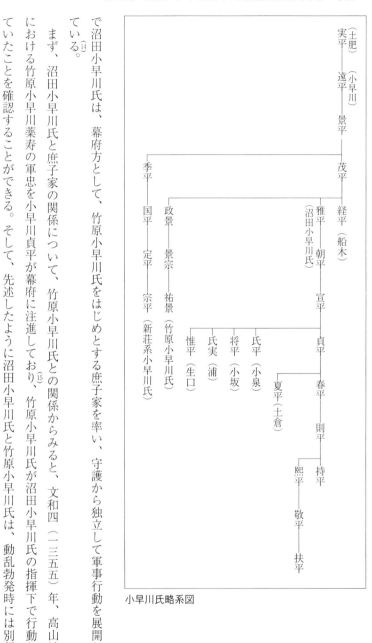

動を展開していた。

それでは、惣領家から独立していた庶子家を、沼田小早川氏はどのようにして指揮下に置きえたのだろうか。この点について、幕府の地方支配との関係からみると、観応三（一三五二）年、幕府は小早川貞平に対し、一族を動員して上京し軍事行動を展開するよう命じている。[16]幕府は、一貫して幕府・尊氏方として行動していた沼田小早川氏の惣領家を通じて小早川氏の一族を糾合することを図っているのであり、このような幕命を背景として沼田小早川氏は、一族に対する軍事指揮権を強化したと理解することができるのではないか。後述するように、竹原小早川氏は、室町後期において沼田小早川氏に対する敵対行動を展開しているが、この段階では、沼田小早川氏との惣庶関係の中で行動する側面を有していた。

このように、沼田小早川氏は庶子家を率い、守護から独立して軍事行動を展開しているが、安芸において武田氏と沼田小早川氏が共同で参戦したことが確認できる唯一の事例が、貞治三（一三六四）年十月の賀茂郡西条合戦である。そして、この西条合戦では、竹原小早川実義の戦死を武田氏信と沼田小早川春平の両者が幕府に注進しており、[17]沼田小早川氏は守護武田氏と共に安芸における軍事行動を注進しうる存在として、幕府から位置付けられていたと考えられる。しかし、武田氏の注進は、竹原小早川実義の戦死を対象としたものであり、沼田小早川氏の軍事行動について注進が行われているわけではない。これまで述べたように沼田小早川氏は、一族の軍忠を幕府に直接注進するとともに、安芸において守護武田氏から独立して軍事行動を展開している。

それでは、このような沼田小早川氏の動向は、幕府の地方支配の中で、どのように位置付けられるのだろうか。この点について、次の史料をみてみよう。[18]

直冬没落備後国子細、注進状披見訖、山名左京大夫時氏参御方之上者、其堺定可属無為歟、可存知之状如件、

貞治二年九月十日　（花押）義詮也

小早川美作守《（春平）》殿

貞治二（一三六二）年九月、沼田小早川春平は、足利直冬の備後没落を守護を介さず足利義詮に注進した。そして、義詮も山名時氏の幕府方への帰順を伝達しており、沼田小早川氏と将軍権力の直接的な関係を確認することができる。このように、南北朝期の沼田小早川氏については、将軍権力との直接的な関係、守護武田氏からの独立という側面がみられる。

これまで、沼田小早川氏の軍事行動について述べたが、南北朝期の幕府方の軍事行動では、守護や大将を中心として戦闘が展開されたと理解されており[19]、安芸において沼田小早川氏が守護から独立して行動した背景について考察する必要があろう[20]。この点について、武田氏と沼田小早川氏の関係からみると、賀茂郡造果保をめぐる厳島神主家（佐西郡桜尾を本拠とする）と沼田小早川氏の庶子家小泉氏（先述した小早川氏平を始祖とする庶子家）の所領紛争において、武田氏に遵行が命じられなかった理由として、幕府は沼田小早川氏と武田氏が「古敵」であったためとしている[21]。この「古敵」という関係が、どこまで一般化できるかは慎重に考える必要があるが、鎌倉期から安芸の在地勢力として行動していた沼田小早川氏と武田氏について、幕府内部にも「古敵」とする認識があった点は重視すべきだろう。幕府は、守護武田氏を通じて沼田小早川氏を動員した場合、両氏が衝突し、沼田小早川氏が反幕府方となることを危惧したのではないか。すなわち、観応二（一三五一）年六月、南朝は安芸守護職を条件に沼田小早川氏に軍忠を求めており[22]、沼田小早川氏を幕府方として確保することは、幕府の安芸支配において重要な課題であったと考えられる。

さらに、南北朝期において幕府が沼田小早川氏をどのように評価していたのかという点をみると、建武三（一三三六）年、足利尊氏が安芸の国大将を任じた際に、足利一門大将の桃井盛義に加え、「小早川一族を差置る」とみえ、[23]小早川氏の軍事的実力が幕府から評価されていたことがうかがえる。このように、安芸においては守護武田氏の他に、有力な幕府方勢力として沼田小早川氏が存在していたが、両者は「古敵」という関係にあった。ここから、南北朝期において幕府は、沼田小早川氏と武田氏の衝突を回避し、沼田小早川氏を幕府方として確保するため、沼田小早川氏については守護武田氏を通じてではなく、直接指揮下に置くことを図ったと考えられる。そして、このような地域権力の編成方法は、有力国人を幕府方として確保し、反幕府方との戦闘を有利に展開していくことを目的としたものであり、南北朝期特有のあり方と評価することができよう。これまで述べたように、南北朝期において、沼田小早川氏は守護武田氏指揮下での行動を忌避するという主体性を有しており、地域社会において将軍権力との直接的な関係の下で行動していたのである。

本節では、南北朝期における沼田小早川氏の政治動向について考察した。沼田小早川氏は一貫して幕府・尊氏方として行動し、庶子家を率い、守護から独立して軍事行動を展開している。そして、幕府は、安芸の軍事情勢と、武田氏と沼田小早川氏の「古敵」という関係をふまえて、沼田小早川氏については守護武田氏を通じてではなく、直接、指揮下に置くことを図ったと考えられる。すなわち、南北朝期において、沼田小早川氏は守護武田氏の指揮下で行動するのではなく、将軍権力との直接的な関係の下で行動していたのである。

二、室町前期における沼田小早川氏の動向

室町期の安芸において、幕府は守護山名氏を通じて地方支配を展開しているが、奉公衆沼田小早川氏について、先行研究では守護山名氏から独立した存在と位置付けられている。しかし、地域社会における沼田小早川氏の政治動向の実態について明らかにされているとは評価し難い状況にあり、守護との関係についても幕府の地方支配の中で捉え直す必要がある。そこで本節では、室町前期として、南北朝動乱の終結後、嘉吉の乱までの時期を取り上げ、沼田小早川氏の政治動向について考察していく。

1　応永の乱後の安芸と沼田小早川氏

応永六（一三九九）年、応永の乱が勃発し、大内義弘は和泉堺で戦死したが、乱後、防長において大内盛見が幕府に対して軍事抵抗に及んでいる。また、安芸においても大内方国人が存在しており、幕府には、これら反幕府方勢力を制圧する必要があった。大内氏対策は応永の乱後の安芸における幕府の政治課題として位置付けられるものであり、このような情勢下で幕府は、山名氏を安芸・備後・石見の守護に任じたとされている。[24]ここで、幕府の大内氏対策における沼田小早川氏の位置についてみると、応永十一（一四〇四）年、幕府は沼田小早川氏に、防長の平井祥助跡を料所として預け置いている。[25]この預置は、沼田小早川氏を防長に配置する大内氏対策の一環と考えられるが、乱後の紛争処理の過程で沼田小早川氏の動向を確認することはできない。

次に、大内氏対策を目的として展開された山名氏の守護支配と安芸国人の関係をみると、応永十一年、安芸国人三十三名は山名氏による支配の展開に対し五ヶ条にわたる一揆契約を結び、連携して守護に抵抗している。[26] この一揆契状には、相論が勃発した場合は衆中の談合により解決することが定められており、応永二十六（一四一九）年、高田郡吉田荘を本拠とした国人毛利氏の所領問題においても、賀茂郡高屋保を本拠とした国人平賀氏、高田郡甲立を本拠とした国人宍戸氏、石見邑智郡阿須那と高田郡横田の二ヶ所を拠点に芸石の国境を越えて領域を形成した国人高橋氏の連携により解決が図られている。[27] このように、安芸国人は連携して地域社会の政治課題に対応しており、国人間の連携は安芸の地域的特質として挙げられるが、室町前期において沼田小早川氏と安芸国人の関係を確認することはできない。沼田小早川氏は、奉公衆として在京し、将軍に近侍して行動しており、[28] 安芸における国人間の連携には関与せず、独自の行動を展開していたと考えられる。

この点について、沼田小早川氏の所領支配と将軍権力の関係からみると、沼田小早川氏は将軍から本領を安堵され、[29] 所領を預け置かれるとともに、[30] 足利義満から沼田荘領家職の知行を認められている。[31] また、沼田小早川氏は段銭京済を命じられており、[32] 段銭徴収については、守護支配を排除するという側面を有していた。このように、沼田小早川氏は将軍に近侍して行動しており、所領支配において将軍権力との直接的な関係がみられる。ここから、沼田小早川氏は、安芸国人と連携して行動することで所領問題の解決を図るのではなく、将軍に近侍して行動することで、所領支配に係わる様々な権益を幕府から得ることを図ったと考えられるのではないか。室町前期の安芸においては、国人間の連携という地域的特質が存在したが、沼田小早川氏はこれに関与せず、将軍権力との直接的な関係を強化することを図ったのである。

2　安芸守護山名氏と沼田小早川氏

次に、奉公衆沼田小早川氏と安芸守護山名氏の関係について、九州における軍事行動から考察していく。

永享年間の九州においては、大内氏と少弐・大友氏の間で大規模な紛争が展開しており[33]、これを受けて幕府は安芸国人を九州に動員している。この九州戦線への安芸国人の動員について、『満済准后日記』永享四（一四三二）年一月二十三日条[34]によると、足利義教は、将軍の命令ではなく、守護山名氏の命令により安芸国人を九州に動員することを決定したが、沼田小早川氏と武田氏への対応が問題となっている。すなわち、「次安芸武田、小早川事、旧冬非重御成敗者、楚忽ニ不可罷立由被仰付歟、然者自守護方申状計ニテハ定可難渋歟」と、武田氏と沼田小早川氏については重要な成敗でなければ軽率に行動しないよう、事前に将軍から命令を受けていたため、守護からの命令だけでは難渋することが懸念されたのである。これに対する幕府の対応をみると、「大内合力事、自守護方申旨在之者、不日可罷立之由、可申遣」と、大内氏合力について守護山名氏の動員があれば、九州に即時発向するよう武田氏と沼田小早川氏の双方に命じるとしている。幕府は、奉公衆沼田小早川氏についても守護山名氏を通じて軍事動員を行ったのである。しかし、この軍事動員は進まなかったとみえ、幕府は沼田小早川則平の出兵拒否を非難し、山名氏に動員を命じている[35]。さらに、山名時煕も則平の出兵拒否を非難しており、自身の書状の到着後三日以内に出陣するよう求めている[36]。また、時煕は、上意であることを強調し、奉行人奉書が発給されることを伝えたが、「先せめて今度ハ私への返事を可承候」と、まずは時煕自身への返答を要求している。

このように、山名氏による再三の出兵命令が行われたが、なぜ、則平はこれを拒否したのだろうか。出兵拒否の背景として、まず、出兵に係わる負担が大きい点や九州の紛争が激化していたことが考えられる。また、応永二十一（一四一四）年、則平は将軍上使として九州に下向し、将軍権力との関係の中で、幕府の九州政策に従事していた。[37]ここから、出兵拒否の原因として、守護山名氏の指揮下、すなわち将軍権力との直接的な関係によらない軍事行動で、他の国人と同等の一軍事力として編成されることを則平が忌避したということも考えられるのではないか。

そして、このような則平の出兵拒否を受けて、永享四年十月、山名時熙は、武田氏と沼田小早川氏について「不応守護成敗者」と、守護の命令に従わない者であるため、将軍から厳密に命令するよう進言している。[38]従来の研究では、この「不応守護成敗者」という点から、沼田小早川氏について「守護山名氏の軍勢催促権の行使対象外の存在」と評価されてきた。[39]しかし、幕府は守護の動員により九州に出兵するよう沼田小早川氏に命じているのであり、室町幕府軍制における沼田小早川氏の軍事行動については、守護山名氏との関係の中で理解する必要がある。

それでは、なぜ幕府は、奉公衆沼田小早川氏についても守護を通じて軍事動員を行ったのだろうか。この軍事動員は、将軍の命により安芸国人を九州に動員することが「卒爾」であり、守護の命により動員すべきとする畠山満家の進言により決定されている。[40]これによると、当該期の軍事動員においては、将軍の命令による動員と守護の命令による動員が存在したと考えられるが、この点について川岡勉氏は、「このころの一国軍事動員には「上意」という形で将軍家を主体とする方式と守護の「私儀」としてなされる方式との二つの形がありえた」としている。[41]ここから、国人の軍事動員権は、将軍と守護のそれぞれが有したと理解してよいのではないかと考えられるが、九州戦線への対応について、幕府は将軍の命により安芸国人を動員する段階ではないという政治判断を下しており、奉公衆沼田小早川氏についても守護山名氏を通じて動員したのである。

なお、奉公衆について、幕府が守護を通じて地方支配を展開した事例は、軍事動員の他に、使節遵行においても確認することができる。すなわち、嘉吉二（一四四二）年、沼田小早川氏の一族内紛争において、幕府は安芸における沼田小早川氏の所領に関する打渡を、守護山名氏に命じている(42)。

ここで、安芸守護山名時熙は、幕府重鎮として発言力を有し、幕政を支える存在であったとされている(43)。そして、幕府は、武田・沼田小早川氏についても山名氏を通じて軍事動員を行っているが、その背景については大内氏対策という点を指摘することができるのではないか。すなわち、山名氏の安芸守護補任は、応永の乱後の大内氏対策を目的としたものであり、安芸においても大内方国人が存在していた。ここから、幕府は武田氏と沼田小早川氏に対しても守護指揮下での行動を命じることで、山名氏を通じて奉公衆を含む安芸国人を糾合することを図ったと考えられよう。先述したように、奉公衆沼田小早川氏は将軍に近侍して行動しており、幕府も所領支配については様々な権益を与えていたが、一方で幕府は、地域紛争の解決と地域社会の安定を目的として地方支配を展開しており、奉公衆沼田小早川氏についても守護山名氏を通じて幕命を執行したのである。

本節では、室町前期における沼田小早川氏の政治動向について考察した。室町前期において、沼田小早川氏は将軍に近侍して行動しており、安芸における国人間の連携に関与したことを確認することはできない。ここから、沼田小早川氏は、地域社会において安芸国人と連携して行動するのではなく、将軍権力との直接的な関係を強化することを図ったとみられる。そして、このような沼田小早川氏の動向を受けて、幕府は所領支配に関する様々な権益を沼田小早川氏に付与しているが、軍事動員や使節遵行については守護山名氏を通じて執行している。室町前期の安芸において幕府は、守護山名氏を通じて安芸国人を糾合することで安芸支配の安定的な展開を図っており、奉公衆沼田小早川氏についても守護山名氏を通じて幕命を執行したのである。

三、室町後期における沼田小早川氏の動向

室町後期の西国においては、細川氏と大内氏の間で抗争が展開したが、山名氏と大内氏の関係形成により、守護山名氏が大内氏対策の担い手として適さない状況で、幕府は安芸・備後・石見国人の直接支配を図ったとされている(44)。また、室町後期の安芸においては、細川方の武田・沼田小早川・吉川・毛利氏と、大内方の厳島神主家・竹原小早川・平賀氏、安南郡瀬野を本拠とした国人阿曽沼氏、同郡矢野を本拠とした国人野間氏の間で抗争が展開しており、安芸・石見は大内氏と幕府・細川氏の「境目」とされている。そして、このような情勢下で、芸石国人は高橋氏を中核として国境を越えて連携しており、安芸においては、在地秩序の維持を行うための領主連合という形態が存在したとされている。しかし、室町幕府の地方支配と地域社会における国人間の連携との関係については従来述べられておらず、また、沼田小早川氏の政治的役割についても明らかにされているわけではない。そこで本節では、室町後期として、嘉吉の乱後の沼田小早川氏の政治動向について、幕府の地方支配や地域社会の政治情勢との関係の中で位置付け考察していく。

1　室町幕府の安芸支配と沼田小早川氏

先述したように、室町前期の安芸において、幕府は守護山名氏を通じて地方支配を展開したが、一四五〇年代より、幕命執行の担い手として沼田小早川氏が多用されている。

就吉川駿河守経信下国事、綿貫左京亮（光資）及合戦者、堅可加制止、若猶不承引者、於経信者致合力、至綿貫者不日可被対治之由、所被仰下也、仍執達如件、

宝徳二年十一月十六日　　沙彌（畠山持国）（花押）

小早川備後守（熙平）殿

宝徳二年（一四五〇）年十一月、幕府は吉川経信の下国について、山県郡河戸を本拠とした国人綿貫光資が戦闘に及んだ場合、停戦命令に応じなければ経信に合力し、光資を退治するよう沼田小早川熙平に命じた。(45) 熙平は、地域紛争の解決という政治的役割を幕府から求められたのである。そして、幕命執行における沼田小早川氏と吉川氏の関係をみると、康正元（一四五五）年、幕府は厳島神主家により押領されていた沼田小早川氏の庶子家小泉氏の所領である造果保の打渡を吉川之経と小早川熙平に命じている。(46) また、康正二（一四五六）年、幕府は吉川氏の一族内紛争において、惣領之経に合力するよう武田信賢と小早川熙平に命じた。(47) このように、幕府は細川方の安芸国人による両使遵行を通じて、地域紛争の解決を図っているが、沼田小早川氏と吉川氏は、それぞれが直面する課題について相互に幕命執行を命じられている。

そして、一四六〇年代になると、幕府は安芸において直接的な大内氏対策を実行している。すなわち、寛正二

（一四六一）年、幕府は安芸における大内氏の拠点であった東西条を武田氏に打ち渡すよう、小早川煕平と備後の品治郡を本拠とした奉公衆宮氏に命じている。(48)この東西条打渡について、幕府は「相催方々輩」と、軍事動員を行い執行するよう沼田小早川氏と宮氏に命じた。(49)また、この問題で沼田小早川氏は、一族を動員して周防に発向するよう幕府から命じられている。(50)このように、沼田小早川氏は東西条打渡において軍事動員や周防発向を命じられており、大内氏対策の担い手としての政治的役割を幕府から求められたのである。

さらに、沼田小早川氏と宮氏が両使遵行の担い手となった事例をみると、寛正二年と推測される八月、幕府は、足利義教時代の安芸国人の「在京人数」を上洛させるよう、沼田小早川氏と宮氏に命じた。(51)また、竹原小早川・平賀・阿曽沼氏については、先に上洛を命じられていたが遅参しており、幕府は上洛させるよう沼田小早川氏と宮氏に命じている。そして、同年と推測される十月、幕府は、平賀弘宗と竹原小早川盛景が病気と称して上洛しないことから、両者を河内に出陣させ、陣中で療養させるよう沼田小早川氏と宮氏に命じた。(52)すなわち、河内においては畠山義就が軍事行動を展開しており、幕府はこの軍事課題に対応するため、沼田小早川氏と宮氏を通じて安芸国人の軍事動員を行ったのである。

このように、沼田小早川氏は地方支配の担い手として多用され、軍事動員を行い幕命を執行するよう命じられているが、他の安芸国人に求められた政治的役割をみると、毛利氏と吉川氏については所領問題解決のための両使遵行や地域紛争への派兵がみられるに過ぎない。(53)そして、宝徳二（一四五〇）年、幕府は伊予守護河野氏の内紛問題に対応するため、竹原小早川盛景と備後杉原氏に芸石国人の動員と、河野教通への合力を命じたが、(54)これは、細川勝元と対立する畠山持国の管領在任時のものであり、勝元が河野氏の内紛において河野教通と敵対する通春を支援していたた

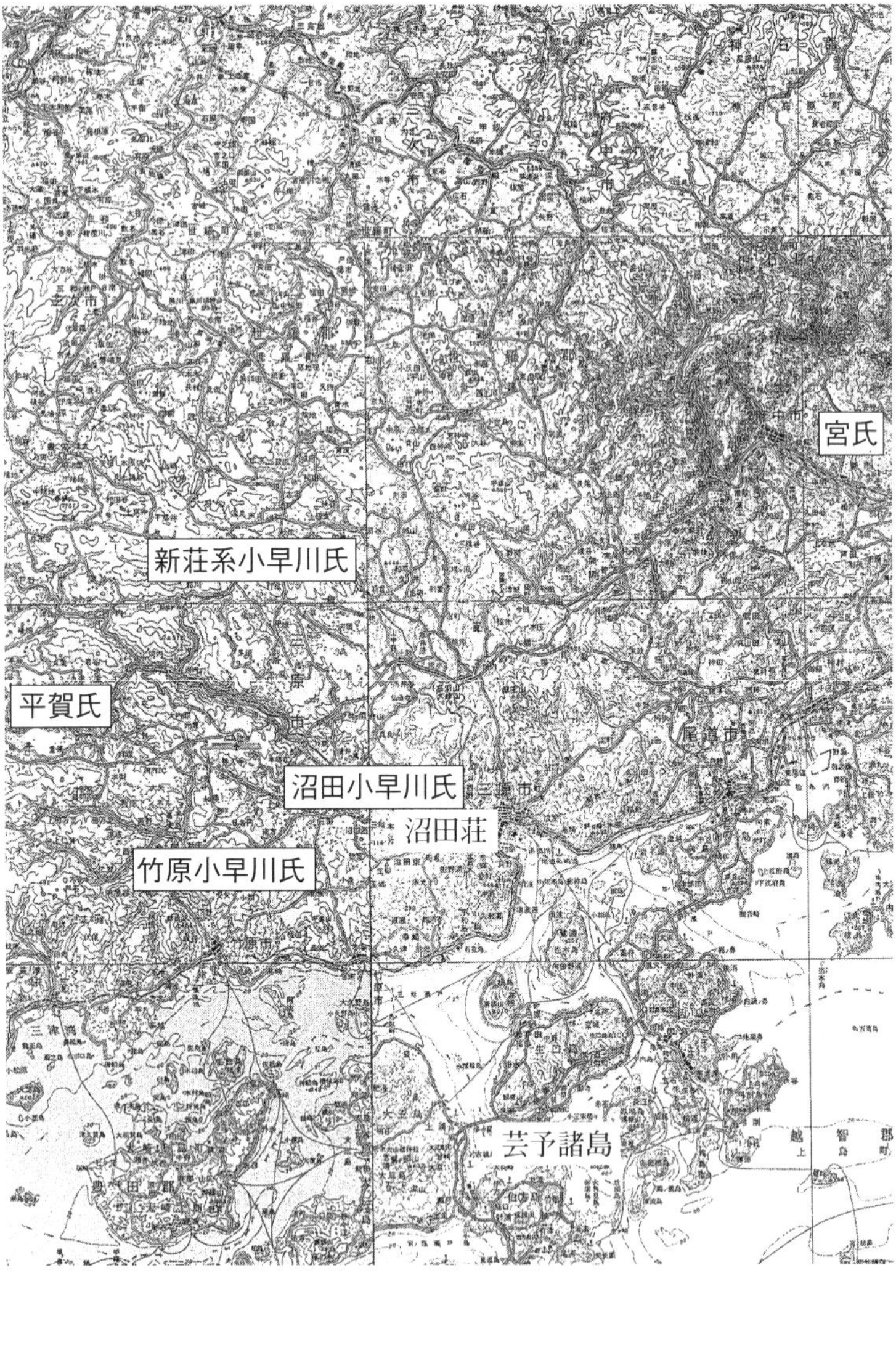
宮氏
新荘系小早川氏
平賀氏
沼田小早川氏
沼田荘
竹原小早川氏
芸予諸島

図１　安芸国人沼田小早川氏と室町幕府・守護　関係地図　本地図は１：200,000 地勢図　広島、浜田、岡山及丸亀、高梁（国土地理院発行）より作成した。

め、[55] 使節遵行の担い手として細川方国人が避けられ、竹原小早川氏に命じられたものと考えられる。ここで、大内氏対策において両使遵行を命じられた沼田小早川氏と宮氏は、「奉公者分限者、莫過中条、其次者、宮、陶山、小早川」と、有力な奉公衆として、その実力を幕府から評価されていた。[56] 安芸・備後の有力奉公衆沼田小早川氏と宮氏は、幕府から紛争解決能力を認められ、幕府の安芸支配、大内氏対策において中核的役割を求められたのである。

そして、このような幕府・細川氏と沼田小早川氏の関係は、応仁・文明の乱においても確認することができる。すなわち、沼田小早川氏は西国の軍事情勢を細川勝元に注進しており、これを受けて勝元は、西国の「計略」を沼田小早川氏に求めている。[57] さらに、沼田小早川氏は細川方国人の軍忠を注進するとともに、[58]「御方衆」を動員するよう幕府から命じられるなど、[59] 細川方の軍事行動の中心的役割を担っている。

これまで述べたように、沼田小早川氏は、幕府・細川氏の安芸支配や大内氏対策において他の国人にはみられない中核的な政治的役割を求められており、この点に沼田小早川氏の特異性を指摘することができると考えられる。幕府は、守護山名氏が大内氏対策の担い手として適さない状況で、細川方の安芸国人を通じて地方支配を展開したが、この中で沼田小早川氏は中核的な役割を求められたのである。

2　安芸国人の連携と沼田小早川氏

次に、安芸における国人間の連携と沼田小早川氏の関係について考察してみよう。先述したように、室町前期の沼田小早川氏には安芸国人との関係はみられないが、一四五〇年代後半より、地域社会における国人間の連携に沼田小早川氏の関与が見え始める。まず、吉川氏の所領問題と沼田小早川氏の関係について、次の史料をみてみよう。[60]

（端裏ウハ書）「小早川殿進之候　　信賢」

河戸村之内国衙分之事、御口入之事候之間、吉川方へ可頂置候、仍其外之事者、要害等悉請取候注進到来候者、

則以別儀若州ニ一所彼方へ可遣候、巨細者使者可申候、恐々謹言、

（異筆）「康正二年」六月一日　　信賢（花押）

康正二（一四五六）年六月、武田信賢は小早川熙平の口入を受けて吉川之経に河戸村国衙分を預け置くとした。この問題について、同年のものと推測される七月十六日付吉川之経宛沼田小早川熙平書状をみると、(61) 熙平は、「抑就河戸事、御親父（経信）へ自　管領御書被下候、人目実目出候、これほと御懇之儀、且者御面目至候、此上を重而菟角入道殿被仰候てハ、誠無勿体事にてあるへく候、夜昼思案仕候へ共、無為之外ハあるましく候」と、河戸村問題について管領細川勝元から吉川経信（之経の父）に書状が発給されることを之経に伝えている。そして、熙平は、これ以上、問題を引き延ばすのは得策でないと、「無為」の解決を吉川氏に要請した。さらに、熙平は、「武田方ハ御教書のしたの事にて候へとも、我〳〵申ニよつて、如此無等閑被申候、国衙分と若州ニ一所御知行候て、むかい六ろ原分并ようかい武田方へ御渡候て、無為之儀可目出候」と報じている。武田氏は、熙平の働きかけにより吉川氏への対応を緩和させ、河戸村国衙分と若狭で一ヶ所を預け置いたのである。このように、沼田小早川氏は「口入」を行い吉川氏と武田氏の所領問題の仲裁を図るとともに、管領細川勝元と吉川氏の関係を仲介している。

次に、毛利氏の所領問題と沼田小早川氏の関係をみると、小早川熙平は、高田郡入江保をめぐる毛利氏と荘園領主の関係を仲介している。すなわち、入江保に係わる段銭について、毛利熙元は「小早川方より細々便宜可有候、承候て可致沙汰候」と、沼田小早川氏からの連絡を受けて沙汰を行うことを荘園領主―小槻氏に報じた。(62) また、小早川熙

平も毛利熙元の返答を荘園領主に報じており、[63]毛利氏が荘園領主との問題解決を図る上で、その関係を仲介する存在として沼田小早川氏がみえる。このように、安芸国人は所領問題の解決において連携して行動しており、沼田小早川氏は国人間の紛争を仲裁するとともに、安芸国人と管領細川勝元や荘園領主との関係を仲介していたのである。

ここで、安芸における国人間の連携と、室町幕府の地方支配との関係について、佐西郡己斐・石道の押領問題から考察してみよう。康正三（一四五七）年二月、幕府は、厳島神主家と大内氏被官が己斐・石道を押領し、武田氏と戦闘に及んだことから、小早川熙平に武田氏合力を命じた。[64]この問題では、大内氏・厳島神主家と細川方の武田氏の間で紛争が勃発しており、幕府は沼田小早川氏に合力を命じることで地域社会の政治課題の解決を図った。そして、幕命を受けた沼田小早川氏と武田・毛利氏は、大内氏に対する軍事行動において、京と安芸の軍事情報を交換し、連携して行動している。[65]このように、沼田小早川氏をはじめとする細川方の安芸国人は、幕命執行の担い手となる中で連携して地域社会の問題に対応し、幕府の地方支配の実現のために行動したのである。

これまで述べたように、室町後期の安芸において、沼田小早川氏は国人間の連携に密接に関与しているが、このような行動は室町前期の沼田小早川氏にはみられないものであり、沼田小早川氏が国人間の連携に関与した背景について考察する必要があろう。そして、この点について考える上で重要となるのが、沼田小早川氏と幕府・細川氏との関係である。すなわち、沼田小早川氏は奉公衆として将軍に近侍して行動し、将軍権力との直接的な関係を強化する志向性を有しており、これは南北朝期以後の沼田小早川氏の特質として考えられるものである。また、細川氏との関係についてみると、沼田小早川氏と細川氏は、南北朝期の伊予出兵後、関係を強化していた。[66]ここから、沼田小早川氏は、室町後期の安芸において大内方と細川方の抗争が展開する中で、幕府・細川氏の意向を受けて安芸国人と連携して行動したと考えられるのではないか。すなわち、沼田小早川氏は幕府の大内氏対策において中核的役割を求められ、安芸国人と連携して地方支配の実現のために行動しており、幕府・細川氏が、安芸における大内氏対策を実行するため、有力な与党勢力であった沼田小早川氏を中核として国人間の連携の掌握を図った可能性が考えられよう。さらに、室町後期において安芸国人は、幕府・細川方と大内方に分かれ、それぞれが連携して行動している。ここから、細川方の安芸国人は、奉公衆沼田小早川氏を通じて幕府との関係を形成することを図ったと考えられるのではないか。

このように、安芸における沼田小早川氏の動向は幕府・細川氏との密接な関係に基づくものであった。一方で、毛利氏は、応永の安芸国人一揆において、反守護方の安芸国人の中核として行動するなど(67)、幕府との関係によらずとも国人間の連携において重要な役割を担っていた。この点に、国人間の連携を背景として戦国大名化していく毛利氏(68)と、沼田小早川氏の差異を指摘することができるのではないだろうか。

本節では、室町後期における沼田小早川氏の政治動向について考察した。室町後期の安芸において、守護山名氏が大内氏対策の担い手として適さない状況で幕府・細川氏は、細川方の安芸国人を通じて地方支配を展開している。また、沼田小早川氏は、地方支配の担い手として多用され、幕府・細川氏の安芸支配・大内氏対策において他の国人にはみられない中核的役割を求められている。そして、沼田小早川氏は、安芸国人と幕府・細川氏の関係を仲介するとともに、周辺国人と連携して幕府の地方支配の実現のために行動しており、幕府・細川氏は安芸における大内氏対策を実行するため、沼田小早川氏を中核として国人間の連携の掌握を図ったと考えられる。

おわりに

南北朝・室町期において、沼田小早川氏は地域権力としての実力を幕府から評価されており、地方支配の担い手として他の安芸国人にはみられない様々な政治的役割を求められている。ここから、沼田小早川氏は、地域社会における政治的実力を背景として、他の安芸国人とは異なる重要な存在として幕府から認識されていたと評価することができよう。また、南北朝・室町期の沼田小早川氏にとっては、一族統制を強化し、地域社会における勢力基盤を確保・強化することが重要な課題であったと考えられる。そして、このような課題に対し、沼田小早川氏は幕命執行の担い手として行動するとともに、将軍権力との直接的な関係を強化することを図っている[69]。なお、このような沼田小早川氏の志向性は、南北朝・室町期を通じて見られるものであり、同氏の特性の一つと考えられるが、幕府の地方支配の中で求められた政治的役割については、西国の政治情勢の変遷の中で時期的差異がみられる。

まず、南北朝期において沼田小早川氏は、庶子家を率い、守護から独立して軍事行動を展開している。沼田小早川氏は守護武田氏指揮下での行動を忌避するという主体性を有しており、幕府は、沼田小早川氏と武田氏の「古敵」という関係を受けて、反幕府方との戦闘を有利に展開するため、沼田小早川氏については直接、指揮下に置くことを図ったと考えられる。

次に、室町前期の安芸において、幕府は守護山名氏を通じて地方支配を展開しており、沼田小早川氏に対する軍事動員や使節遵行についても山名氏を通じて執行している。幕府は、地域社会の政治課題の解決を目的として地方支配を展開しており、奉公衆についても守護を通じて幕命を執行したのである。

そして、室町後期の安芸についてみると、守護山名氏が大内氏対策の担い手として適さない状況で、幕府は細川方の安芸国人を通じて地方支配を展開しており、安芸国人は連携して地域社会の政治課題に対応している。国人間の連携は、中世後期の安芸の地域的特質というべきものであり、上級権力―とくに守護への対応を契機として展開したと理解されてきた。しかし、守護が幕命執行の担い手として適さない状況で、地方支配の担い手として政治的役割を求められた安芸国人が、連携して地域社会の政治課題に対応し、幕府の地方支配の実現のために行動したという側面も有している。また、沼田小早川氏は、地方支配の担い手として多用され、幕府の安芸支配、大内氏対策において他の国人にはみられない中核的な政治的役割を求められており、この点に沼田小早川氏の特異性を指摘することができる。そして、沼田小早川氏は、安芸国人と幕府・細川氏の関係を仲介するとともに、周辺国人と連携して幕府の地方支配の実現のために行動しており、幕府・細川氏は沼田小早川氏を中核として国人間の連携の掌握を図ったと考えられる。

これまで述べたように、沼田小早川氏は、幕府の安芸支配において中核的な政治的役割を求められるとともに、安芸国人と連携して地域社会の政治課題の解決のために行動しており、このような国人の政治的役割を視野に入れて、室町幕府の地方支配の実態を明らかにする必要がある。しかし、幕府は、沼田小早川氏についても守護山名氏を通じて軍事動員や使節遵行を執行しており、奉公衆について、将軍権力への直属や、守護からの独立という点を強調するのも正確とはいえないだろう。すなわち、室町幕府は、直面する政治課題に応じて、国人に政治的役割を求めるとともに、奉公衆についても守護を通じて幕命を執行しており、奉公衆沼田小早川氏と幕府・守護・国人の関係については、幕府の地方支配や地域社会の政治情勢との関係の中で時期的差異がみられる。そして、このような状況下で、沼田小早川氏は、幕府・細川氏との関係を密接なものとすることで、地域社会における勢力基盤の確保・強化を図ったのである。

註

（1）佐藤進一「室町幕府論」（『岩波講座 日本歴史7 中世3』〈岩波書店、一九六三年〉。のち、同『日本中世史論集』〈岩波書店、一九九〇年〉に収録）、川添昭二「室町幕府奉公衆筑前麻生氏について」（『九州史学』五七、一九七五年。のち、同『九州中世史の研究』〈吉川弘文館、一九八三年〉に収録）、福田豊彦『室町幕府と国人一揆』（吉川弘文館、一九九五年）。なお、伊藤俊一氏は、国人について、「守護からの軍事動員や地域社会の運営に協力する存在」としている（伊藤俊一「中世後期の地域社会と荘園制」〈『新しい歴史学のために』二四二・二四三、二〇〇一年〉）。

（2）川岡勉「室町幕府―守護体制の成立と地域社会」（『歴史科学』一三三、一九九三年）、同『室町幕府と守護権力』（吉川弘文館、二〇〇二年）。

（3）本多博之「書評　川岡勉著『中世の地域権力と西国社会』」（『日本歴史』七一一、二〇〇七年）、山田徹「南北朝期の守護論をめぐって」（中世後期研究会編『室町・戦国期研究を読みなおす』〈思文閣出版、二〇〇七年〉）。

（4）代表的なものとして、石井進『日本の歴史十二　中世武士団』（小学館、一九七四年）、岸田裕之『大名領国の構成的展開』（吉川弘文館、一九八三年）、能島正実『小早川一門の研究』（一九八四年）、田端泰子『中世村落の構造と領主制』（法政大学出版局、一九八六年）、北爪真佐夫『中世政治経済史の研究』（高科書店、一九九六年）、呉座勇一「室町期武家の一族分業」（阿部猛編『中世政治史の研究』〈日本史史料研究会　企画部、二〇一〇年〉）が挙げられる。

（5）河合正治『中世武家社会の研究』（吉川弘文館、一九七三年）、同「将軍と守護」（豊田武・ジョン・ホール編『室町時代―その社会と文化』〈吉川弘文館、一九七六年〉）、『三原市史　第一巻　通史編』第三編第二・三章、執筆担当　河合正治（三原市役所、一九七七年）。

(6) 松井輝昭「安芸守護今川了俊の分国支配について」(『広島県立文書館紀要』一、一九八九年)。
(7) 竹原小早川弘景書状写「小早川家証文」三三七(『大日本古文書　家わけ第十一　小早川家文書』)。以下、同書による場合、これを記さない。
(8) 竹原小早川祐景自筆申状『小早川家文書』五八(『大日本古文書　家わけ第十一　小早川家文書』)。以下、同書による場合、これを記さない。
(9) 三戸氏重書案『毛利家文書』一五二六(『大日本古文書　家わけ第八　毛利家文書』)。以下、同書による場合、これを記さない。『三原市史　第一巻　通史編』第三編第二章、執筆担当　河合正治(前掲註5)。
(10) 小早川氏平について、田中大喜氏は、惣領貞平と惣領権を共有する「特別な舎弟」としており、貞平と氏平について「兄弟惣領」と位置付けている(田中大喜「在地領主結合の複合的展開と公武権力」(『歴史学研究』八三三、二〇〇七年。のち、同『中世武士団構造の研究』(校倉書房、二〇一一年)に収録))。
(11) 足利直義軍勢催促状『吉川家文書』一一三(『大日本古文書　家わけ第九　吉川家文書』)。以下、同書による場合、これを記さない。
(12) 拙稿「南北朝・室町期における芸予の政治動向と沼田小早川氏の海上進出」(『芸備地方史研究』二三五・二三六、二〇〇三年)。
(13) 沼田小早川氏平軍忠状写「吉川家中并寺社文書」九(『大日本古文書　家わけ第十一　小早川家文書』)。以下、同書による場合、これを記さない。
(14) 観応三(一三五二)年、沼田小早川貞平は氏平の軍忠を注進している(足利尊氏御感御教書写「吉川家中并寺社文書」一二三)。また、文和四(一三五五)年、野美の戦闘において、沼田小早川貞平は庶子家の軍忠を注進している(足利義詮御感御教書写「小早川家証文」五二八〜五三三)。
(15) 足利義詮御感御教書写「小早川家証文」三〇七。
(16) 足利義詮軍勢催促状写「小早川家証文」二四。
(17) 足利義詮御感御教書写「小早川家証文」三〇九。
(18) 足利義詮御判御教書写「小早川家証文」二八。

(19) 川岡『室町幕府と守護権力』(前掲註2)、漆原徹『中世軍忠状とその世界』(吉川弘文館、一九九八年)。
(20) 室町期において、沼田小早川氏は奉公衆に編成されており、奉公衆については将軍権力への直属と守護支配からの独立という点が指摘されている。そして、南北朝期の沼田小早川氏について、将軍権力への直属と守護武田氏からの独立という側面がみられることからすれば、奉公衆の基礎的性格については南北朝期にも遡りうるのではないかと考えられる。
(21) 室町幕府裁許下知状写「小早川家証文」四九七。
(22) 後村上天皇綸旨『小早川家文書』五。
(23) 「梅松論」(『広島県史　古代中世資料編Ⅰ』一七七八〈広島県、一九七四年〉)。この点について、川岡勉氏は、「足利一門である大将桃井氏が小早川一族を随従させた」としており、小早川氏を大将とすることに疑義を呈している(川岡『室町幕府と守護権力』〈前掲註2〉)。そして、桃井氏が安芸国人に所領を預け置き、軍忠状に証判を加えているのに対し(『広島県史　中世　通史Ⅱ』Ⅲ―一、執筆担当　松井輝昭〈広島県、一九八四年〉)、小早川氏にはこのような行動は確認できない。ここから、小早川氏について大将と理解することはできないと考えられるが、いずれにしても小早川氏が安芸における有力な幕府方勢力と認識されていた点は揺るがないだろう。足利尊氏は、足利一門の桃井盛義を大将に任じて軍事行動の中核にすえるとともに、有力な幕府方勢力であった小早川一族の軍事力を安芸に配備することで、南朝方勢力との戦闘に備えたものと考えられる。
(24) 岸田『大名領国の構成的展開』(前掲註4)、『広島県史　中世　通史Ⅱ』Ⅲ―四、執筆担当　岸田裕之(前掲註23)。
(25) 足利義満御判御教書『小早川家文書』三二。
(26) 安芸国諸城主連署契状『毛利家文書』二四。
(27) 高橋玄高外二名連署契状「福原文書」一二(『広島県史　古代中世資料編Ⅴ』〈広島県、一九八〇年〉)。以下、同書による場合、広Ⅴ―…(号数)と記す。
(28) 沼田小早川持平供奉行列抄書写「小早川家証文」六九。
(29) 足利義政御判御教書『小早川家文書』三八。
(30) 足利義満御判御教書『小早川家文書』三二。

(31)　足利義満御判御教書『小早川家文書』一二。
(32)　室町幕府奉行人連署奉書写「小早川家証文」九一。
(33)　柳田快明「室町幕府権力の北九州支配」(『九州史学』五九、一九七六年。のち、木村忠夫編『戦国大名論集　七　九州大名の研究』〈吉川弘文館、一九八三年〉に収録)。
(34)　『満済准后日記』永享四年一月二十三日条。
(35)　足利義教御内書案写「小早川家証文」四九。
(36)　山名時熙書状写「小早川家証文」四七。
(37)　川添昭二『対外関係の史的展開』(文献出版、一九九六年)。
(38)　『満済准后日記』永享四年十月十日条。
(39)　『広島県史　中世　通史Ⅱ』Ⅲ―四、執筆担当　岸田裕之(前掲註23)。
(40)　『満済准后日記』永享四年一月二十三日条。
(41)　川岡『室町幕府と守護権力』(前掲註2)。
(42)　室町幕府御教書『小早川家文書』一九。
(43)　川岡勉『山名宗全』(吉川弘文館、二〇〇九年)。
(44)　岸田『大名領国の構成的展開』(前掲註4)、『広島県史　中世　通史Ⅱ』Ⅲ―四・六、執筆担当　岸田裕之(前掲註23)。
(45)　室町幕府御教書『吉川家文書』二七四。
(46)　室町幕府御教書写「小早川家証文」一一八、室町幕府御教書『吉川家文書』二八三。
(47)　室町幕府奉行人連署奉書案『吉川家文書』二八六、室町幕府奉行人連署奉書案『吉川家文書』二八七。
(48)　室町幕府御教書写「小早川家証文」一二二。
(49)　安芸東西条事書写「小早川家証文」一二九。
(50)　室町幕府奉行人連署奉書写「小早川家証文」一三〇。

(51) 伊勢貞親書状写「小早川家証文」一三一。この伊勢貞親書状写と、後述する伊勢貞親奉書写（後掲註52）は、関連を有するもので同時期に発給されたものと推測される。また、これらの書状は年欠だが、寛正四（一四六三）年四月に河内嶽山城が陥落し、畠山義就が紀伊に逃れていることから、寛正三年以前のものとすることができる。そして、寛正三年四月には、芸石国人の軍事動員のため使僧が派遣されている（『蔭凉軒日録』寛正三年四月十七日条）。さらに、沼田小早川煕平は寛正三年の弓場始の射手として参勤するよう命じられており（室町幕府奉行人連署奉書写「小早川家証文」一一六）、寛正三年正月までに煕平が上洛したため、寛正三年四月、芸石国人の動員のため使僧が派遣されたものと考えられる。ここから、寛正二年四月、東西条打渡を命じられ安芸に下向した沼田小早川煕平と宮中務丞は、八月に安芸国人を在京させるよう命じられ、同年十月、平賀弘宗と竹原小早川盛景を河内に出陣させるよう命じられたものと推測できる。

(52) 伊勢貞親奉書写「小早川家証文」一三二。

(53) 毛利氏は、土佐国人津野氏に対する軍事行動において、土佐出兵を命じられている（室町幕府御教書『毛利家文書』八五）。

(54) 室町幕府御教書写「小早川家証文」三五六、室町幕府御教書写「小早川家証文」三五九。

(55) 石野弥栄「守護大名河野氏と応仁の乱」（『国史学』九五、一九七五年）、山内譲「教通と通春（上）」（『伊予史談』二八二、一九九一年）。

(56) 『蔭凉軒日録』長享二年六月八日条。

(57) 細川勝元書状写「小早川家証文」一七九。

(58) 細川勝元感状『毛利家文書』一三〇、足利義政御内書『三浦家文書』七一（『大日本古文書　家わけ第十四　三浦家文書』）。

(59) 室町幕府奉行人連署奉書写「小早川家証文」一六二。

(60) 武田信賢書状『吉川家文書』二七九。

(61) 沼田小早川煕平書状『吉川家文書』二八一。

(62) 毛利煕元書状「壬生家文書」広Ⅴ―五三。

(63) 沼田小早川煕平書状「壬生家文書」広Ⅴ―五四。

(64) 室町幕府奉行人連署奉書「毛利博物館蔵文書（諸家文書）」二（『山口県史　史料編　中世2』〈山口県、二〇〇一年〉）。

(65) 武田国信書状『毛利家文書』九七。
(66) 細川持之書状「足利将軍御内書并奉書留」六八（桑山浩然『室町幕府関係引付史料の研究』〈一九八九年〉）。これによると、永享六（一四三四）年、細川持之は能島村上氏に対する軍事行動において沼田小早川氏に合力を求めている。
(67) 岸田『大名領国の構成的展開』（前掲註4）。
(68) 岸田『大名領国の構成的展開』（前掲註4）。
(69) 室町後期の沼田小早川氏においては、則平没後、持平と煕平の間で相続争いが勃発している。このような情勢下で、沼田小早川氏は一族統制を強化する必要に迫られたと考えられるが、とくに、応仁・文明の乱においては沼田小早川氏と竹原小早川氏の間で戦闘が勃発しており、竹原小早川氏は沼田小早川氏に対し、独自の行動を展開している（高山城開陣時証状覚書写「小早川家証文」二〇五）。そして、沼田小早川氏の庶子家や、椋梨川流域の豊田郡沼田新荘を本拠とした新荘系小早川氏は一揆契約を結び、惣領家に共同で対応している（小早川本荘新荘一家中連判契約状『小早川家文書』一〇九）。ここで、幕府は軍役負担に応じない小早川氏の庶子家について、「為惣領可被致成敗」と惣領による成敗を命じている（室町幕府奉行人連署奉書写「小早川家証文」一一七）。また、小早川煕平は弓場始において射手を務めたが、要脚負担に応じない庶子家について、幕府は惣領煕平を通じて上洛し、弁明させるよう命じた（室町幕府奉行人連署奉書写「小早川家証文」一一六）。このように、幕府は庶子家の諸役難渋について惣領を通じて対応しており、沼田小早川氏にとって、幕命に従事することや、幕府儀礼に参加することは一族の統制強化に利点を有したと考えられる。

第二章　備後国人宮氏・一宮と室町幕府・守護

はじめに

南北朝・室町期の地域社会は、川岡勉氏の室町幕府―守護体制論において、一定の自立性を保持したまま守護により統合、守護を媒介として中央国家に接合したとされている(1)。これに対し、榎原雅治氏は、奉公衆松田氏が備前において卓越した地位を保ちえた背景として、府中や一宮(2)といった中心機能の掌握という点を指摘しており、国内の地位は守護職だけでなく、これら中心機能の掌握により裏付けられたとしている(3)。このように、一宮と密接な関係を有した国人は地域社会において大きな影響力を有したとされており、その政治動向を明らかにすることは、守護支配を相対化し、南北朝・室町期の権力構造を理解する上で重要な課題と考えられる。そこで本章では、備後国人宮氏と備後一宮―吉備津社を取り上げ考察していく。

備後中部の品治郡を本拠とした宮氏は、室町期に奉公衆に編成されており、先行研究では守護支配からの独立と、将軍権力への直属という点が指摘されてきた(4)。また、宮氏については、吉備津社との関係が指摘されてきたが、戦国期に主流が滅亡したため、地域権力としての実態や吉備津社との関係について明らかにされているとは評価し難い状況にある。

そこで本章では、宮氏と吉備津社の関係について明らかにするとともに、宮氏の政治動向を、幕府の地方支配や、守護・周辺国人との関係など地域社会の政治情勢の中で位置付け考察していく。これにより、一宮と密接な関係を有した国人が、南北朝・室町期の権力構造の中でどのように位置付けられるのかという点について検討を加えたい。

一、宮氏・備後一宮と地域社会

宮氏については、備後一宮—吉備津社との関係が指摘されてきた。しかし、先行研究では「宮」という名字から吉備津社への関与が想定されると述べられるに止まり、(5)具体的な関係について明らかにされているとは評価し難い状況にある。そこで本節では、備後国人宮氏と吉備津社の関係について考察していく。

宮氏と吉備津社の関係を考察するに当たり、まず、吉備津社の基礎的性格を整理してみよう。大吉備津彦命を祭神とし、品治郡宮内に鎮座する備後一宮—吉備津社は、十一世紀末から十二世紀前半に諸国一宮が整備される中で備中吉備津社から分社したとされている。(6)また、吉備津社領についてみると、南北朝期には高師秀の所領としてみえるが、このうち三次郡入君郷については「アタチ」氏の知行地として挙げられている。(7)吉備津社領については、関係史料が乏しく、その全容を明らかにすることができないが、入君郷の他にも国内各地に散在した社領を確認することができる。すなわち、高野山領の世羅郡大田荘には「吉備津宮南宮」・「吉備津宮神宮」御供田がみえ、(8)熊野御領であった岡迫・池上には「吉備津宮御油」がみえる。(9)また、吉備津社の別当寺である中興寺（品治郡宮内に位置した寺院）の所領として、奴可郡東条・西条・戸宇、安那郡山野がみえる[10]。このように、吉備津社領は吉備津社が鎮座する品治郡だけでなく、備後各地に散在していたのである。

次に、吉備津社と地域社会の関係をみると、弘安十（一二八七）年、吉備津社において「秦皇破神楽」が奏されたが、これについては「国中賦算」とみえ[11]、国中に割当が行われたことがうかがえる。吉備津社の祭事は、備後国内の諸勢力の負担により実施されていた。そして、吉備津社には一国規模の宮座が存在しており、神事に際しては国中の神主が集結するなど[12]、吉備津社は備後の神事の中核に位置していた。また、一宮と地域社会の関係を考察する上で重要となるのが、一宮と国内各地に存在した荘園公領総社からなるネットワークの問題である[13]。先述したように、備後においては国中の神主が吉備津社神事に参加しているが、一宮と荘園公領総社の具体的な関係を明らかにすることは困難である。そこで、備後における吉備津・艮社[14]について、近世地誌から抽出したものが【表1】である。近世地誌からの抽出という点で、中世の分布を考える上では限界があるが、中世の勧請とされているものもあり[15]、一部の吉備津・艮社については中世に遡りうるものと考えられる。そして、【表1】からは備後各地に吉備津社の勧請社である吉備津・艮社が存在したことを確認することができる。この点について、山本高志氏によると、伊予一宮―大山祇社は、「伊予全域に勧請社を展開させ」ており、一国性を有した存在であったとされている[16]。ここから、備後において、吉備津社が一国規模での影響力を有した背景として、国内各地に散在した社領や勧請社の存在を指摘することができよう。

それでは、次に、備後国人宮氏について考察してみよう。宮氏の出自については諸説あるが[17]、小野宮流藤原氏の出と伝えられており[18]、吉備津社の社家出身の可能性が指摘されてきた。そして、宮氏は一族が備後各地に分出しているが、有力な一族として下野守家と上野介家を挙げることができる。

【表1】備後における吉備津・艮社一覧表

郡名	地　名
神石郡	草木村、油木村、永野村
奴可郡	中迫村、小奴可村、川東村、久代村、戸宇村
恵蘇郡	本郷村
三上郡	庄原村、高村、高門村
三谷郡	吉舎村、辻村、吉舎川内村、敷地村、矢野地村、安田村、茅瀬村、和知村、廻神村、石原村
三次郡	西酒屋村
甲奴郡	稲草村、木屋村、本郷村、深江村
葦田郡	福田村、上有地村、下有地村、相方村、柞磨村、栗柄村、中須村、町村、父石村、金丸村
品治郡	大橋村、助元村、下安井村、戸手村、宮内村
安那郡	上御領村、八尋村、上竹田村、下竹田村、下加茂村、西法成寺村、山野村
深津郡	福山、吉津村、坪生村、同新涯沼田、千田村、川南村
沼隈郡	佐波村、山手村、長和村、早戸村、山波村、内常石村、上山南村、下山南村、田島村、百嶋村、能登原村、上山田村、中山田村、下山田村、田尻村
世羅郡	宇賀村、東上原村、西上原村、中原村
御調郡	大蔵村、江木村、後地村、大町村、椋浦、外浦、向島東村

※吉備津・艮社及び吉備津神を祭神とする神社が存在する地を抽出した。
奴可・恵蘇・三上・三谷・三次・甲奴・世羅・御調郡は、『芸藩通志』より抽出した。

葦田・品治・安那・深津・沼隈郡は、『西備名区』より抽出した。

神石郡は、広島県神社誌編纂委員会編『広島県神社誌』（広島県神社庁、1994年）より抽出した。

なお、同書に掲載されるも『芸藩通志』、『西備名区』にみえない吉備津・艮社については、宮氏関係地のみ追記した（三上郡高村、安那郡山野村）。


まず、宮氏の惣領家である下野守家をみてみよう。宮下野守家については、これまで近世地誌の記述をもとに品治郡亀寿山城を本拠としたとされてきた。(19)しかし、近年、谷重豊季氏は、下野守家について品治郡柏城を本拠としたとしている。(20)下野守家の本拠は、谷重氏の指摘に従い柏城としてよいのではないかと考えているが、吉備津社の鎮座する品治郡を本拠とした下野守家について、所領支配の実態を明らかにすることはできない。そして、下野守家については備後北部の奴可郡との関係を確認することができる。すなわち、正長元（一四二八）年、幕府は奴可郡東条の勘料について宮氏に徴収を命じているが、[21]これは奴可郡における宮下野守家の勢力浸透を背景としたものと考えられる。また、宝徳二（一四五〇）年、奴可保の地頭である宮下野守家が奴可保を請地としていたが、「年貢有名無実」と、年貢の納入が行われないという状況にあった。[22]このように、宮下野守家は備後中部及び北部の奴可郡において行動しているが、この下野守家については吉備津社との関係を確認することができる。

まず、宮下野守家と吉備津社領の関係をみると、応永三（一三九六）年、禅盛なる人物が「吉備津宮領内」の地を中興寺に寄進している。[23]禅盛については関係史料を欠くため明らかにすることができないが、下野守家の通字が「盛」であることから、下野守家の人物と考えられる。また、永享十二（一四四〇）年、下野守家の宮元盛は「吉備津宮領之内」の地を中興寺に寄進しており、この中で元盛は「有限於御神役者、可被勤者也」と、吉備津社に係わる神役の負担を求めている。[24]このように宮下野守家は、吉備津社領を中興寺に寄進しているのであり、吉備津社領に対する支配権限を有した存在と考えられる。

次に、宮下野守家と吉備津社の社官組織の関係について考察していく。吉備津社の社官組織は、近世に神宮寺を中核として再編されており、中世の実態は不明である。[25]しかし、文化元（一八〇四）年に成立した地誌『西備名区』によると、吉備津社の「神職頭」として有木氏がみえる。[26]そこで、この有木氏と宮下野守家の関係について考察してみよう。

有木藤左衛門尉盛安跡之事、為給恩相計候、至有限御神役并諸公事等者、厳重可致其沙汰、仍状如件、

明応五年十二月十九日　　　　政盛（花押）

有木民部丞殿

明応五（一四九六）年、宮下野守家の政盛は、有木盛安跡について、給恩として有木民部丞に与えるとした[27]。そして、政盛は、神役と諸公事について厳重に沙汰するよう民部丞に求めているが、有木氏が吉備津社の神官である点からすれば、神役は吉備津社に係わる役と考えられる。さらに、宮下野守家と有木氏の関係について次の史料をみてみよう[28]。

亡父民部丞忠宗跡并知行分之事、無相違可被抱候、但専御神役勤、於諸公事以下者、如先規可有其沙汰者也、仍状如件、

永正八年四月八日　　　政盛（花押）

有木小次郎殿

永正八（一五一一）年、宮政盛は有木民部丞忠宗跡を子の有木小次郎に安堵しており、ここから、明応五年の宮政盛安堵状の宛所である有木民部丞は、忠宗と比定できる。そして、政盛は小次郎に対し、「専御神役勤」と神役を勤めるよう求めており、吉備津社神官有木氏の所領を安堵するとともに、吉備津社に係わる神役の負担を求めている。さらに、この安堵状と関連すると考えられる史料として、次の史料をみてみよう[29]。

続目之判之儀、京都申上候処、調被下候間、只今遣候、目出度候、同副状為披見遣候、社頭御供於無沙汰者、雖為何時可改候由候間、能々可被致其得（心脱カ）候、恐々謹言、

五月十日　　　親□（忠カ）（花押）

有木小次郎殿

本書状は年欠だが、永正八年四月八日付宮政盛安堵状の関係史料と考えられ、同年に発給されたものと推測される。

また、発給者について、『新市町史　資料編Ⅱ』の編者は「親忠カ」としている[30]。この親忠について、政盛との関係からみると、永正十八（一五二一）年、品治郡柏村における小奴可宮氏の軍忠について宮政盛が感状を発給した際に[31]、同様の感状を宮親忠が発給しており[32]、両者は近い関係にあった人物とみられる。そして、このような親忠と政盛の関係と五月十日付書状の内容から、発給者については宮親忠に比定してよいのではないか。すなわち、この史料にみえる有木小次郎の「続目之判」は、永正八年の宮政盛安堵状を指すものと考えられ、ここから在京していた政盛に「続目之判」を申請した親忠が、政盛の安堵状が発給されたことを受けて、有木小次郎に書状を発給したとすることができよう。そして、宮親忠は有木氏に対し、「社頭御供」が無沙汰であった場合は改めるという条件があることを伝えたが、この「社頭御供」は吉備津社の神事に関するものと考えられる。親忠は神官有木氏に対し、所領を安堵する条件として、「社頭御供」を勤め、吉備津社神事を円滑に実施するよう求めたのである。また、有木氏の実名として盛安と忠宗がみえるが、これは、それぞれ政盛・親忠の偏諱と考えられ、有木氏は宮下野守家に被官化していたとみられる。このように宮下野守家は、吉備津社領を中興寺に寄進するとともに、神官有木氏の所領を安堵し、神役の負担を求めており、吉備津社の内部に位置した有力な存在であったと評価することができよう。

次に、安那郡西中条を本拠に[33]、主として備後南部で行動した宮上野介家をみてみよう。まず、上野介家の所領をみると、応永十五（一四〇八）年、宮上野介家の氏兼は舎兄満信の押領を訴えているが、この中で氏兼の所領として、深津郡石成荘、安那郡山野郷、品治郡服部郷がみえる[34]。また、永享三（一四三一）年、安那郡東条（御領郷）をめぐる岡崎門跡との訴訟の中で、上野介家の信雄は御領郷について、応安四（一三七一）年に拝領したと主張している[35]。そして、信雄が領有を主張した御領郷について、『西備名区』によると二宮神社が鎮座したとされている[36]。この二宮

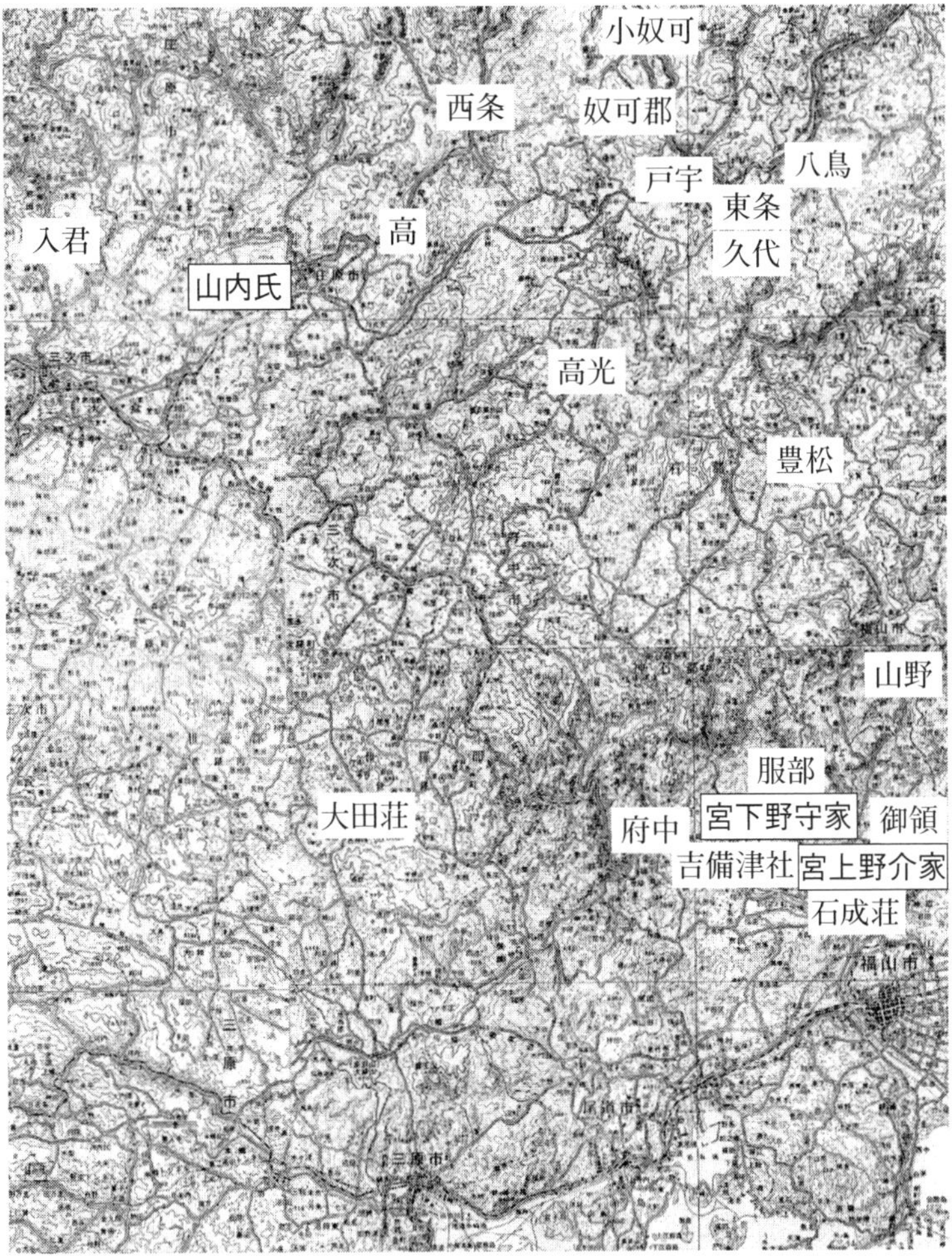

図１　備後国人宮氏・一宮と室町幕府・守護　関係地図　本地図は１：200,000 地勢図広島、浜田、岡山及丸亀、高梁（国土地理院発行）より作成した。

神社については、「吉備津彦大明神、備中より当国宮内へ勧請の時、此所に御休息ありし所」とあり、吉備津社との密接な関係を推測することができる。また、安那郡山野郷についても、吉備津社の別当寺である中興寺の所領が存在している。

このように、宮上野介家の所領には、吉備津社と関係の深い神社や中興寺領が存在していた。

これまで、宮下野守家と上野介家について述べたが、宮氏には、この他にも神石郡豊松を本拠としたと考えられる宮豊松や、(37)神石郡高光の段銭を納めた宮五郎左衛門、(38)奴可郡を本拠とした小奴可・久代宮氏がみえる。(39)そして、小奴可・久代宮氏が本拠とした小奴可・久代には、吉備津社の勧請社が存在している（【表1】）。さらに、宮氏と吉備津社領の関係をみると、「宮高方知行分高郷」(40)について、「当国一宮領、数多有之」とみえ、(41)三上郡高郷を拠点とした宮氏の知行分に吉備津社領が存在したことがうかがえる。このように、宮氏は吉備津社領の寄進を行うとともに、その知行分にも吉備津社領が存在しており、吉備津社領に対する支配権限を有した存在であったと考えられる。

一方で、神官有木氏の所領を安堵し、吉備津社に係わる神役の負担を求めているのは宮氏の惣領家である下野守家のみであり、下野守家は、宮氏と吉備津社の関係の中で重要な役割を担っていたと考えられる。それでは、宮下野守家と上野介家をはじめとする一族はどのような関係にあったのだろうか。宮氏一族の具体的な関係を明らかにすることはできないが、後述するように、室町期においては下野守家と上野介家から分出したと考えられる若狭守家の間で惣領の地位をめぐる相論が勃発している。(42)このように、宮氏内部では惣領の地位をめぐる抗争が勃発していたが、一方で下野守家と上野介家が「両宮」として共同歩調をとり、(43)「宮衆」とも称されるなど、(44)宮氏は一体として行動する側面を有していた。また、先述したように小奴可宮氏は下野守家から感状を受けている。さらに久代宮氏は、下野守家と同じく「盛」を通字としており、小奴可・久代宮氏と下野守家の密接な関係を指摘することができる。ここから、備後各地で行動している宮氏一族は、国内各地に散在した社領や、勧請社が鎮座した所領を支配する中で、吉備津社を構成する有力な存在であった宮氏の惣領家―下野守家から分出したと考えられるのではないか。

これまで述べたように、宮氏については吉備津社との密接な関係がみられるが、宮氏は室町期に奉公衆に編成されており、(45)「奉公者分限者、莫過中条、其次者宮」と、地域権力としての実力を幕府から評価されていた。(46)そして、このような宮氏の政治的実力の背景として、地域社会において一国規模での影響力を有していた備後一宮―吉備津社との関係を指摘することができると考えられる。幕府は、一宮と密接な関係を有していた宮氏について、有力な地域権力と評価していたのである。

本節では、備後国人宮氏と一宮―吉備津社の関係について考察した。吉備津社は、備後一宮として、宗教面において一国規模での権威・影響力を有した存在であり、国内各地に社領や、勧請社が存在していた。また、宮氏の惣領家である下野守家は社領を中興寺に寄進するとともに、神官の所領を安堵し神役の負担を求めており、吉備津社の内部に位置した有力な存在であったと評価することができる。そして、宮氏は、一族が備後各地で行動しているが、これは国内各地に存在した社領や勧請社が鎮座した所領を支配する中で、宮氏の惣領家である下野守家から分出したものと考えられる。このように、一宮と密接な関係を有していた宮氏について、幕府は有力な地域権力と評価していたのである。

二、奉公衆宮氏と室町幕府・守護

備後国人宮氏は、室町期に奉公衆に編成されており、先行研究では将軍権力への直属と守護支配からの独立という点が指摘されてきた。しかし、これまでの研究では宮氏の政治動向の実態について明らかにされているとは評価し難い状況にある。そこで、本節では南北朝・室町期における宮氏の政治動向について考察していく。

まず、南北朝期における宮氏の政治動向をみると、貞和二（一三四六）年、宮盛重は浄土寺領に係わる使節遵行において、両使として所領問題の解決を命じられている。(47)南北朝期の備後においては守護が頻繁に交替しており、(48)宮氏は守護の分国支配が安定しない状況で、幕命執行の担い手としての政治的役割を求められたと考えられる。そして、南北朝期の備後においては幕府方と足利直冬を中心とする反幕府方との間で戦闘が展開されたが、この中で宮氏は一族が分裂して行動している。すなわち、正平六（一三五一）年十月、宮盛重は幕府方の備後守護岩松頼宥の敵対勢力として軍事行動を展開しており、(49)直冬方として行動していたと考えられる。一方で、宮兼信は、備後に進出した足利直冬を撃退している。(50)このように、備後において幕府方として行動した宮兼信は、直冬との戦闘において重要な軍事的役割を果たしていたのである。

さて、足利直冬は貞治二年九月、備後から没落したが、(51)直冬の備後没落後、宮氏は隣国の備中守護に任じられている。すなわち、宮兼信は貞治三年六月から貞治四年十一月にかけて、備中において幕命執行を命じられており、守護としての在職徴証を確認することができる。(52)そして、貞治四年閏九月、東寺雑掌頼憲は、東寺領哲多郡新見荘に係わる使節遵行について、押領者多治部師景と宮氏が「当敵」であることから、別人に命じるよう言上しており、(53)守護に任じられた宮氏が、備中国人との抗争を展開していたことがうかがえる。

ここで、宮氏が備中守護に補任された背景について、宮氏と備中の関係から考察してみよう。先述したように、宮下野守家については備後北部の奴可郡との関係がみられるが、同郡は鉄の産地であった。(54)すなわち、応永十九（一四一二）年の将軍足利義持御判御教書案によると、「東条内鉄山村」について東寺の領掌が認められており、奴可郡東条に鉄の産出地を示すと考えられる地名がみられる[55]。また、奴可郡で産出した鉄は高梁川の支流成羽川の水運によって運搬されており[56]、鉄資源の流通を媒介とした奴可郡と備中北部の関係が存在したと考えられる。そして、宮氏と備中の関係をみると、奴可郡久代を本拠とした久代宮氏の所領に、備中哲多郡八鳥山がみえ[57]、同氏が備中北部に進出し、国境を越えた領域を形成していたことをうかがうことができる。さらに、祭神を同じくし、備中吉備津社から分社したとされる備前・備中・備後三ヶ国の一宮[58]は、それぞれの「社中衆」が他の二ヶ国の一宮に参宮した際に宿坊とする場所を設定しており[59]、三備一宮の間に密接な関係が存在したと考えられる。このように、宮氏が備中守護に任じられた背景として、宗教面において備前・備中・備後が密接な関係にあった点や、宮氏が備中北部との関係を有していたという点が挙げられるのではないか。備中は前任守護高師秀の下で政情が不安定な状況にあったという点が指摘されており[60]、幕府は宮氏を守護に補任することで、備中支配を安定的に展開することを図ったと考えられる。ここから、宮氏の備中守護補任は、幕府が国境を越えて影響力を有した有力な地域権力を通じて地方支配の展開を図った事例として評価することができよう。

次に、南北朝動乱終結後の幕府・備後守護と宮氏の関係について考察していく。備後は、応永六（一三九九）年に勃発した応永の乱終結後、山名氏惣領家の分国となっており、幕府は守護山名氏を通じて地方支配を展開している[61]。それでは、守護と備後一宮―吉備津社、奉公衆―宮氏はいかなる関係にあったのだろうか。室町期の諸国一宮について、先行研究では「守護権力への相対的な従属性の強化」という点が指摘されている[62]。しかし、室町期の備後においては、守護山名氏と宮氏・吉備津社の関係を確認することができない。そして、宮氏は備後各地から段銭計五十四貫文を京済しており、段銭徴収の点では守護からの独立という点を指摘することができる[63]。また、応永十五（一四〇八）

年、幕府は、宮上野介家の氏兼と満信の所領問題について、宮下野入道と山内氏に打渡を命じている。[64]この点について外岡慎一郎氏は、当該期の備後においては守護による使節遵行が主流であったとしており、宮下野入道が両使に起用された背景について、宮氏側の強い意思が働いた可能性があるとしている。[65]そして、これに加え、有力な地域権力と評価されていた宮氏に関する問題であったために、幕府が守護遵行という選択肢を除外した可能性も指摘できるのではないか。このように、宮氏については守護山名氏との関係を確認することができないのだが、室町期において宮氏は地方支配の担い手として政治的役割を求められ行動するとともに、周辺国人と連携して行動している。

そこで、まず、宮氏と備後国人の関係について、備後恵蘇郡地毗荘を本拠とした国人山内氏との関係から考察してみよう。

契約申在所之事

合壱所者、小条孫右衛門尉跡田畠等事

右件在所者、別而依申談候、契約所申明白也、但此在所以土貢之内、毎年拾貫文宛被仰付候て可渡給候、至人足者、普請以下之時被仰付可出給候、此外有限　御神役等之事、任先規之例、如代々小条村可被社納候、仍契約状如件、

文明六年十一月十八日

宮

盛忠（花押）

文明六（一四七四）年、宮盛忠は小条孫右衛門尉跡について、「申談」により契約するとした。[66]ここにみえる小条村についてだが、三次郡入君郷に「小城」という小字がみえることから、[67]入君郷内の地と考えられる。また、本契約状は相手方を欠くが、文明十五（一四八三）年の山内豊通譲渡本領給分日記[68]に「小条分」がみえることから、契約の相

手方は山内氏とすることができる。そして、宮氏は「神役」については先例に任せて小条村に「社納」するよう山内氏に要請している。(69) 小条村を含む入君郷は吉備津社領であり、神役との関係がみえる小条村についても吉備津社領と考えられる。また、宮氏は人足について、普請の時に供出するよう求めているが、ここにみえる普請とは、吉備津社作事に関するものと考えられるのではないか。宮氏と山内氏は、吉備津社領について契約しており、宮氏は、山内氏に社領の支配権を委ねるかわりに吉備津社に係わる神役や人足の負担を求めた。このように、室町期の備後において宮氏と山内氏は、守護山名氏との関係によらず、吉備津社領の契約を媒介とした独自の関係を形成していたのである。

次に、室町幕府の地方支配における宮氏の位置について考察していく。先述したように、室町期の備後において、幕府は守護山名氏を通じて地方支配を展開しているが、宮氏と守護の関係を確認することはできない。そして、宮氏は備後の隣国安芸において幕命執行の担い手として行動している。すなわち、寛正二（一四六一）年、幕府は安芸における大内氏の拠点であった賀茂郡東西条について、武田氏に打ち渡すよう、宮氏と安芸豊田郡沼田荘を本拠とした奉公衆沼田小早川氏に命じた。(70) また、宮氏が使節遵行を命じられた背景について、十五世紀中葉の安芸の政治情勢からみると、守護山名氏と大内氏の関係形成により、守護が大内氏対策の担い手として適さない状況で、幕府・細川氏は細川方の安芸国人を通じて地方支配を展開したとされている。(71) このように、守護が幕命執行の担い手として適さないという状況下で、宮氏は幕府の安芸支配、大内氏対策において政治的役割を求められたのである。

さらに、宮氏については、安芸山県郡大朝荘を本拠とした細川方国人吉川氏との関係がみられる。すなわち、吉川之経宛信仲書状(72)によると、「委細宮下野殿可被申候」とみえ、宮氏が信仲と吉川氏の関係を仲介していたことを確認することができる。発給者の信仲については、関係史料を欠くため明らかにしえないが、「公儀万管領へ被仰談候」と、京の情報を伝えており、在京して吉川氏と連携して行動していた人物と考えられる。ここから、宮氏は在京していた信仲と安芸国人吉川氏の関係を仲介した存在とすることができよう。そして、このような関係の背景として、宮氏が幕府・細川氏の大内氏対策の中で、安芸において政治的役割を求められ行動していたという点を挙げることができると考えられる。このように、宮氏については大内氏対策を目的として展開された幕府の地方支配の中で、安芸国人との関係がみられるのである。

なお、宮氏は奉公衆として将軍に近侍し、在京して行動しており[73]、将軍権力への直属は南北朝・室町期を通じてみられる同氏の特性と考えられる。先述したように、宮氏は一国規模での影響力を有した備後一宮―吉備津社と密接な関係を有しており、幕府から有力な地域権力と評価されていた。幕府は、このような政治的実力を受けて、宮氏については守護を通じてではなく、直接指揮下に置くことを図ったとみられる。それでは、将軍権力に近侍して行動することは、宮氏にとってどのような意義を有したのだろうか。この点について、長享二（一四八八）年の宮下野守家と若狭守家の相論[74]から考察してみよう。この問題では、「若狭守云、我宗領之段無余儀、勤宗領役之事、于今無其隠云々、下野守云、我家元来我宗領也、蓋下野守根本為惣領、中間違　上意、以若狭守為宗領、件々勤公儀、其支証等歴々有之云々」と、宮下野守と若狭守家の双方が宮氏の惣領であると主張している。そして、その根拠として、若狭守は「宗領役」を勤めたことを、下野守家は「公儀」を勤めたことを主張している。ここにみえる「公儀」とは、室町幕府や将軍権力から求められた軍役をはじめとする公的な役ではないかと推測される。このように、幕府の役を負担し、将軍権力に近侍して行動することは、宮氏が惣領の地位を主張する上での根拠となっている。ここから、将軍権力に近侍することで惣領の地位の確保を図る宮氏と、宮氏を直接指揮下に置くことを図る幕府の志向性の合致という点を指摘することができるのではないか。

本節では、南北朝・室町期における宮氏の政治動向について考察した。宮氏は、奉公衆として将軍に近侍し、在京して行動しており、将軍権力への直属は南北朝・室町期を通じて見られる同氏の特性と考えられる。また、室町期において幕府は、守護山名氏を通じて備後支配を展開しているが、守護山名氏と宮氏・吉備津社の関係を確認することはできず、宮氏と山内氏は守護との関係によらず、吉備津社領の契約を媒介とした独自の関係を形成している。そして、宮氏は守護が幕命執行の担い手として適さないという状況下で、幕府から地方支配の担い手としての政治的役割を求められている。先述したように宮氏は、吉備津社と密接な関係を有し、幕府から有力な地域権力と評価されていた。幕府は、このような政治的実力を受けて、宮氏については守護を通じてではなく直接指揮下に置くことを図ったのである。

おわりに

本章では、備後国人宮氏と一宮—吉備津社の関係を明らかにするとともに、南北朝・室町期における宮氏の政治動向について考察した。最後に、本章で明らかにした点をまとめてみたい。

備後国人宮氏は、備後一宮—吉備津社と密接な関係を有していた。そして、吉備津社は、備後一宮として宗教面において一国規模での権威・影響力を有しており、宮氏が備後各地で行動した背景として、吉備津社との密接な関係を指摘することができる。また、室町期の備後において宮氏と山内氏は、守護山名氏との関係によらず、吉備津社領の契約を媒介とした独自の関係を形成している。

このように、地域社会において一宮と密接な関係を有していた宮氏について、幕府は有力な地域権力と評価し、様々な政治的役割を与えている。すなわち、南北朝・室町期において宮氏は、奉公衆として将軍に近侍し、在京して行動しており、将軍権力への直属は当該期を通じて見られる同氏の特性と考えられる。また、宮氏は守護が幕命執行の担い手として適さないという状況下で、幕府から地方支配の担い手としての政治的役割を求められ行動している。室町期において幕府は、守護山名氏を通じて備後支配を展開しているが、宮氏については、その政治的実力や吉備津社との関係を受けて、守護を通じてではなく直接指揮下に置くことを図ったのである。ここから、宮氏については、幕府の地方支配の中で守護から独立した存在として位置付けられていたと評価することができよう。

これまで述べたように、宮氏は備後一宮―吉備津社と密接な関係を有しており、吉備津社領の契約を媒介として備後国人との関係を形成するとともに、一宮との関係を背景として幕府から有力な地域権力と評価されていた。また、南北朝・室町期の地域社会は守護によって統合されていたと理解されているが、宮氏・一宮と守護の関係を確認することはできず、宮氏と一宮が守護によって統合されていたとすることはできない。宮氏は、備後において一国規模での影響力を有した一宮と密接な関係を有しており、幕府は、宮氏について守護を通じてではなく直接指揮下に置き、守護が幕命執行の担い手として適さないという状況下では、地方支配の担い手として位置付けることで地域社会の安定を図ったのである。

註

（1）川岡勉「室町幕府―守護体制の成立と地域社会」（『歴史科学』一三三、一九九三年）、同『室町幕府と守護権力』（吉川弘文館、二〇〇二年）。
（2）中世の一宮について、井上寛司氏は、各国の政治・社会秩序の維持・安定を実現するための守護神であり、政治・社会・宗教的機能を集中・一元的に担った存在としている（井上寛司『日本中世国家と諸国一宮制』〈岩田書院、二〇〇九年〉）。
（3）榎原雅治『日本中世地域社会の構造』（校倉書房、二〇〇〇年）。
（4）宮氏に関する先行研究はさほどみられず、『広島県史　中世　通史Ⅱ』Ⅳ―二　執筆担当　松浦義則（広島県、一九八四年）、『新市町史　通史編』第三章第三節　執筆担当　田口義之（新市町、二〇〇二年）などの自治体史で取り上げられている程度である。
（5）『新市町史　通史編』第二章第五節　執筆担当　谷重豊季（前掲註4）。
（6）榎原雅治「三つの吉備津宮をめぐる諸問題」（一宮研究会編『中世一宮制の歴史的展開　上』〈岩田書院、二〇〇四年〉）。
（7）『八坂神社社家記録』正平七年二月廿四日条。「アタチ」氏については、関係史料を欠くため、明らかにしえない。
（8）備後国大田荘立券文案「高野山文書（御影堂文庫所蔵文書）」一（『広島県史　古代中世資料編Ⅴ』〈広島県、一九八〇年〉）。以下、同書による場合、広Ⅴ―…（号数）と記す。
（9）宮元盛寄進状「中戸文書」一（『広島県史　古代中世資料編Ⅳ』〈広島県、一九七八年〉）。以下、同書による場合、広Ⅳ―…（号数）と記す。なお、岡迫・池上ともに、管見の限り現在地を比定することができない。
（10）中興寺領注文「中興寺文書」（『新市町史　資料編Ⅱ』八七〈新市町、二〇〇二年〉）。以下、同書による場合、新市―…（号数）と記す。
（11）「一遍上人年譜略」（『続群書類従・第九号上　伝部』〈続群書類従完成会、一九二五年〉）。
（12）『広島県史　中世　通史Ⅱ』Ⅵ―三　執筆担当　藤井昭（前掲註4）。
（13）榎原『日本中世地域社会の構造』（前掲註3）。
（14）吉備津・艮社については、「吉備高原の焼畑耕作地帯に、備中吉備の中山に鎮座する吉備津社を勧請したもの」とされている（『広

島県史　民俗編』Ⅰ―三　執筆担当　牛尾三千夫〈広島県、一九七八年〉)。

(15) 一例として、文政八（一八二五）年に成立した広島藩の地誌である『芸藩通志』によると、御調郡向島東村の艮社は、永暦元（一一六〇）年の勧請とされている。

(16) 山本高志「中世後期における守護河野氏と伊予国一宮」（一宮研究会編『中世一宮制の歴史的展開　上』〈前掲註6〉)。

(17) 宮氏の出自については、三宅克広氏によってまとめられている。三宅克広「宮氏の系譜と事歴」（今谷明・藤枝文忠編『室町幕府守護職家事典　下巻』〈新人物往来社、一九八八年〉)。

(18) 宮野州太守清叟昌澄居士寿像賛（徳雲寺蔵）新市―三五三。

(19) 『西備名区』巻四十四　品治郡。

(20) 谷重豊季「品治郡下安井村所在の柏城について」（『芸備地方史研究』二三三、二〇〇二年）。

(21) 『満済准后日記』正長元年七月廿五日条。

(22) 東岩蔵寺真性院雑掌言上状案「大覚寺文書」（『岡山県史　第十九巻　編年史料』一八二三〈岡山県、一九八八年〉)。奴可保については関連史料を欠くため明らかにしえないが、奴可郡内の地と考えられる。

(23) 禅盛寄進状「中興寺文書」新市―一一七。

(24) 宮元盛寄進状「中戸文書」広Ⅳ―一。

(25) 中世諸国一宮制研究会編『中世諸国一宮制の基礎的研究』備後国　執筆担当　榎原雅治（岩田書院、二〇〇〇年）。

(26) 『西備名区』巻四十八　品治郡。

(27) 宮政盛安堵状「尾多賀文書」広Ⅳ―三。

(28) 宮政盛安堵状「尾多賀文書」広Ⅳ―四。

(29) 宮親忠書状「尾多賀文書」広Ⅳ―六。

(30) 『新市町史　資料編Ⅱ』（前掲註10）。

(31) 宮政盛感状『萩藩閥閲録』巻149　宮与左衛門17。

(32)宮親忠感状『萩藩閥閲録』巻149　宮与左衛門16。
(33)谷重「品治郡下安井村所在の柏城について」（前掲註20）。
(34)室町幕府御教書『山内首藤家文書』八三（『大日本古文書　家わけ第十五　山内首藤家文書』）。以下、同書による場合、これを記さない。
(35)「御前落居記録」42（桑山浩然『室町幕府引付史料集成　上巻』〈近藤出版社、一九八〇年〉）。
(36)『西備名区』巻三十四　安那郡。
(37)長井時里目安状案「田総文書」広Ⅴ―一一。
(38)「康正二年造内裏段銭并国役引付」（『新校群書類従　第二十二巻』〈内外書籍株式会社、一九三二年〉）。
(39)『広島県史　中世　通史Ⅱ』Ⅳ―二　執筆担当　松浦義則（前掲註4）。
(40)塩治氏盛書状『山内首藤家文書』一七七。
(41)山内隆通知行書立案『山内首藤家文書』三〇四。
(42)『蔭凉軒日録』長享三年八月十二日条。谷重「品治郡下安井村所在の柏城について」（前掲註20）。
(43)高山城開陣時証状覚書写「小早川家証文」二〇五（『大日本古文書　家わけ第十一　小早川家文書』）。以下、同書による場合、これを記さない。これによると、文明七（一四七五）年、沼田小早川氏の本拠高山城の開陣に「両宮」が関与したことがうかがえる。これについては、下野守家と上野介家が連携して行動したものと考えられる。
(44)小早川元平書状『萩藩閥閲録遺漏』巻2の2　国貞平左衛門12。
(45)「永享以来御番帳」、「文安年中御番帳」、「長享元年常徳院様江州御動座当時在陣衆着到」（『新校群書類従　第二十二巻』〈前掲註38〉）によると、宮氏が奉公衆に編成されていたことを確認することができる。なお、この中で宮下野守家は五番衆に、宮上野介家は四番衆にみえる。
(46)『蔭凉軒日録』長享二年六月八日条。
(47)室町幕府執事奉書「浄土寺文書」広Ⅳ―七三。浄土寺は、尾道に位置した寺院である。

(48)　佐藤進一『室町幕府守護制度の研究　下』（東京大学出版会、一九八八年）。
(49)　岩松頼宥書状『毛利家文書』一三八〇（『大日本古文書　家わけ第八　毛利家文書』）。
(50)　『太平記』巻三十八、足利直冬御感御教書「内田家証文」広Ｖ―三。
(51)　足利義詮御判御教書写「小早川家証文」二八。
(52)　佐藤『室町幕府守護制度の研究　下』（前掲註48）。なお、佐藤進一氏は、守護に任じられた宮下野入道について氏信に比定しているが、とくにその論拠を示していない。一方で、三宅克広氏は下野入道について兼信に比定している（三宅「宮氏の系譜と事歴」〈前掲註17〉）。ここで、『太平記』巻三十八によると、貞治元年の宮氏と足利直冬の軍事行動において、宮下野入道と子息下野次郎氏信がみえるが、この下野入道は、『太平記』巻二十九に現れる下野守兼信と同一人物とみられる。ここから、備中守護に任じられた下野入道は兼信に比定すべきと考えられる。
(53)　東寺雑掌頼憲重申状「東寺百合文書」（『岡山県史　第二十巻　家わけ史料』八八八〈岡山県、一九八五年〉）。
(54)　『広島県史　中世　通史Ⅱ』Ｖ―三　執筆担当　藤井昭（前掲註4）。
(55)　将軍足利義持御判御教書案「東寺百合文書」広Ｖ―二〇四。
(56)　『日本歴史地名大系　第三四巻　岡山県の地名』（平凡社、一九八八年）。
(57)　山内隆通条書并毛利元就等連署返書『山内首藤家文書』二一六。
(58)　榎原「三つの吉備津宮をめぐる諸問題」（前掲註6）。
(59)　備前国総社家社僧中神前祈念之事等注文「本社文書」（『岡山県史　第十九巻　編年史料』一八八三〈前掲註22〉）。
(60)　佐藤『室町幕府守護制度の研究　下』（前掲註48）。
(61)　『広島県史　中世　通史Ⅱ』Ⅲ―四　執筆担当　岸田裕之（前掲註4）、岸田裕之『大名領国の構成的展開』（吉川弘文館、一九八三年）、川岡『室町幕府と守護権力』（前掲註1）。
(62)　井上『日本中世国家と諸国一宮制』（前掲註2）。
(63)　「康正二年造内裏段銭并国役引付」（前掲註38）。

(64) 室町幕府御教書『山内首藤家文書』八三。
(65) 外岡慎一郎「鎌倉末～南北朝期の備後・安芸」(『年報中世史研究』一五、一九九〇年。のち、同『武家権力と使節遵行』〈同成社、二〇一五年〉に収録)。
(66) 宮盛忠契約状『山内首藤家文書』五六一。
(67) 『角川日本地名大辞典　34　広島県』(「角川日本地名大辞典」編纂委員会、一九八七年)。
(68) 山内豊通譲渡本領給分日記『山内首藤家文書』一八二。
(69) 「如代々小条村可被社納候」という文言については、山内氏に対して小条村への社納を求めたものと理解しているが、小条村が社納するとも読むことができそうである。いずれにしても、神役との関係がみえる吉備津社領を宮氏と山内氏が契約したという点は揺るがないだろう。
(70) 室町幕府御教書写「小早川家証文」一二一、安芸東西条事書写「小早川家証文」一二九。拙稿「安芸国人沼田小早川氏と室町幕府・守護」(『ヒストリア』二三三、二〇一二年)。本書第三部第一章に収録。
(71) 『広島県史　中世　通史Ⅱ』Ⅲ—四　執筆担当　岸田裕之(前掲註4)、岸田『大名領国の構成的展開』(前掲註61)。
(72) 信仲書状『吉川家文書』一八五(『大日本古文書　家わけ第九　吉川家文書』)。以下、同書による場合、これを記さない。本書状は年欠だが、吉川元経の行動がみられるのが、長禄四(一四六〇)年以降であること(吉川元経文書目録『吉川家文書』一三五五)、寛正六(一四六五)年二月に宮駿河守教元の父宮「下野」について「他界」と見えることから(『親元日記』寛正六年二月十一日条)、長禄四年から寛正五年の間に発給されたものとすることができる。
(73) 『広島県史　中世　通史Ⅱ』Ⅳ—二　執筆担当　松浦義則(前掲註4)。
(74) 『蔭凉軒日録』長享三年八月十二日条。谷重「品治郡下安井村所在の柏城について」(前掲註20)。

第三章　伊予国人大野氏と室町幕府・守護

はじめに

これまで、安芸国人沼田小早川氏と備後国人宮氏を取り上げ、南北朝・室町期における国人の政治動向を明らかにすることを図ったが、本章では、伊予山間部を本拠とした国人大野氏を取り上げ考察していく。

まず、大野氏に関する先行研究を整理してみよう。石野弥栄氏(1)は、大野氏について守護河野氏に対する敵対行動がみられることなどから、「きわめて独立的な存在」であったと位置付けている。そして、この自立性の背景として、大野氏について「将軍被官でありながら、守護被官であるという両属的性格」を有し、「幕府へ直結し、守護とのかかわりが薄かった」と指摘している。また、石野氏は、大野氏について細川氏との「密接な関係」がみられることから、「一時的に契約関係を結んで被官」に加えられた可能性があるとしている。

次に、川岡勉氏(2)は、大野氏について伊予山間部の周辺国人―重見・森山氏との一体性の中で行動していたとし、これを「山方領主」と位置付けた。そして、山方領主は守護河野氏に対抗するため、土佐守護細川氏との関係強化を図ったとしている。

このように、大野氏について先行研究では、守護河野氏に対する自立性を基軸に、将軍権力との関係、土佐守護細川氏との関係が指摘されている。かつて、私も『伊予史談』に発表した「南北朝・室町期における伊予国人大野氏の政治的動向[3]」において、大野氏の政治動向を取り上げ、室町幕府の地方支配の中で位置付けることを試みたが、地域社会の政治情勢や周辺勢力との関係を組み込めず、この点が課題として残されていた。大野氏は、守護河野氏に対して自立性を有して行動した国人とされており、その政治動向を考察することは、守護支配を相対化する上でも、室町幕府の地方支配における国人の政治的役割を理解する上でも有意義なテーマになりうるものと考えられる。また、伊予・土佐の国境地域を本拠とした大野氏については、その地理的条件から土佐との関係が指摘されており、この関係の実態を考察することで、国境を越えて形成される地域権力の関係や地域社会の政治秩序を明らかにすることができるのではないか。

そこで本章では、伊予・土佐における大野氏の政治動向について、幕府の地方支配や守護・周辺国人との関係など、地域社会の政治情勢の中で位置付け考察していく。これにより、室町幕府の地方支配における大野氏の政治的役割や、国境を越えて形成される国人の関係について明らかにしていきたい。

一、南北朝動乱と大野氏

南北朝期の伊予[4]は、西国における南朝方の拠点であり、忽那義範、河野氏庶子家の得能・土居氏などの南朝方勢力が軍事行動を展開している。これに対し幕府方では、細川氏と伊予の有力豪族河野氏が軍事行動を展開し、伊予の掌握を図っている。本節では、南北朝期における幕府方と南朝方の伊予をめぐる抗争の中で、大野氏の動向について考察していく。

建武三（一三三六）年六月、近江比叡山合戦における河野通盛手負注文[5]において、「設楽兵藤左衛門尉正義若党　大野次郎兵衛尉忠直」が通盛方の負傷者にみえる。大野氏は、伊予喜多郡出海を本拠とした国人設楽兵藤氏[6]の被官として畿内の合戦に従軍しており、他の伊予国人と同様に河野氏の指揮下で行動している。この点について川岡勉氏は、南北朝期の伊予においては、国内で伝統的な勢力基盤を保持していた河野氏によって地頭御家人の統率が行われるとともに、国大将・守護細川氏によって幕府方の軍事行動が展開されたとしている[7]。大野氏も、このような情勢下で河野氏に従軍したが、この事例以後、南北朝期において大野氏が河野氏指揮下で行動したことは確認できない。

さて、伊予においては、観応の擾乱の中で河野氏が守護に任じられていたが[8]、貞治三（一三六四）年、讃岐・阿波・土佐の守護細川頼之が伊予に侵攻して河野氏を攻撃、通朝を敗死させた。そして、河野氏は南朝方に転じ、幕府方の伊予守護細川氏との間で戦闘が行われており、この中で大野氏は守護細川氏の指揮下で行動している。

於小田土居城連日致合戦之条、悦入候、就中連判之状披見申、殊如此沙汰公私難有候、当方事可得落去候間、急速陣可被寄候、可心安候、恐惶謹言

卯月十三日　（細川）頼有

大野十郎（詮直）左衛門尉殿

これによると、伊予浮穴郡小田土居城における大野詮直の軍事行動について、細川頼有が感状を発給している[9]。そして、大野詮直は細川頼有に対して「連判之状」を提出しており、頼有も小田土居城戦線への支援を詮直に伝えた。

ここで、発給者細川頼有は、伊予守護細川頼之の弟であり、頼之の守護代として伊予で行動したと指摘されている。(10) 頼有の伊予における動向が確認されるのは応安元（一三六八）年以後であり、(11) 細川頼之が失脚した康暦の政変以後、伊予における頼有の軍事行動はみられないことから、応安元年から康暦元（一三七九）年の間に発給されたものと考えられる。このように、大野氏は、小田土居城において守護細川氏の指揮下で軍事行動を展開したのである。また、永和二（一三七六）年、大野義直は伊予浮穴郡出淵に出兵し、細川頼之から感状を受けている。(12) ここで、大野氏が軍事行動を展開した地域についてみてみよう。伊予においては、平野部と山間部を結ぶ交通路の存在が確認されており、松山から三坂峠を越えて土佐に至る土佐道と、松山から喜多郡大洲に至る大洲道が主要交通路であった。(13) そして、大野氏が軍事行動を展開した小田土居城は大洲道と土佐道を結ぶ交通路上にあり、出淵は大洲道に位置している。大野氏は、幕府方守護細川氏の指揮下で伊予山間部の主要交通路において軍事行動を展開したのである。

それでは、大野氏が軍事行動を展開した伊予山間部はいかなる状況にあったのだろうか。ここで、伊予山間部における南朝方の動向についてみてみよう。まず、大野氏が軍事行動を展開した小田においては、太田荘司が南朝方として行動しており、周辺の南朝方勢力と連携し、喜多郡に侵攻している。(14) また、土佐道に位置する浮穴郡荏原について、南朝は河野通直を通じて支配を展開している。(15) さらに、南朝は土佐対策のため円明寺大納言を派遣した際は河野通直に合力を命じた。(16) このように、南北朝期の伊予山間部においては南朝方勢力が存在しており、南朝は、河野氏を通じて伊予と土佐を結ぶ交通路の確保を図っている。

これに対し、幕府方守護細川氏は、伊予山間部の南朝方勢力の制圧と、主要交通路の確保を必要としており、大野氏は、幕府・細川方として伊予山間部の主要交通路において軍事行動を展開している。そして、このような大野氏の

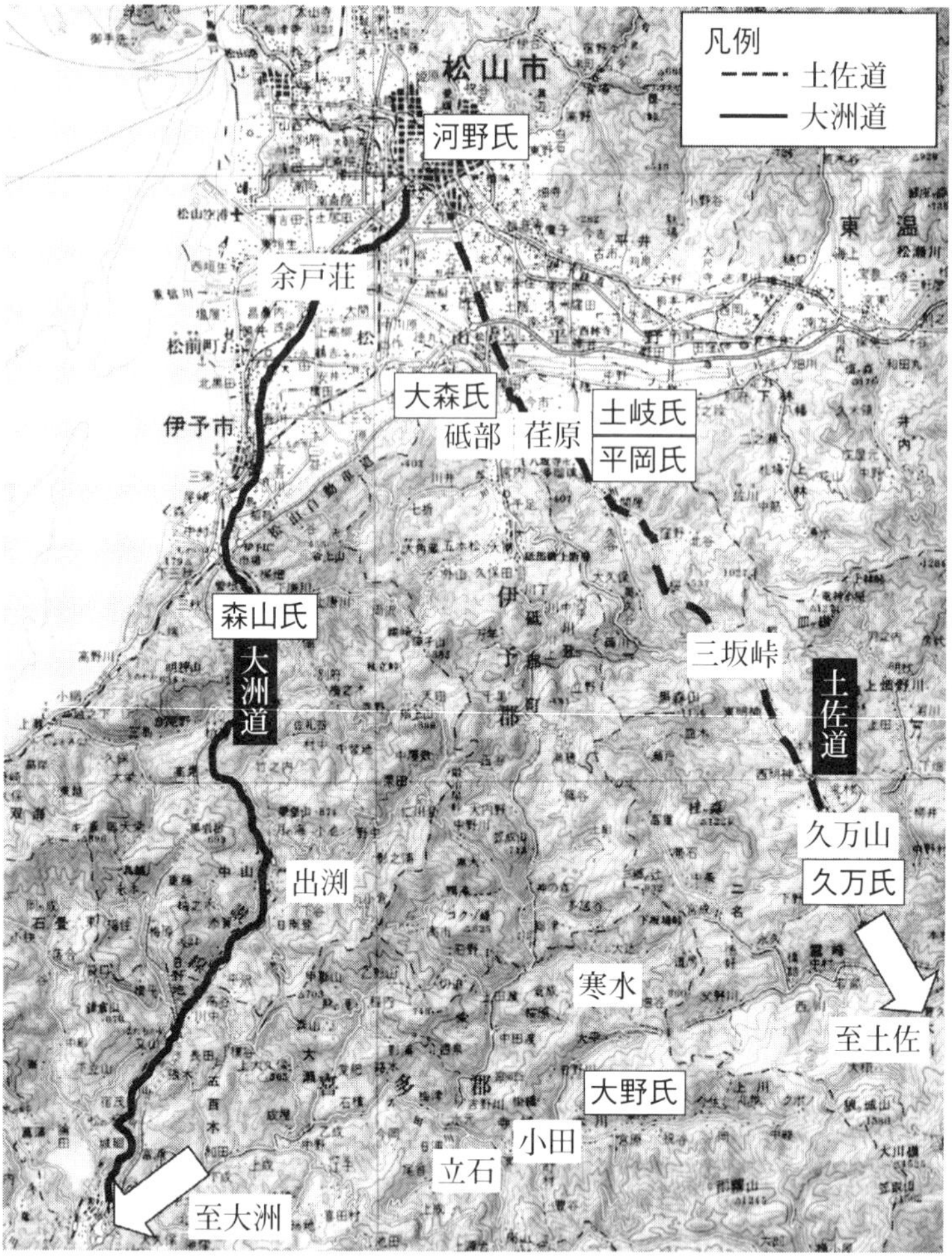

図１　土佐道・大洲道と大野氏　1：200,000 地勢図　松山（国土地理院発行）より作成した。

動向に対し、永和元（一三七五）年、細川頼有は大野詮直に伊予塩引村二宮太郎左衛門跡を預け置いている[17]。このように、大野氏については、伊予山間部の軍事行動や所領預置を媒介とした守護細川氏との関係がみられるのである。

　本節では、南北朝期における大野氏の政治動向について考察した。伊予においては河野氏による地頭御家人の統率が行われており、大野氏も設楽兵藤氏の被官として、河野氏の指揮下で畿内の戦闘に従軍している。しかし、細川氏の伊予侵攻により、河野氏が南朝方に帰順すると、伊予においては幕府方守護細川氏による軍事行動が展開されている。ここで、南北朝期の伊予は、西国における南朝方の拠点であり、伊予山間部においても南朝方勢力が存在している。伊予における幕府方と南朝方の抗争の中で、守護細川氏は伊予山間部の主要交通路の確保を必要としていた。そして、大野氏は、守護細川氏の指揮下で伊予山間部の主要交通路において軍事行動を展開するとともに、細川氏から所領を預け置かれている。このように、南北朝期の大野氏については、伊予山間部の軍事行動を媒介とした守護細川氏との関係がみられるのである。

二、室町期伊予における大野氏の動向

室町期の国人は、守護の分国支配を支えるべき存在と位置付けられている。[18]ここで、大野氏について先行研究では、守護河野氏に対する自立性が指摘されてきた。しかし、先行研究では偏諱を受けていない点や敵対行動がみられると指摘されるに止まり、大野氏と守護河野氏の関係の実態について明らかにされているわけではない。そこで、本節では南北朝動乱終結後、応仁・文明の乱勃発までの時期を対象として、伊予における大野氏の動向について、幕府の地方支配や守護・周辺国人との関係など、地域社会の政治情勢の中で位置付け考察していく。

まず、河野氏の守護支配[19]について確認してみよう。伊予においては宇摩・新居郡に細川氏、喜多郡に宇都宮氏、宇

和郡に西園寺氏が存在しており、河野氏の守護支配が及ぶ範囲は限定されていたが、大野氏が本拠とした伊予山間部の浮穴郡は、河野氏の守護支配が及ぶ地域とされている。そこで、伊予山間部における河野氏の守護支配についてみると、応永三（一三九六）年、荏原浄瑠璃寺に関する遵行について河野氏は、河野氏一族で伊予守護代であった戎能氏に命じている(20)。また、守護河野通之は浮穴郡砥部を本拠とした国人宇野（大森）長門守に対し、浮穴郡久万山での戦闘を賞している(21)。

一方で、一五世紀前半の伊予において、大野氏が幕府・守護河野氏から政治的役割を求められ行動した事例を確認することはできない。そこで、当該期における大野氏と幕府・守護河野氏の関係について、次の史料から考察してみよう(22)。

森山与大野確執事、共以可停止之由、就被仰、請文到来之処、押寄寒水立石云々、大野既令違背下知之上者、不日可加治罰、次与力輩事、可為同罪之間、尋究実否可注進交名、将又於大野跡者、所充行森山也、但至給恩之地者、可致計沙汰也、

十二月五日　在判（足利義教）

河野犬正（教通）とのへ

年欠だが、永享七（一四三五）年に河野通久の戦死を受けて教通が相続しており(23)、永享十一（一四三九）年には河野教通について「犬正」ではなく「九郎」とみえることから(24)、永享七年から永享十一年の間に発給されたものと考えられる。これによると、森山氏と大野氏の抗争について、幕府による停戦命令が出され、双方がこれに従う請文を提出していたが、大野氏がこれに背いて浮穴郡寒水・立石に進出したため、幕府は守護河野氏に対して大野氏の追討を

命じている。さらに、幕府は大野跡を森山氏に与え、給恩の地については守護の沙汰に任せるとした。大野氏が本拠とした伊予山間部浮穴郡は河野氏の守護支配が及ぶ地域であり、幕府は大野氏の所領問題についても守護河野氏を通じて執行している。室町幕府の伊予山間部支配において、大野氏は守護河野氏を通じた遵行の対象として位置付けられていたのである。

ここで、大野氏の所領をめぐる問題から、大野氏と守護河野氏の関係について考察してみたい。まず、後述する河野氏の内紛の中で河野氏本宗家は伊予郡余戸荘をはじめとする平野部の所領を大野氏に申し定めている[25]。この申定は、所領給与を意味するものと考えられる。また、河野氏は応仁・文明の乱勃発に際し、戦闘参加を条件に浮穴郡寒川山を給与することを大野氏に伝えている[26]。ここから、守護河野氏は、紛争勃発時に所領を給与することで大野氏との関係を強化し、伊予支配の安定を図ったと考えられる。このように、守護河野氏と大野氏には、所領給与を媒介とした関係が見られるのである。

次に、一五世紀中葉に勃発した守護河野氏の内紛[27]を取り上げ、大野氏の動向について考察していく。河野氏においては、本宗家教通と予州家通春が対立し、讃岐・土佐の守護細川勝元は伊予の政治情勢を有利に展開させるため、予州家通春を支援していた。そして、河野氏の内紛において細川氏と大野氏の関係を確認することができる。

対森山兵庫助不快事、不可然之処、既和睦之由其聞候、尤以目出候、弥与通春令同心、毎事被申談候者、可為本望候、恐々謹言

三月廿六日　　勝元（細川）（花押）

大野宮内（通繁）少輔殿

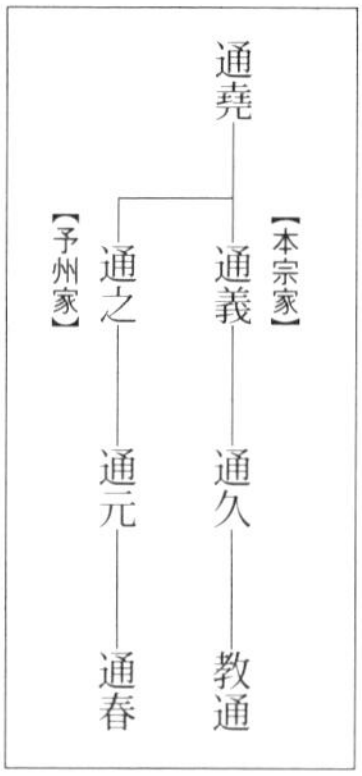

系図　河野氏本宗家と予州家

細川勝元は、大野通繁に対して森山氏との和睦を賞し、自己の支持していた通春に同心して行動するよう求めた[28]。勝元にとって、大野氏と森山氏の不和は望ましくない状況であり、両氏の和睦を必要としていた。そして、文安六年三月三十日、伊予において河野教通と宇都宮氏が同心し、軍事行動を展開していたことを受けて、細川勝元は管領奉書により幕府の正式命令として通春への合力を大野氏に命じている[29]。先に示した三月二十六日付細川勝元書状は、この管領奉書と関連するものであり、文安六（一四四九）年のものと考えられよう。ここで、文安六年段階の細川勝元は、管領として伊予の問題に対処したと考えられる。この点について、石野弥栄氏は、伊予守護河野氏の内紛問題では、管領の交替に伴い、幕府の対応に変化が見られるとしている[30]。すなわち、細川勝元の管領在任時は通春支持、畠山持国の管領在任時には将軍義政の意向に従い教通支持政策が見られるというのである。そして、管領が細川勝元から畠山持国に交替すると、幕府の本宗家教通支持が明確となる。すなわち、宝徳二（一四五〇）年八月十九日、幕府は竹原小早川氏に対し、伊予守護に河野教通が補任されたことを伝え、杉原氏とともに軍勢を動員し、教通に合力するよう命じている[31]。これに対する伊予国人の動向について、次の史料をみてみよう[32]。

　就当国御成敗事、先度被成下御教書候、其刻雖可捧御請、先年以上意、通春可随身旨、被仰付候間、于今遅々、全徘（非）緩怠候、所詮、重依御下知、宇和喜多□（為カ）与力仁等、同大野森山談合仕、可致忠節候、以此旨預御披露候者、畏存候、恐々謹言、

　　八月十九日　　飛騨守（重見）通実

謹上　小早川殿
　　　杉原殿　御両所御中

年欠だが、宝徳三（一四五一）年六月に、重見・森山氏が幕命に応じて「御請」を捧げていることから、[33]宝徳三年のものと考えられる。ここで、伊予国人重見通実は、伊予成敗に係わる御教書について「御請」が遅れた理由として、上意により通春方となるよう命じられていたことを主張している。そして、再度命令が発せられたことを受けて、宇和郡の西園寺氏、喜多郡の宇都宮氏、森山・大野氏と連携して行動することを誓約し、両使竹原小早川・杉原氏に披露を求めている。両使は幕府から教通合力を命じられて伊予に出兵したのであり、重見氏は教通方として行動することを誓約したと考えられる。大野氏をはじめとする伊予国人は、管領細川氏との関係の中で、予州家通春方として行動していたが、畠山持国の管領在任時に将軍足利義政の意向―上意を受けて発せられた幕命に従い、本宗家教通に合力し、細川勝元・通春に敵対した。伊予山間部の国人については、細川氏との関係が指摘されてきたが、幕命により周辺国人と連携して細川氏に敵対しており、国人の政治的関係については、河野氏の内紛に対する幕府の地方支配の中で理解する必要がある。

　このように、大野氏は幕命により教通合力を命じられたが、ここで、河野氏の内紛における大野氏の軍事行動について考察してみよう。

　予州発向事、被仰諸士率（卒カ）之処、今度桐河城被攻落、敵数輩被打取旨、守護教通註進到来、尤神妙、向後属教通申、
　弥可被致忠節之由、被仰出候也、仍執達如件、
　　享徳元

十一月廿五日
為数（飯尾）（花押）
貞元（飯尾）（花押）
大野（通繁）宮内少輔殿

享徳元（一四五二）年十一月、伊予出兵を命じられた軍勢の戦闘について、守護河野教通が幕府に注進した[34]。また、この戦闘において幕府は、守護河野教通に属するよう大野通繁に命じている。この点について、川岡勉氏は、「伊予国内の紛争であれば河野氏の国成敗権が及ぶ」としている[35]。伊予大野氏に関する旧稿[36]のなかで私は、伊予国人大野氏が守護河野氏の指揮下で軍事行動を展開した点を指摘した。これに対し、吉田賢司氏は「幕府直属国人が守護の動員に応じた事例を強調するが、それらは「守護公権」にもとづく軍勢催促（命令）ではなく、援軍要請（依頼）に近いもの」としている[37]。なお、室町幕府軍制について吉田氏によると、軍事行動の指揮系統は守護と幕府直属国人に系列化していたとされている[38]。すなわち、軍勢催促の対象は守護と直属国人という幕府に直結する軍事指揮官クラスに限定され、それ以外の一般国人は守護に一任されたというのである。しかし、享徳元年の戦闘では、幕府が守護に属するよう大野氏に命じており、守護による援軍要請と位置付けることはできない。大野氏は、伊予の紛争解決を必要とする幕府によって、守護への従軍を命じられているのであり、室町幕府軍制における大野氏の軍事行動については、守護との関係の中で理解する必要がある。

　さて、伊予における守護河野氏の内紛は本宗家教通と予州家通春・細川勝元という構図で展開したが、寛正年間、予州家通春が細川勝元に敵対、本宗家と予州家は一時的に和睦し、細川氏と河野氏の間で抗争が展開していく。このような情勢下で、伊予においては守護細川勝元を中心として通春方勢力の制圧が進められている[39]。そして、寛正六

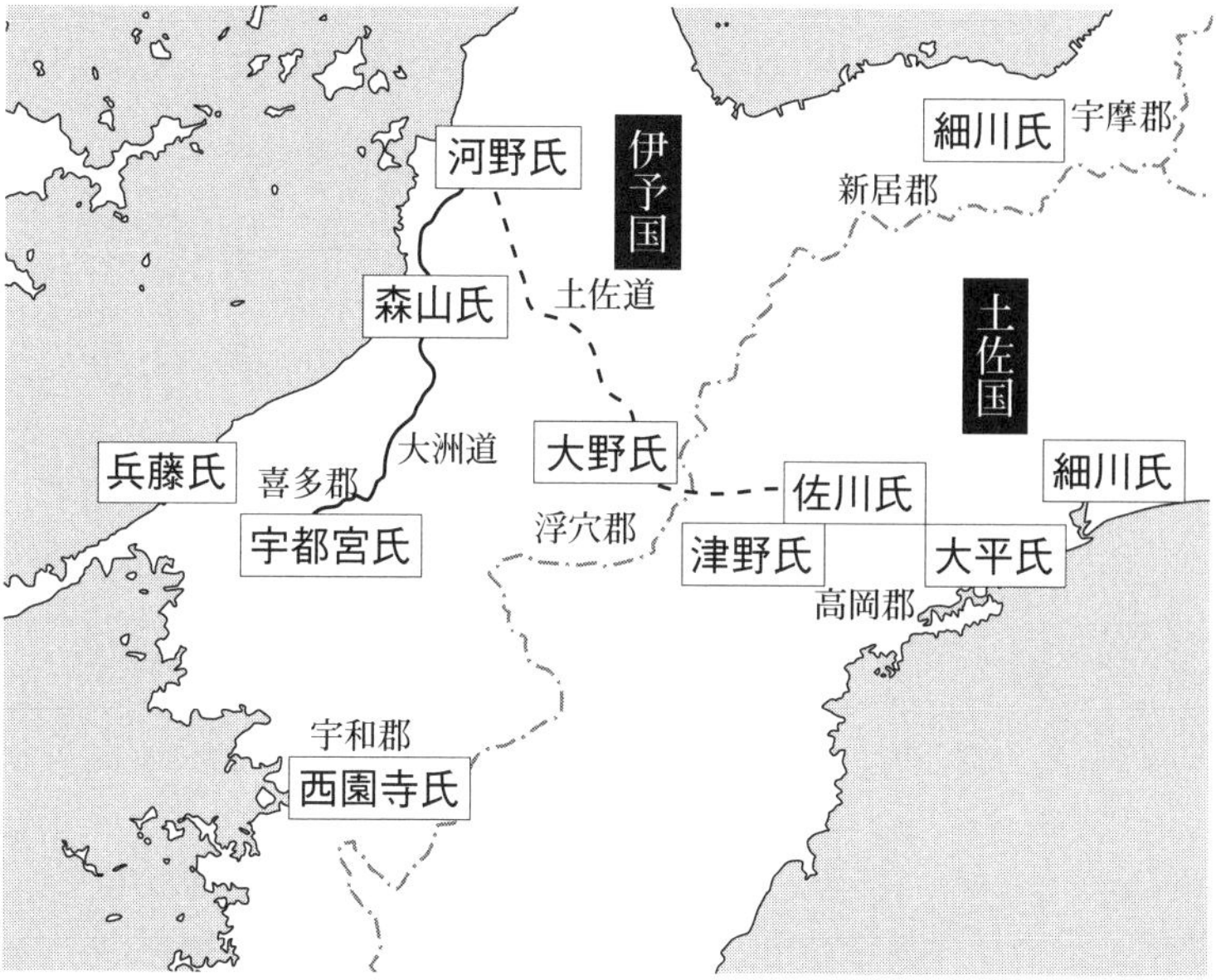

図２　大野氏と伊予・土佐の守護・国人

（一四六五）年、細川勝元は大野繁直に対し、通春追討における協力を依頼した(40)。ここで、勝元は、「為無二心之御方森山重見等一味之条、尤以神妙之至」と、森山・重見・大野氏が勝元方として連携したことを賞している。さらに、伊予の軍勢が連合して守護細川氏の下で通春制圧に動いたが、「委細大平隠岐守可申候」と、勝元と大野氏の関係を仲介する存在として土佐国人大平氏の存在を指摘することができる。伊予守護細川勝元は、大野氏と重見・森山氏を連携させることで通春制圧に向けた体制を整備したが、大平氏を通じて大野氏に協力を求めている。このように、守護細川勝元による河野通春の制圧において、予土の国境を越えた国人の関係がみられるのである。

なお、細川勝元から「無二心之御方」とされた重見通熙・森山範直・重見元康は、寛正五（一四六四）年六月、連署して大野氏に「久万山出雲入道跡」の申定を行っている(41)。この申定については、「若三百貫相定不申候ハヽ、両三人申談相副可申候」と、三百貫の申定を重見・森山氏の三人が連携して保証することを大野氏に伝えている。また、寛正五年七月、森山範直は大野氏との係争地であった寒水について、戦闘終結後に明け渡すとしている[42]。このように、大野・森山・重見氏には、伊予山間部の所領給与を媒介とした関係の存在を指摘することができる。そして、この所領給与では、幕府・守護という上級権力との関係によらず、重見・森山氏が連携して大野氏に保証しており、伊予山間部においては国人が連携して所領支配を保証する地域秩序が形成されていたと考えられる。このように、国人間の連携により伊予山間部の所領支配が保証される中で、大野氏は周辺国人と連携して行動したとみられる。この点について川岡勉氏は、「山方領主」として大野・森山・重見氏が一体性の中で行動していたとしている[43]。しかし、大野氏は周辺国人との関係を強化する一方で、寒水・立石をめぐる森山氏との抗争にみえるように周辺国人との所領紛争を抱えており、政治情勢によっては敵対勢力となっている。大野氏と周辺国人の関係については、一体性と独自性の両側面から理解する必要がある。そして、大野氏と周辺国人の関係は、土佐国人大平氏との関係が見えるように、伊予国内の関係に止まらず、国境を越えて形成されていたのである。

本節では、室町期の伊予における大野氏の政治動向について考察した。まず、一五世紀前半の伊予において、大野氏が幕府・守護から政治的役割を求められ行動した事例を確認することはできない。伊予山間部の浮穴郡は河野氏の守護支配が及ぶ地域であり、幕府は大野氏の所領問題についても河野氏を通じて執行している。

次に、一五世紀中葉の伊予において、守護河野氏の内紛が勃発すると、幕府は教通への合力を伊予国人に命じており、大野・森山・重見・宇都宮・西園寺氏が連携して行動している。そして、河野氏の内紛の中で伊予守護細川勝元は、土佐国人大平氏を通じて大野氏に河野通春の制圧を要請、周辺国人との連携を求めている。ここで、大野氏と伊予国人、土佐国人大平氏は、河野氏の内紛問題の解決を必要とする幕府・守護の下で行動している。幕府・守護細川氏は、予土の国境を越えて形成された国人間の連携の存在を重視し、大野氏を通じて地方支配を展開したのである。そして、大野氏が河野氏の内紛問題の解決において周辺国人と連携して行動した背景として、所領給与を媒介とした伊予国人の関係と、国人間の連携により形成された伊予山間部の地域秩序の存在を指摘することができよう。

なお、大野氏と伊予守護河野氏の関係について、先行研究では守護に対する自立性が指摘されてきたが、幕府は大野氏に守護河野氏指揮下での軍事行動を命じており、大野氏の所領問題についても守護を通じて執行している。そして、守護河野氏は伊予支配の安定に向けて、緊迫した政治情勢下においては、所領を給与することにより大野氏との関係強化を図っている。このように、伊予における大野氏の政治動向については、守護河野氏との関係がみられるのである。

三、室町期土佐における大野氏の動向

予土の国境地域を本拠とした国人大野氏と土佐の関係について、先行研究では伊予守護河野氏に対抗するため土佐守護細川氏との関係強化を図ったとされてきた。本節では、一五世紀前半の土佐国人佐川氏に対する軍事行動と、一五世紀中葉の土佐国人津野氏に対する軍事行動を取り上げ、土佐における大野氏の政治動向について、幕府の地方支配や守護・周辺国人との関係など、地域社会の政治情勢の中で位置付け考察していく。

まず、一五世紀前半の土佐高岡郡の国人佐川氏に対する軍事行動における大野氏の動向についてみてみよう。

上意として土州退治之事、被　仰出候間、執事を越候也、国境之事ニて候得者、憑入候、無等閑候者悦入候、委細状不申次第、猶庄林入道可申候、兼又宇津宮方之事、自其能々御籌策ニて無子細候者殊本望候、将又　上意之事、連々可心得申也、恐惶謹言

八月七日　　満元（細川）

大野殿

細川満元は、「土州退治」について「上意」―幕府の実権を掌握していた足利義満の命により軍事行動が発動されたことを伝え、「国境之事」―予土の国境地域の問題であることから大野氏に協力を求めた[44]。「土州退治」について石野弥栄氏は、応永九（一四〇二）年の土佐国人佐川氏の反乱制圧に関するものと指摘している[45]。そして、発給者細川満元については、土佐を分国として回復する意思を有していたため、土佐の軍事行動に干渉したとしている。ここから、佐川氏に対する軍事行動において大野氏は、分国土佐の回復を図る前守護細川満元から軍事行動を求められたと考えられよう。

ここで、細川満元は佐川氏制圧における協力に加え、宇都宮氏への対応を大野氏に依頼している。宇都宮氏は、佐川氏に対する軍事行動において佐川氏の所領を与えられており[46]、幕府方として行動していた。細川満元は、伊予国人大野・宇都宮氏の関係を前提として、大野氏を通じて周辺国人との協力体制を整備し、土佐戦線に動員することにより、予土国境地域の紛争解決を図った。一方で、細川氏は上意であることを強調しており、管国外の伊予国人大野氏に対しては、上意を根拠としなければ軍事行動を引き出せなかった。このように、一五世紀前半段階の大野氏は土佐の紛争解決において、直接幕府から軍事行動を命じられたのではなく、細川氏の協力要請を受けて行動している。

次に、一五世紀中葉の土佐高岡郡の国人津野氏に対する軍事行動における大野氏の動向についてみてみよう。

土佐国津野備前守《(之高)》対治事、早守護代相共可被致忠節之由、所被仰下也、仍執達如件、

宝徳三年十月廿三日　沙弥《(畠山持国)》（花押）

大野宮内《(通繁)》少輔殿

宝徳三（一四五一）年十月、幕府は津野之高に対する軍事行動において、守護代と共に行動するよう大野通繁に命じた[47]。大野氏は、地域紛争の解決を必要とする幕府から直接軍事行動の展開を命じられている。ここで、土佐における大野氏の軍事行動については、管領であり土佐守護であった細川勝元との関係がみられる。すなわち、細川勝元は大野氏に対し、土佐に出兵したことを賞し、在城するよう求めている[48]。さらに、土佐における大野氏の軍事行動について、次の史料をみてみよう[49]。

就土州時義《(マヽ)》、早々自身被打越候之由、大平隠岐守《(国豊)》注進到来候、殊目出候、仍被成　御教書候、弥被致粉骨候者可然候、委細赤川新蔵人可申候、恐惶謹言

六月廿五日　道賢《(細川持賢)》

大野宮内《(通繁)》少輔殿

康正二（一四五六）年と推測される[50]六月、細川勝元の叔父で後見人であった細川持賢が大野通繁の土佐出兵を賞しており、御教書が発給されることを伝えた。そして、大野通繁の土佐出兵という軍事情報は、土佐国人大平国豊によって細川氏に注進されている。さらに、七月には細川持賢が土佐における大野通繁の忠節を賞し、土佐における軍事行動の展開を求めており[51]、十二月には細川勝元が「国事無為目出候」と、土佐の紛争が解決したことを大野氏に伝えて

いる。[52]

ここで、大野氏の土佐における軍事行動については、土佐高岡郡蓮池を本拠とした国人大平氏との関係を指摘することができる。すなわち、大野氏の土佐における軍事行動は、大平氏によって注進が行われており、大平氏は大野氏の軍事情報を知りうる存在と位置付けられる。大平氏について下村效氏は、在京性の高さを指摘し、「東は土佐郡西部より、西は高岡郡東部、北は吾川郡伊予境まで」を勢力圏とした国人としている。[53]また、石野弥栄氏は、大平氏が永享年間の土佐国人の反乱制圧において細川氏から軍事行動を命じられていることから、守護代であったとしている。[54]なお、大野氏と大平氏については、大平元国（後述する国雄の子）書状に「数代甚深仁申合儀候[55]」と数代にわたり連携し、その関係を強化していたことがうかがえる。このように、大野氏と大平氏は予土の国境を越えた関係を形成しており、一五世紀中葉の土佐における大野氏の軍事行動についても、大平氏との関係がみられる。ここで、一五世紀前半に細川氏から土佐出兵を依頼されていた大野氏は、宝徳三年の軍事行動においては、土佐における紛争解決を必要とする幕府から出兵を命じられている。室町幕府は大平氏との関係がみられる大野氏について、土佐における紛争解決の担い手としての役割を担いうる存在と位置付け、直接、軍事行動の展開を命じたのである。

本節では、土佐における伊予国人大野氏の政治動向について考察した。まず、佐川氏に対する軍事行動において、大野氏は細川氏の要請を受けて土佐に出兵している。そして、大野氏と宇都宮氏の関係が形成される中で細川氏は、大野氏を通じて伊予国人の協力体制を整備し、土佐戦線に動員することで紛争解決を図っている。

次に、津野氏に対する軍事行動において、大野氏は幕府から土佐出兵を命じられ、土佐の紛争解決のための政治的役割を求められたが、この軍事行動では土佐国人大平氏との関係がみられる。先行研究において大野氏は、伊予守護河野氏に対抗するため細川氏との関係強化を図ったと理解されてきた。しかし、幕府・守護細川氏が土佐の紛争解決という目的の下で、予土の国境を越えて形成された国人間の連携の存在を重視し、大野氏を通じて地方支配を展開したという点についても評価する必要がある。室町幕府は、大平氏との関係が見られる大野氏について、土佐の紛争解決の担い手として位置付けたのである。

四、応仁・文明の乱、久万山押領問題と大野氏

本節では、応仁・文明の乱と伊予浮穴郡久万山押領問題を取り上げ、一五世紀後半における大野氏の動向について、幕府・守護・周辺国人との関係の中で考察していく。

まず、伊予における応仁・文明の乱[56]と大野氏の動向についてみてみよう。伊予においては、応仁・文明の乱勃発前より、大内氏と細川氏の間で戦闘が展開されている。すなわち、幕命により細川勝元への合力と河野通春制圧を命じられた大内教弘は、寛正六（一四六五）年、幕命に反して通春を支持し、勝元と敵対した。そして、応仁・文明の乱が勃発すると、東軍方の細川勝元への対抗上、河野氏は大内氏の属した西軍方として行動している。ここで、応仁・文明の乱における河野氏の動向をみると、予州家通春は大内政弘とともに上洛し、西軍方として軍事行動を展開、文明九（一四七七）年に伊予に帰国している。一方で、本宗家教通は、寛正年間に予州家通春と和睦し在京していたが、応仁元（一四六七）年十二月までに帰国、西軍方から東軍方に転じたとされている。

さて、応仁・文明の乱における大野氏については、次の史料からその動向をうかがうことができる。(57)

就細川右京大夫勝元、畠山尾張守政長、赤松次郎被下退治事、河野伊与守通春于今令在京訖、仍河野形《刑》部大輔通秋、同兵部少輔通生彼与類等事、被加誅罰候、可被抽戦功候、伊予国令静謐様可被廻計略之由、所被　仰下也、仍執達如件

左兵衛佐
応仁三年五月四日　　義廉《斯波》
大野宮内少輔殿《繁直》

応仁三（一四六九）年、西軍幕府は、東軍方の細川勝元・畠山政長退治のため河野通春が在京していたことを受けて、河野教通に対する軍事行動の展開を大野繁直に命じた。大野氏は、応仁・文明の乱において大内・河野氏の属した西軍方―反細川方として行動している。大野氏は、伊予における河野氏の和睦と西軍方としての行動、さらには河野氏本宗家の所領給与による働きかけ(58)の中で細川氏に反し、西軍方として行動したと考えられる。そして、本宗家教通の東軍帰属と予州家通春の在京という情勢下で、大野氏は西軍方の軍事行動において、伊予全体の政治情勢の安定に向けた「計略」を命じられている。大野氏について、先行研究では細川氏との関係が指摘されてきたが、応仁・文明の乱の展開の中で反細川方として行動しており、その政治的関係については政治情勢の中で位置付け理解する必要がある。また、大野氏は西軍幕府から伊予における軍事的役割を求められており、反細川方の伊予支配の担い手として位置付けられていたのである。

次に、応仁・文明の乱終結後の細川政元と伊予国人の関係について、久万山をめぐる抗争を取り上げ、考察してみ

【表1】伊予国人大野氏と土佐国人大平氏

年月日	事　項	典拠
康正2年6月25日	細川持賢：大野通繁の土佐出兵について、大平氏の注進を受けて御教書発給を報じる	愛媛1322
寛正6年8月25日	細川勝元：河野通春の制圧について、大野繁直に軍事行動を依頼（大平氏を通じて伝達）	愛媛1416
5月17日	細川政元：久万山における大野氏の軍事行動を賞し、宇都宮・森山氏と共に平岡氏を制圧するよう大野綱直に依頼（大平氏を通じて伝達）	愛媛1489
8月28日	細川政元：平岡氏制圧における河野教通の協力を大野綱直に伝える（大平氏を通じて伝達）	愛媛1490
5月21日	大平国雄：久万山における大野綱直の軍事行動を披露したことを報じ、森山・宇都宮氏との連携を綱直に依頼	愛媛1491

※典拠は全て『愛媛県史　資料編　古代・中世』（愛媛県、1983年）により、「愛媛○○（号数）」と記す。

よう。久万山は美濃守護土岐氏の所領であったが、伊予国人平岡氏が進出していた(59)。久万山問題について、土岐成頼は細川政元による土佐・讃岐勢の派遣を伝え、大野氏に合力を依頼している(60)。土岐氏の久万山支配実現において、土佐道に勢力圏を有する大野氏の合力が求められたが、久万山問題については細川政元が伊予国人を動員して解決を図っている。ここで、久万山問題における細川氏と大野氏の関係について、次の史料をみてみよう(61)。

当国久万山事、馳向明神葛懸城、敵数輩討捕、被官三人討死之由候、尤以神妙之至候、所詮宇都宮森山一段被相談、平岡事、不日被相退候者、為分国別而可喜入候、仍太刀一腰遣候、猶大平中務丞（国雄）可申候也、謹言

五月十七日　政元（細川）（花押）

大野九郎（綱直）次郎殿

年欠だが、文明十八（一四八六）年から明応三（一四九四）年の間に発給されたものと考えられる(62)。これによると、細川政元は、久万山における大野綱直の軍忠を賞し、平岡氏制圧について宇都宮・森山氏との連携を依頼している。そして、ここでも細川氏と大野氏の仲介項として大平氏の存在を確認することができる。細川政元は、大平氏を通じて大野氏と宇都宮・森山氏を連携させることで久万山問題の解決を図った。さらに、細川政元は平岡氏制圧における河

野教通の協力について、大平氏を通じて大野氏に伝達している。[63] なお、【表1】は、大野氏と大平氏の関係をまとめたものだが、予土の紛争解決において両氏は連携して行動している。ここで、久万山問題における大平氏と大野氏の関係について、五月二十一日付大野綱直宛大平国雄書状[64]を取り上げ考察してみよう。大平国雄は、久万山における大野綱直の軍忠を披露した。披露の相手方は細川政元と考えられるが、国雄は宇都宮・森山氏との連携と平岡氏の制圧を大野氏に依頼している。また、大平国雄は大野綱直に対し、「宇都宮方へ、自御屋形御書申沙汰仕候、森山方之事、殊代々異于他候、子細令披露、始而被仰遣候事候」と報じている。ここから、大平氏が宇都宮氏に対する細川政元の書状について沙汰を行うとともに、森山氏の動向を政元に披露したことがうかがえる。大平氏は伊予国人の動向を細川政元に取り次ぎ、各種沙汰を行ったのである。そして、これらの情報を大平氏が大野氏に伝達していることからすれば、大野氏は土佐国人大平氏、さらには細川氏と伊予国人が連携する上で、予土の関係を仲介する役割を担っていたと考えられる。伊予国人は大野氏を通じて細川氏、土佐国人大平氏との関係を形成していた。さらに、大平国雄は大野綱直に対し、「国之時者委細示給候ハヽ、可得其意候、於京都之儀者、如御注進可申談候、猶可然候様国之事御調法可目出候」と報じている。大平氏は大野氏に伊予の情報の伝達と、伊予の政治課題―平岡氏の問題への対応を求めた。そして、「京都之儀」、すなわち細川政元との関係においては、大野氏の注進に基づいて協議するとしており、大野氏と大平氏は、中央と地方の情報交換を行い、連携して行動していたのである。

ここで、細川政元の立場はどのように位置付けられるのだろうか。政元は、久万山問題について大野氏に対して協力を求め、その解決が「分国」として望ましいことであるとしている。政元は伊予を「分国」と認識していた。伊予においては、文明五（一四七三）年に河野教通が守護に任じられているが、[65] 各国守護が列記されている文明九（一四七七）

年の『大乗院寺社雑事記』年末雑記には、「伊与国　細川」と記されており、細川政元に交替していたとみるべきであろう。伊予守護細川政元は、大平氏と大野氏の関係を通じて、河野・森山・宇都宮氏と連携することで、久万山問題の解決を図った。しかし、久万山問題の他に、細川政元が伊予において、守護支配を展開した事例を確認することはできず、細川氏の影響力は低下していたと考えられる。ここから、細川政元は土佐道に位置する久万山問題への対応を通じて、伊予国人に対する影響力の強化を図ったと評価することができよう。このような情勢下で大野氏と伊予国人は、久万山問題において、守護細川氏の下で行動したのである。

本節では、一五世紀後半の大野氏の政治動向について考察した。まず、応仁・文明の乱において大野氏は、西軍方―反細川方として行動しており、西軍幕府から反細川方の伊予支配の担い手として位置付けられている。大野氏については、細川氏との関係が指摘されてきたが、応仁・文明の乱の展開の中で細川氏の敵対勢力となっており、その政治的関係については政治情勢の中で位置付け理解する必要がある。

次に、久万山問題において、大野氏は土佐国人大平氏と連携し、伊予守護細川政元の下で行動している。ここで、細川政元は、大野氏を通じて伊予国人と連携することで久万山問題の解決を図っており、この中で大野氏をはじめとする伊予国人と細川氏、大平氏の関係がみられる。そして、大野氏は予土国人の関係を仲介する役割を担っており、伊予国人は大野氏を通じて細川氏、土佐国人大平氏との関係を形成していた。ここから、守護細川氏は、伊予の紛争を解決する上で、国境を越えて形成された伊予・土佐の国人の関係を重視していたという点を指摘することができよう。

おわりに

本章では、守護河野氏に対する自立性が指摘されてきた伊予国人大野氏の政治動向について考察した。最後に、大野氏と室町幕府・守護・周辺国人の関係についてまとめてみたい。

まず、室町幕府の地方支配と大野氏の関係についてみてみると、一五世紀前半の伊予・土佐において、大野氏が幕府から政治的役割を求められ行動した事例を確認することはできない。しかし、宝徳三（一四五一）年、土佐国人津野氏の制圧において大野氏は、幕府から直接、軍事行動の展開を命じられ、紛争解決のための政治的役割を求められている。幕府は、土佐国人大平氏との関係がみられる大野氏について、予土国境地域の紛争解決能力を有する地域権力と評価しており、直接軍事動員を行い、地方支配の担い手として位置付けたのである。先行研究において大野氏は、地域社会における自立性が指摘されてきたが、幕府の地方支配において政治的役割を求められ行動する側面も有していた。

さて、大野氏と上級権力の関係については、これまで守護河野氏に対する自立性と細川氏との密接な関係が指摘されてきた。しかし、大野氏は、幕命によって河野氏合力を命じられており、守護河野氏指揮下で軍事行動を展開している。また、大野氏が本拠とした伊予山間部の浮穴郡は、河野氏の守護支配の及ぶ地域であり、幕府は大野氏の所領問題についても河野氏を通じて執行している。さらに、紛争勃発時に河野氏は、所領給与によって大野氏との関係強化を図っている。このように、大野氏の政治動向については、伊予守護河野氏との関係がみられるのである。

それでは、大野氏と細川氏の関係はいかなるものだったのだろうか。まず、小田・久万山における大野氏の戦闘は細川氏の伊予守護在任時のものであり、大野氏は細川氏の守護支配の中で伊予山間部・土佐道周辺において軍事行動を展開している。大野氏について、先行研究では守護河野氏に対抗するため細川氏との関係を強化したと理解されてきた。しかし、大野氏が細川氏の守護支配の中で地域紛争解決のための軍事的役割を求められて行動した点についても評価する必要がある。そして、河野氏の内紛において細川氏は、予州家を支援することにより干渉し、大野氏に対しても協力を依頼したが、一方で大野氏は幕命により教通方として行動し、細川氏に敵対している。また、応仁・文明の乱においても、大野氏は西軍方―反細川方として行動しており、西軍幕府から反細川方の伊予支配の担い手として位置付けられている。大野氏は、細川氏の働きかけに対し、与同して行動する一方で、政治情勢によっては敵対していたのである。

次に、大野氏と周辺国人の関係について、先行研究では重見・森山氏という伊予国内の国人との関係に限定して理解されてきた。しかし、予土の政治課題の解決において、土佐国人大平氏との関係がみられるように、室町期における大野氏と周辺国人の関係は、国境を越えて形成されるものであった。そして、国境を越えた国人間の連携の中で、大野氏は伊予と土佐の関係を仲介する役割を担っていた。さらに、幕府・守護は、予土の国境を越えて形成された国人間の連携と、国人間の連携により形成された伊予山間部の地域秩序の存在を重視し、この中で中心的役割を果たした大野氏を通じて地方支配を展開している。すなわち、細川氏は、大平・大野氏の関係を通じて伊予国人と連携し、予土の地域紛争に動員することで、予土における守護支配の安定を図っている。また、幕府も土佐国人大平氏との関係がみられる大野氏に対し、直接土佐出兵を命じ、地域紛争の解決という政治的役割を求めている。大野氏については、このような地域社会における政治的役割の中で、守護河野氏のみならず、幕府・細川氏・周辺国人と様々な関係が見られるのである。

南北朝・室町期における大野氏の政治動向については、先行研究で指摘されている守護河野氏に対する自立性、周辺国人との一体性という側面のみではなく、幕府の地方支配において政治的役割を担っていたという側面についても評価する必要がある。そして、本章では、大野氏が国境を越えて形成された予土国人の関係を仲介する役割を担っていたということを明らかにした。大野氏と大平氏、さらには森山・重見・宇都宮・西園寺氏[66]と、国人は国境を越えて連携しており、このような関係の中で予土国境地域の政治秩序は形成されていた。幕府・守護細川氏は、国境を越えて形成された国人間の連携の存在を重視し、大野氏を通じて地方支配を展開することで、地域社会の安定を図ったのである。

註

（1）『愛媛県史　古代Ⅱ・中世』第三章第二節　執筆担当　石野弥栄（愛媛県、一九八四年）、石野弥栄「細川管領家の伊予国支配について」（『愛媛県歴史文化博物館研究紀要』四、一九九九年）。なお、大野氏の出自について石野弥栄氏は、三河を本貫とする設楽氏流富永氏の分流であり、三河設楽郡に発生し伊予に移住したもので、設楽氏の分流兵藤氏の被官となったとしている。

（2）川岡勉「中世伊予の山方領主と河野氏権力」（『愛媛大学教育学部紀要　第Ⅱ部　人文・社会科学』第三六巻一号、二〇〇三年。のち、同『中世の地域権力と西国社会』〈清文堂出版、二〇〇六年〉に収録）。

（3）拙稿「南北朝・室町期における伊予国人大野氏の政治的動向」（『伊予史談』三四五、二〇〇七年）。

（4）『愛媛県史　古代Ⅱ・中世』第二章　執筆担当　景浦勉（前掲註1）。

（5）河野通盛手負注文并足利直義証判「萩藩譜録」河野六郎通古（『愛媛県史　資料編　古代・中世』五九四〈愛媛県、一九八三年〉）。以下、同書による場合、愛―…（号数）と記す。

(6) 石野弥栄「喜多郡の中世領主について」(『温古』復刊二〇、一九九八年)。
(7) 川岡勉『室町幕府と守護権力』(吉川弘文館、二〇〇二年)。
(8) 足利尊氏袖判下文「豫陽河野家譜」愛—七五三。
(9) 細川頼有書状「大野系図」愛—九四七。
(10) 小川信『足利一門守護発展史の研究』(吉川弘文館、一九八〇年)。
(11) 細川頼之書状「東寺百合文書」愛—八九二。
(12) 細川頼之感状「大野系図」愛—九八五。
(13) 愛媛県教育委員会文化財保護課『土佐街道』(愛媛県教育委員会、一九九五年)、同『大洲街道』(愛媛県教育委員会、一九九七年)。
(14) 足利尊氏御判御教書「尊經閣文庫所蔵文書」愛—八一三。「太田荘司」については関連史料を欠くが、太田荘の荘官と考えられる。なお、『角川日本地名大辞典　三十八　愛媛県』(「角川日本地名大辞典」編纂委員会、一九八一年)によると、小田は「太田」とも称されており、「太田荘司」は小田との関係を有したものと考えられる。
(15) 左近将監某奉書「築山本河野家譜」愛—九二一、頼篤書状「河野文書」愛—九二二。
(16) 懐良親王令旨「築山本河野家譜」愛—九七〇。
(17) 細川頼有預状「大野系図」愛—九八一。塩引村については、管見の限り現在地を比定することはできない。
(18) 川岡『室町幕府と守護権力』(前掲註7)。
(19) 『愛媛県史　古代Ⅱ・中世』第三章第二節　執筆担当　石野弥栄(前掲註1)、石野弥栄「南北朝・室町期の伊予西園寺氏」(『國學院雑誌』八八—一〇、一九八七年)、同「喜多郡の中世領主について」(前掲註6)、同「細川管領家の伊予国支配について」(前掲註1)。
(20) 河野通之遵行状案「大徳寺文書」愛—一〇九五。戒能氏については、山内譲『中世伊予の領主と城郭』(青葉図書、一九八九年)を参照した。
(21) 河野通之書状「小松邑志　宇野文書」愛—一一四一。

(22) 足利義教御内書写「河野文書」愛―一二四五。
(23) 足利義教御内書案「明照寺文書」愛―一二四三。
(24) 室町幕府奉行人連署奉書「萩藩閥閲録」河野右衛門　愛―一二五七。
(25) 河野氏奉行人奉書「大野系図」愛―一二九二。
(26) 河野通生宛行状「大州旧記」愛―一四二九。寒川山については、『角川日本地名大辞典　三十八　愛媛県』（前掲）に従い、寒水に比定する。
(27) 石野弥栄「守護大名河野氏と応仁の乱」（『国史学』九五、一九七五年）、『愛媛県史　古代Ⅱ・中世』第三章第一節　執筆担当　景浦勉（前掲註1）、山内譲「教通と通春（上）」（『伊予史談』二八二、一九九一年）、同「教通と通春（下）」（『伊予史談』二八三、一九九一年）。
(28) 細川勝元書状「大野文書」愛―一二九五。
(29) 室町幕府御教書「大野系図」愛―一二九六。
(30) 石野「守護大名河野氏と応仁の乱」（前掲註27）。
(31) 室町幕府御教書写「小早川家証文」愛―一三〇二。
(32) 重見通実書状写「小早川家証文」愛―一三一四。
(33) 某書状案写「小早川家証文」愛―一三〇七。
(34) 室町幕府奉行人連署奉書「狩野亨吉氏蒐集文書」（『室町幕府文書集成　奉行人奉書篇　上』三八九）。
(35) 川岡「中世伊予の山方領主と河野氏権力」（前掲註2）。
(36) 拙稿「南北朝・室町期における伊予国人大野氏の政治的動向」（前掲註3）。
(37) 吉田賢司「室町幕府の守護・国人連合軍」（『年報中世史研究』三四、二〇〇九年。のち、同『室町幕府軍制の構造と展開』〈吉川弘文館、二〇一〇年〉に収録）。
(38) 吉田賢司「中期室町幕府の軍勢催促」（『ヒストリア』一八四、二〇〇三年。のち、同『室町幕府軍制の構造と展開』〈前掲

註37〉に収録）、同「室町幕府による都鄙の権力編成」（中世後期研究会編『室町・戦国期研究を読みなおす』〈思文閣出版、二〇〇七年〉。のち、同『室町幕府軍制の構造と展開』〈前掲註37〉に収録）。
(39) 川岡「中世伊予の山方領主と河野氏権力」（前掲註2）。
(40) 細川勝元書状「大野系図」愛―一四一六。
(41) 重見通熙・森山範直・重見元康連署宛行状「大野系図」愛―一三九三。
(42) 森山範直放状「大野系図」愛―一三九四。
(43) 川岡「中世伊予の山方領主と河野氏権力」（前掲註2）。
(44) 細川満元書状「大野系図」愛―一一九七。
(45) 石野弥栄「細川京兆家の守護支配について」（『栃木史学』七、一九九三年）。
(46) 細川満元書状「大野系図」愛―一一九八。
(47) 室町幕府御教書「大野文書」愛―一三一八。
(48) 細川勝元書状「大州旧記」愛―一三二一。
(49) 細川持賢書状「大野系図」愛―一三二二。
(50) 六月二十五日付細川持賢書状については、下村效「土佐の国人大平氏とその文芸」（『日本歴史』三一五、一九七四年。のち秋澤繁編『戦国大名論集　十五　長宗我部氏の研究』〈吉川弘文館、一九八六年〉に収録）に従い、康正二年に比定する。
(51) 細川持賢書状「大洲旧記」愛―一三二三。
(52) 細川勝元書状（『早稲田大学所蔵荻野研究室収集文書　下』一〇五八〈吉川弘文館、一九八〇年〉）。
(53) 下村「土佐の国人大平氏とその文芸」（前掲註50）。
(54) 石野「細川京兆家の守護支配について」（前掲註45）。
(55) 大平元国書状「大野文書」愛―一三一九。
(56) 石野「守護大名河野氏と応仁の乱」（前掲註27）、『愛媛県史　古代Ⅱ・中世』第三章第一節　執筆担当　景浦勉、同第四章第

一節　執筆担当　石野弥栄（前掲註1）、山内「教通と通春」（前掲註27）、川岡勉・西尾和美『伊予河野氏と中世瀬戸内世界』（愛媛新聞社、二〇〇四年）。

(57)　室町幕府御教書「大野系図」愛―一四四九。河野通秋については、山内「教通と通春」（前掲註27）に従い、河野教通の誤記とする。

(58)　河野通生宛行状「大州旧記」愛―一四二九。

(59)　山内『中世伊予の領主と城郭』（前掲註20）、川岡「中世伊予の山方領主と河野氏権力」（前掲註2）。

(60)　土岐成頼書状「大野系図」愛―一四九二、土岐成頼書状「大野文書」愛―一四九三。

(61)　細川政元書状「大野文書」愛―一四八九。

(62)　久万山問題については、五月十七日付細川政元書状の他に、八月二十八日付細川政元書状「大野系図」愛―一四九〇、五月二十一日付大平国雄書状「大野文書」愛―一四九一、七月二十日付土岐成頼書状「大野系図」愛―一四九二、十月十三日付土岐成頼書状「大野文書」愛―一四九三がみられ、これらは関連を有するものと考えられる。ここで、七月二十日付土岐成頼書状において、細川政元は「右京大夫」とされており、政元が右京大夫に補任されたのが文明十八（一四八六）年であることから（『大日本史料』文明十八年七月二十五日条参照）、文明十八年以後に発給されたものとすることができる。次に、大平国雄について下村效氏によると、明応三（一四九四）年までに山城守に転じたとされている（下村「土佐の国人大平氏とその文芸」〈前掲註50〉）。ここから、久万山問題に関する一連の史料については、文明十八年から明応三年の間に発給されたものと考えられる。

(63)　細川政元書状「大野系図」愛―一四九〇。

(64)　大平国雄書状「大野文書」愛―一四九一。

(65)　足利義政袖判御教書「明照寺文書」愛―一四七〇。

(66)　永享十（一四三八）年十一月、西園寺氏の内紛について、将軍義教の下で和睦した際に、森山・宇都宮氏が在京し立ち会っている（「公名公記」永享十年十一月十六日条〈『後鏡』巻一六〇〉）。予土国境地域の国人の関係については、この中に西園寺氏を位置付け理解する必要がある。

結論　総括と展望

最後に、結論として、本研究の総括を行うとともに、今後の展望を述べたい。

本書では、室町幕府の地方支配について、具体的には領主間紛争をはじめとする地域の問題に幕府がどのように対応したのかという点について、守護、国人という地域権力の動向をふまえつつ考察したが、幕府の地方支配と地域権力の関係は、地域性や時代性に応じて様々なあり方がみられる。

まず、南北朝期における幕府の地方支配についてみると、幕府は、関東公方や九州探題にみられるような広域的な地方支配機関を設置するとともに、各国の軍事指揮官である守護の権限を大幅に拡大している。また、守護は、それぞれの分国において、国人を指揮下に置き、反幕府方勢力に対する軍事行動を展開するとともに、荘園の押領や国人の被官化により、地域における勢力の拡大を図った。これらの点から、南北朝期において幕府は、守護の権限を拡大する、いわば「分権化」ともいうべき政策を実施することで、南朝方勢力との戦闘という政治課題に対応することを図ったと考えられよう。

なお、このような「分権化」政策は、守護の勢力を拡大させることとなり、足利尊氏・義詮期や、義満の幼少期においては、複数の守護職を保持する有力守護が将軍の命令に従わず、守護の対立という政治問題を将軍が解決することができなかった事例がみられる。また、当該期の守護の動向をみると、有力守護間で対立が勃発した場合、幕府に敵対し、南朝方に転じて行動することで自己の権益の維持・拡大を図っている。これらの点から、南朝という敵対勢力が存在し、また、観応の擾乱にみられるように幕府内部でも抗争が展開する中で、守護に対する室町将軍の統制は絶対的なものではなかったという点を指摘することができよう。

これまで、南北朝期における幕府の地方支配と守護、国人の関係について述べたが、有力守護に対する室町殿の上意の絶対性が確立したのは、康暦の政変後の義満親政期であったと考えられる。また、その背景については、山名・大内氏の帰順による幕府の軍事的優位性の確立や、南北朝合一の実現に加え、有力守護の反乱を鎮圧したことによる室町殿の権力の強化という点を挙げることができよう。そして、義満は、有力守護の勢力を削減するとともに、守護に在京を命じ、室町殿の下に結集させることで、守護の自立化を抑止することを図ったとみられる。さらに、義満と有力国人の関係をみると、地域における国人の権益を維持・拡大し、守護の課役を停止した事例がみられるが、有力国人の多くが将軍直属の軍事力である奉公衆に編成されており、奉公衆の組織化は、室町殿の権力を軍事面から支える役割を果したと考えられる。このように、義満親政期においては室町殿の権力を強化し、守護の自立化を抑止する動きがみられるが、このような動きは、「戦時」体制から「平時」体制への移行を目的として行われたものであった。すなわち、義満は、南北朝動乱が終結する中で、反幕府方との戦闘を遂行することを目的として実施された「戦時」体制下での「分権化」政策を見直し、地域権力に対する室町殿の絶対性・優位性を確立することを図っており、幕府は、室町殿の上意を中心に紛争を解決することで、政治的安定の実現を図ったのである。

次に、室町幕府体制の安定期ともいうべき応永・永享年間における幕府の地方支配と地域権力の関係についてみてみよう。この点について、本書では『満済准后日記』を通じて考察したが、地域権力から紛争への対応を求められた幕府は、室町殿の上意によって紛争を調停し、地域の問題を解決することで政治的安定の実現を図っている。すなわち、永享年間の九州の紛争において、大内氏から紛争への対応を求められた幕府は、室町殿の上意による調停や和睦命令によって問題の解決を図っている。また、石見国人の紛争では、室町殿の上意による和睦命令によって国人の和睦が実現し、紛争が終結した。ここから、幕府の地方支配において、室町殿の上意は重要な役割を果たしていたという点を指摘することができよう。そして、室町殿は、全国支配を展開する上で「天下無為」の実現を重視している。南北朝・室町期において「無為」は、問題が解決した、もしくは生じていない状態を表す概念として広く用いられており、幕府は「無為」の実現を基本理念として地方支配を展開したのである。

このように、幕府は、室町殿の上意によって紛争に対応する方針を決定し、上意によって地域の問題を解決することで「無為」の実現を図っており、この点が幕府の地方支配の基本方針であったと考えられる。また、室町幕府体制の安定期ともいうべき応永・永享年間においては、室町殿の上意による紛争解決能力に対する諸権力の信任が存在しており、幕府は、上意に対する信任を維持することで、全国支配を安定的に展開することを図ったと考えられる。そして、室町殿の上意に対する諸権力の信任は、南北朝動乱が終結し、有力守護の反乱を鎮圧した義満期に確立したとみられる。

それでは、室町幕府は、地域の多様な実情に対し、どのようにして地方支配を展開したのだろうか。この点について、本書では西国の事例を中心に考察したが、西国は、幕府に対して自立性の強い九州・防長、幕府権力の影響力が強いと考えられる畿内近国に近接する地域、両地域の境目に当たり国人の自立性が強い地域（石見・安芸・備後・伊予・土佐）に大別することができる。また、西国において幕府は、地域の実情に応じて、自立性の強い守護大内氏や、在京守護細川・山名氏、さらに国人間の連携が重要な役割を果たした地域においては有力国人沼田小早川氏や大野氏と、様々な勢力を通じて地方支配を展開した。そして、幕府の地方支配は、守護、守護代、国人という多様な勢力が、室町殿の上意を執行する地方支配の担い手として、地域において行動することで実現している。このように、幕府の地方支配は、地域の実情や、直面する政治課題の差異に応じて一様ではなく、その担い手や権力編成のあり方は様々に変化するものであったという点を指摘することができよう。そして、幕府の地方支配が一様ではなかったため、幕府、守護、国人の関係についても様々なあり方がみられるのである。

なお、本書では、幕府の地方支配において室町殿の上意が重要な役割を果たしていたという点を指摘したが、幕政に対する室町殿の影響力は、管領・諸大名との関係や、室町殿自身の性格によって時期差が認められる。とくに、複数の守護職を有する諸大名は在京し、幕政に重要な役割を果したとされており、幕府の地方支配の実態を理解するには、室町殿と諸大名の関係の時期による差異をふまえつつ考察する必要がある。

また、室町殿は、上意に対する諸権力の信任を維持するため、諸大名との意見調整を行うとともに、地域の実情を詳細に調査することで、紛争を円滑に解決しうる上意を形成することを図った。しかし、義教専制期においては、室町殿足利義教が、守護・国人の家督問題に介入したことにより、地域において混乱が生じており、室町殿の上意に対する信任は動揺することとなったと考えられる。ここから、嘉吉の乱勃発直前の政治状況の特質として、室町殿の上意に対する信任の動揺という点を指摘することができよう。

これまで、応永・永享年間における幕府の地方支配について述べたが、室町幕府体制は、嘉吉の乱による足利義教死後、「変質」したとされている。そこで、嘉吉の乱後の幕府の地方支配と地域権力の関係をみると、室町殿不在により幕府の地方支配が動揺する中で、守護・国人は地域において幕命に従わず、主体的に行動し、実力により勢力を拡大することを図っており、地域権力の自立化が進行している。また、諸大名は、細川方と畠山方に分かれ、それぞれが連携して行動することで上意を相対化することを図っており、とくに山名持豊は、室町殿義政をも相対化しうる勢力を形成していたと考えられる。そして、地域社会において国人は連携して行動することで領主間紛争の解決を図るとともに、幕府・守護という上級権力を相対化することを図っており、国人間の連携による自立的な地域秩序は、当該期の地域社会において重要な役割を果たしている。このように、守護や国人という地域権力は、守護による分国支配の強化や、国人間の連携などにより自立的な地域秩序を形成し、幕命を相対化することを図っており、地域権力の自立化に向けての動きは、地域の実情に応じて様々なあり方がみられる。

そして、地域権力が主体的に地域の問題を解決することを図る中で、幕府による紛争解決が求められる事例は、有力な地域権力間の紛争をはじめとして、自立的な地域秩序では解決することができない問題に限られていくこととなったと考えられる。ここから、嘉吉の乱後、幕府の地方支配は、多様な形で展開する地域権力の自立化を受けて、不均質、かつ、限定的なものとなったという点を指摘することができよう。また、嘉吉の乱後、室町殿の上意の弱体化と地域権力の自立化により、室町殿の上意による紛争解決能力に対する諸権力の信任は動揺しており、このような状況下で細川勝元方と山名持豊方の大名間で対立が生じ、応仁・文明の乱が勃発した。そして、応仁・文明の乱終結後、守護在京制が崩壊し、地域権力の自立化が顕著になるなかで、幕府が全国支配を展開することは困難になったと考えられる。ここから、幕府の地方支配と地域権力の関係は、嘉吉の乱と、応仁·文明の乱という二つの段階を経て、変化したという点を指摘することができよう。室町将軍が地域権力間の紛争を調停した事例は戦国期においても確認することができるが、応仁・文明の乱終結後、「日本国ハ悉以不応御下知也」と、日本国中が室町殿の命令に応じない状況となり、守護・国人は地域において自立・主体的に行動することで勢力の拡大を図ったのである。

これまで、南北朝・室町期における幕府の地方支配と地域権力の関係について述べたが、幕府の地方支配について、川岡勉氏の室町幕府―守護体制論によると、将軍が掌握する「天下成敗権」と守護が掌握する「国成敗権」が相互に依存、牽制し、重層的に結合することで全国統治を展開したとされている。また、川岡氏は守護による地域社会の統合という点を重視しており、幕府の地方支配について、将軍権力によって保証された守護の分国支配を中心に理解しているが、将軍が掌握したとされる「天下成敗権」の実態についてはさほど述べられておらず、幕府がどのように全国支配を展開したのかという点を明らかにする必要がある。

そこで、本書で明らかにした点をまとめてみると、幕府の地方支配の基本方針は、室町殿の上意によって様々な階層の紛争を調停し、地域の問題を解決することで「無為」の実現を図るという点に求めることができると考えられる。川岡氏が指摘するように、室町幕府体制下において守護は重要な役割を果たした存在と位置付けられるが、幕府は、地域の実情に応じて守護を基本としつつも、守護代、奉公衆、奉公衆以外の国人と多様な勢力を通じて室町殿の上意を執行することで「無為」の実現を図った。そして、幕府は、室町殿の上意によって地域の問題を解決し、上意による紛争解決能力に対する諸権力の信任を維持することで全国支配の安定的な展開を図ったのである。

これまで、室町幕府の地方支配について述べたが、幕府による地方支配の展開に対し、地域権力はどのように対応し、地域において行動したのだろうか。

この点について、まず守護をみてみよう。本書では、西国の有力守護山名氏を取り上げ、惣領と一族の関係や、分国支配機構の実態、さらには被官層の動向について述べるとともに、山名氏の分国支配と幕府、国人の関係について、当該期の政治情勢との関係をふまえつつ考察した。

まず、南北朝期における山名氏の動向をみると、西日本海沿岸諸国に進出した山名氏は、鎌倉期に被官化したと考えられる関東を出自とする被官を通じて分国支配を展開している。また、当該期においては、山名氏の惣領時氏が一族分国に対して強い影響力を有していたが、その背景として、惣領家のみならず一族分国においても守護代を務めた関東を出自とする被官の存在を指摘することができる。

しかし、時氏死後、惣領が師義、時義と短期間で交替したことにより、有力一族が出現するとともに惣領家の統制力が低下しており、山名氏一族間で対立が生じている。また、師義・時義が惣領の時期の山名氏は、分国が急速に拡大し、西国を出自とする新規被官が増加しており、これら新規被官と関東を出自とする被官の間で軋轢がみられる。これらの点から、当該期においては、広範囲に展開する分国を山名氏が一体的に支配することは困難であったと考えられよう。すなわち、南北朝期において山名氏は、惣領時氏の下で関東を出自とする被官を通じて惣領が一族を統制するという、同族連合体制の原型ともいうべき体制を創り出したと考えられるが、この体制は幕府や国人・被官との関係により様々な影響を受ける中で動揺しており、一族間の対立や被官層の軋轢を背景として明徳の乱が勃発、山名氏の分国は大幅に削減されたのである。

これまで、南北朝期の山名氏について述べたが、明徳の乱により動揺した山名氏の同族連合体制は、幕府との関係を重視した時熙によって再整備されている。すなわち、時熙は在京し、「宿老」として幕府政治に重要な役割を果たしており、幕府との関係を密接なものとすることで一族守護を統制し、分国支配を安定的に展開することを図ったと考えられる。

これに対し、持豊が惣領の時期の山名氏は、惣領を中心に幕府に対して自立・主体的に行動することで勢力の拡大を図っており、この傾向は、嘉吉の乱後、顕著になると考えられる。そして、山名氏の自立化の背景については、室町殿との関係や、分国の地域性との関係を指摘することができる。すなわち、山名氏の家督問題に室町殿足利義教が介入し、持豊は義教が支援した家督候補者を戦闘によって排除しており、この問題は、持豊に、室町殿の介入を排除し、室町殿に対し自立して行動する必要性を認識させたと考えられる。また、嘉吉の乱後、山名氏は赤松氏の分国であった播磨・備前・美作の守護に補任されたが、室町殿不在による幕府の地方支配の動揺という状況下で、赤松方勢力が存在するこれらの国を支配するには、実力によって勢力を拡大することが有効であったとみられる。そして、持豊が惣領の時期の山名氏は、惣領が一族・被官を統制するとともに、惣領が所領支配を保証する所領支配秩序の確立に向けての動きがみられ、山名氏一族の分国は惣領・一族の枠組みを越えて複数の分国に関与する被官層を介して、惣領を中心に連結していたと考えられる。このように、持豊は、惣領が一族守護を統制する同族連合体制を確立することにより、幕府に対して自立・主体的な惣領を中心とする分国支配体制を構築することを図ったのである。

これまで述べたように、嘉吉の乱後の山名氏は、幕府に対して自立的に行動することで勢力の拡大を図っている。そして、その背景についてみると、管領になることができない山名氏は、地域社会における実力行使や諸大名との関係形成という、いわば「私的」な側面に依拠することで勢力の拡大を図っており、この点が山名氏の「強み」であるとともに「限界」であったと考えられる。そして、山名氏の自立化に対し、持豊と対立する勢力は赤松氏や山名是豊を起用し、持豊の勢力を弱体化させることを図った。山名氏は、応仁・文明の乱終結後、播磨をめぐる赤松氏との戦闘に敗北したことを直接的な契機として衰退したが、山名氏が弱体化した要因については、応仁・文明の乱勃発以前から同氏が抱えていた「限界」をはじめとする様々な問題に求められるのである。

これまで、南北朝・室町期における山名氏の同族連合体制の展開と幕府との関係について述べたが、次に、山名氏の守護支配と地域社会の関係について安芸の事例をみると、幕府は奉公衆を含む国人の軍事動員や使節遵行について、守護を通じて実施している。また、山名氏は、奉公衆をも軍事指揮下に置いており、幕命を背景として国人の所領支配を保証している。ここから、山名氏は、幕命を背景として奉公衆を含む国人との関係を形成することで、安芸支配の展開を図ったと考えられる。しかし、守護と地域社会の関係は、政治情勢に応じて差異がみられ、室町後期において、山名氏の惣領持豊が大内氏対策の担い手として適さない状況下で、幕府は、持豊と対立した山名是豊を通じて安芸国人の軍事動員を行うとともに、有力国人を通じて安芸の問題を解決することを図っている。ここから、室町期における幕府の安芸支配の担い手について守護に限定されていたと理解することはできないが、安芸において守護山名氏は、幕命を背景として国人との関係を形成するとともに、安芸国人から所領問題への対応を求められており、地域社会の秩序維持の担い手として重要な役割を果たしていたのである。

このように、守護山名氏は、幕府の地方支配の担い手として、また、地域社会の秩序維持の担い手として、地域において重要な役割を果たしているが、その分国支配のあり方は、地域の実情に応じて一様ではなかったと考えられる。すなわち、南北朝期から守護職を保持していた但馬・因幡・伯耆をみると、戦国期においても山名氏が地域支配を展開しており、山名氏の伝統的な分国として守護支配が浸透していたと考えられる。

これに対し、応永の乱後、守護に補任された備芸石においては、幕府権力を背景として分国支配を展開したが、国人間の連携という特質が存在した安芸・石見においては、国人の自立性を認めた上で「緩やか」に掌握することを図っている。そして、備後についてみると、山名氏は、有力国人との間に密接な関係を形成しており、守護支配が浸透した地域と考えられる。このように、山名氏の分国支配については、大内氏対策を目的として同時期に守護に補任された国においても、地域の実情に応じて様々なあり方がみられるのである。

さらに、嘉吉の乱後に守護に補任された播磨・備前・美作をみると、山名氏は実力によって所領を押領し、勢力を拡大することで赤松方勢力に対応している。これらの点から、山名氏の分国支配は、地域の実情や直面する政治課題の差異、さらには室町殿や諸大名との関係に応じて不均質なものとなっていたという点を指摘することができよう。

これまで、南北朝・室町期における守護山名氏の動向について考察した。室町期の守護について、川岡氏の室町幕府―守護体制論によると、在京し、幕府の構成員となることで、幕府権力を背景として分国支配を展開したという点が重視されている。山名氏についても、時熙が惣領の時期についてはこのようなあり方がみられ、幕政に関与し、幕府との関係を背景として分国支配を展開するとともに、一族守護を統制することを図っている。また、嘉吉の乱後の幕府と守護の関係について川岡氏によると、地域権力の自立化が進む中で守護は分国の一体化を図ったとされている。そして、嘉吉の乱後の山名氏についてみると、持豊は幕命に従わず、地域社会において実力により勢力を拡大することを図るとともに、同族連合体制の確立により、幕府に対して自立・主体的な、惣領を中心とする分国支配体制を構築することを図っている。

このように、室町期の守護についてみると、幕府の地方支配の担い手として重要な役割を果たしており、とくに幕府と守護の関係については、川岡氏の理解に従うべき点が多いと考えられる。しかし、守護の分国支配の実態をみると、地域の実情に応じて不均質なものとなっており、安芸・石見のように、守護による地域社会の統合という川岡氏の理解が妥当ではないと考えられる地域もみられる。また、これらの国においては、守護を基本としつつも多様な勢力を通じて幕命が執行されており、幕府の地方支配の担い手について守護に一元化していたと理解することはできない。

これまで述べたように、守護は、幕府権力を背景として分国支配を展開しており、幕府の地方支配の担い手として重要な役割を果たしているが、嘉吉の乱後の動向をみると、主体的に地域支配を展開し、自立した地域権力として行動する側面が強く見られる。室町期の守護権力の実態を理解するには、この両方の側面を重視する必要があると考えられるが、守護の分国支配や地域権力としての自立化は、幕府の地方支配と地域社会の政治秩序の双方から規定を受け、多様な形で展開されていたのである。

次に、南北朝・室町期における国人の政治動向をみてみよう。本書では、安芸国人沼田小早川氏、備後国人宮氏、伊予国人大野氏を取り上げ、国人の政治動向について幕府、守護との関係をふまえつつ考察した。

まず、沼田小早川氏についてみると、南北朝・室町期において、沼田小早川氏は幕府から地方支配の担い手として様々な政治的役割を求められて行動したが、その動向は政治情勢に応じて時期的な差異がみられる。すなわち、室町前期の安芸において、幕府は守護を通じて地方支配を展開しており、奉公衆沼田小早川氏に対する軍事動員や使節遵行についても、守護山名氏を通じて実施している。しかし、室町後期において山名氏が幕命執行の担い手として適さない状況下で、沼田小早川氏は、幕府・細川氏の大内氏対策の担い手として中核的な役割を求められ行動した。そして、細川方と山名・大内方の対立の中で、沼田小早川氏は、安芸国人と幕府・細川氏の関係を仲介するとともに、幕府の地方支配の実現のために細川方の安芸国人と連携して行動している。このように、細川方の国人間の連携において沼田小早川氏は重要な役割を果たしており、幕府・細川氏は沼田小早川氏を通じて、安芸における細川方の国人間の連携の掌握を図ったと考えられる。奉公衆について、これまでの研究では守護からの独立と将軍権力への直属という点が指摘されてきたが、奉公衆沼田小早川氏と幕府、守護、国人の関係については、幕府の地方支配や地域社会の政治情勢との関係の中で時期的差異がみられるのであり、このような状況下で、沼田小早川氏は、幕府・細川氏との関係を密接なものとすることで、地域社会における勢力基盤の確保・強化を図ったのである。

次に、備後一宮—吉備津社と密接な関係を有していた備後国人宮氏についてみてみよう。宮氏は、備後各地に一族が存在するとともに、国内で多くの所領を有しており、有力な地域権力として幕府から評価されている。また、吉備津社が、備後一宮として宗教面において一国規模での権威・影響力を有している点からすれば、宮氏が備後各地に勢力基盤を有し、有力な地域権力と評価された背景として、吉備津社との密接な関係を指摘することができると考えられる。そして、室町期の備後において宮氏と山内氏は、守護との関係によらず吉備津社領の契約を媒介とした独自の関係を形成している。さらに、宮氏は奉公衆として将軍に近侍し、在京して行動しており、守護が幕命執行の担い手として適さない状況下では、幕府から地方支配の担い手としての政治的役割を求められて行動した。なお、室町期において、幕府は守護山名氏を通じて備後支配を展開しているが、宮氏・吉備津社については、守護との関係を確認することができない。これらの点から、幕府は宮氏について、その政治的実力や吉備津社との関係を受けて、守護を通じてではなく直接指揮下に置くことで地域社会の安定を図ったという点を指摘することができよう。

次に、伊予国人大野氏についてみてみよう。伊予山間部を本拠とする大野氏は、南北朝期において、守護指揮下で行動した伊予国人設楽兵藤氏の被官として軍事行動を展開している。そして、室町期において、大野氏は伊予山間部の国人に加え、土佐国人大平氏との関係を形成しており、幕府から地方支配の担い手としての政治的役割を求められて行動した。室町期の大野氏について、奉公衆に設定された事は確認できないが、幕府は、土佐国人大平氏との関係がみられる大野氏について、予土国境地域の紛争解決能力を有する地域権力と評価し、直接軍事動員を行い、地方支配の担い手として位置付けたと考えられる。なお、大野氏と周辺国人の関係について、先行研究では伊予国内の国人との関係に限定して理解されてきたが、その関係は国境を越えて形成されるものであった。また、国境を越えて形成された国人間の連携の中で、大野氏は伊予と土佐の関係を仲介する役割を担っており、伊予山間部においては国人間の連携による地域秩序が形成されていたと考えられる。そして、幕府・守護は、予土の国境を越えて形成された国人間の連携の存在を重視しており、国人間の連携において中心的役割を果たした大野氏を通じて地方支配を展開している。大野氏については、このような地域社会における政治的役割の中で、守護河野氏のみならず、幕府、細川氏、周辺国人と様々な関係がみられるのである。

本書では、西国国人の政治動向について、沼田小早川氏、宮氏、大野氏を取り上げ考察した。室町幕府の地方支配における国人の政治的役割については、これまで多くの指摘があるが、先行研究では、幕府—守護—国人と、幕府—直属国人（奉公衆）という二つの系列により限定的に理解されてきたと考えられる。しかし、その関係の実態をみると、政治情勢の差異や地域の実情に応じて様々なあり方がみられる。すなわち、守護支配から独立して行動したとされる将軍直属国人（奉公衆）も、守護指揮下で軍事行動を展開するよう幕府から命じられており、地域社会において守護との関係の下で行動した事例がみられる。ここから、奉公衆について、将軍権力への直属や、守護からの独立という点を強調するのは正確とはいえないだろう。一方で、大野氏の事例をみると、南北朝期には周辺国人の被官であったが、国境を越えて形成された国人間の連携を背景として、室町期には幕府から地方支配の担い手として位置付けられている。また、沼田小早川氏と宮氏は、幕府の地方支配の担い手として様々な政治的役割を求められており、とくに沼田小早川氏は、大内氏対策の担い手として、地域において中核的な役割を求められて行動している。これらの点から、室町幕府の地方支配と地域権力の関係を明らかにするには、地方支配の担い手について守護に限定して理解するのではなく、国人の動向をふまえつつ、捉え直す必要があると考えられよう。

さらに、幕命執行の担い手として政治的役割を求められた国人は、地方支配の実現のため、周辺国人と連携して行動している。南北朝・室町期において国人は、上級権力の相対化や、幕府の地方支配の実現など様々な目的の下で、国境を越えて連携しており、当該期の地域社会においては、国人間の連携により形成された地域秩序の存在を指摘することができる。また、国人は、幕府の地方支配の担い手として行動する一方で、地域社会において主体的に行動することで勢力の拡大を図っている。幕府は、このような国人の動向を受けて、守護を通じて国人の糾合を図るとともに、国人間の連携が重要な役割を果たした地域においては、有力国人を通じて地方支配を展開するなど、多様な方法により室町殿の上意を執行することで地域社会の安定の実現を図ったのである。これらの点から、室町幕府と守護、国人の関係は、地域の実情や政治情勢の差異に応じて様々に変化するものであったと考えられよう。

これまで、室町幕府の地方支配と地域権力の関係について考察したが、幕府は、室町殿の上意によって、紛争に対応する方針を決定し、地域の問題を解決することを図っており、このような基本方針の下で、守護、守護代、国人という多様な勢力が室町殿の上意を執行する地方支配の担い手として行動することで、幕府の地方支配は実現したのである。

しかし、これは、室町殿の上意による紛争解決が万能であったことを示すものではない。すなわち、地域権力が幕命に従わず、紛争解決に失敗した事例もみられ、嘉吉の乱後、幕府の地方支配が動揺する中で、地域権力は自立的に行動することで室町殿の上意を相対化し、地域において実力により勢力を拡大させることを図った。このように、地域権力は幕府の地方支配の担い手として地域において行動する一方で、自立的に行動することで勢力の拡大を図っており、室町期の地域権力について理解するには、この両方の側面を重視する必要がある。

これらの点から、室町期の権力構造について理解するには、上意を中心とする幕府の地方支配と、地域権力の動向の双方を重視する必要があると考えられよう。すなわち、室町幕府体制下においては、室町殿の上意を中心とする幕府の地方支配と地域権力の動向が、相互に規定しあうとともに密接に関連しており、両者の動きが、地域の実情や政治課題の差異に応じて多様な形で展開することで、政治的安定が実現していたのである。

最後に、今後の展望と課題を述べたい。これまで述べたように、室町幕府の地方支配と地域権力の関係は、地域の実情に応じて様々なあり方がみられるのであり、両者の関係の実態を理解するには、守護や国人をはじめとする地域権力に関する個別研究を蓄積し、地域の実情と、地域権力の政治動向について、幕府の地方支配との関係をふまえつつ明らかにしていく必要がある。この点について、本書では、主として中国・四国を中心とする西国の事例を取り上げ考察したが、検討する地域を拡げていかなければならないだろう。

また、本書では、幕府の地方支配と地域権力の関係について、南北朝・室町期のうち、南北朝動乱の勃発から応仁・文明の乱勃発までの時期を取り上げ考察したが、応仁・文明の乱終結後、幕府の地方支配がどのように「変質」したのかという点について考察していく必要がある。そして、これらの考察を通じて、本書で述べた南北朝・室町期の幕府の地方支配と地域権力の関係の特質を明らかにするとともに、時代性に応じて両者の関係がどのように推移したのかという点について、より長期的な視点により述べていく必要がある。

なお、本書では、室町幕府について室町殿を頂点とし、管領や守護、さらには奉行人をはじめとする諸機構により全国支配を展開した権力体と定義して考察したが、室町幕府権力の構造と、その時期的な変化については述べることができなかった。しかし、幕府の地方支配について理解するには、幕府の構造の変化との関係をふまえつつ考察する必要がある。すなわち、室町幕府は、管領や奉行人という中央機構や、地方支配の担い手として重要な役割を求められるとともに在京し、幕政に参画した守護、さらには地方支配の担い手として行動した守護代、国人と、多様な勢力によって構成されており、室町幕府権力の構造は、政治情勢の差異や、幕府を構成する諸勢力の関係に応じて様々に変化するものであったと考えられる。本書では、この点について、室町殿と諸大名の関係を中心に述べたが、今後の課題として、幕府を構成する多様な勢力の動向をふまえつつ、幕府権力の構造の変化と地方支配のあり方との関係について考察していく必要があるという点を指摘しておきたい。

ここに、時代性と地域性の双方の視点から、幕府の地方支配と守護、国人の関係について、個別研究の蓄積が必要となること、また、室町幕府権力の構造について、さらなる考察が必要であるという点を指摘し、今後の展望と課題としたい。

あとがき

本書は、二〇一五年五月、広島大学に提出した学位請求論文「室町幕府の地方支配と地域権力」をもとにしている。学位審査には、広島大学の本多博之、西別府元日、勝部眞人、中山富廣、井内太郎、愛媛大学の川岡勉の諸先生にあたっていただいた。学位審査に当たっては、多くの有益なご指摘をいただいた。本書を刊行するに当たって、加筆・修正を行った部分もあるが、力不足ゆえに、修正に至らなかった部分も少なくない。これらの点は、今後の課題とさせていただきたい。

なお、本書に収録した論文には、既発表のものも含んでいる。

第二部　守護山名氏の分国支配と同族連合体制
第一章　南北朝動乱と山名氏（『中国四国歴史学地理学協会年報』九、二〇一三年三月）
第二章　安芸守護山名氏の分国支配と地域社会（『史学研究』二七九、二〇一三年三月）
第三部　西国における国人の政治動向と室町幕府・守護
第一章　安芸国人沼田小早川氏と室町幕府・守護（『ヒストリア』二三三、二〇一二年八月）
第二章　備後国人宮氏・一宮と室町幕府・守護（『日本歴史』七八一、二〇一三年六月）
第三章　伊予国人大野氏と室町幕府・守護（『史学研究』二六九、二〇一〇年九月）

序論、第一部、第二部第三章、結論は新稿である。なお、第一部第二章については、二〇一二年度広島史学研究会大会、二〇一四年度九州史学研究会大会での報告をもとに作成した。また、既発表論文についても、加筆・修正を行ったものがあるが、論旨に変更は加えていない。

広島の海田というまちで育ち、両親の故郷が中国山地と瀬戸内海の島嶼部にあったこともあり、本格的に歴史学を志し、最初に興味を持ったのは、山間部や沿岸島嶼部の勢力の動向であった。

奈良教育大学教育学部では、今正秀先生のもとで学んだ。卒業論文では、南北朝・室町期における安芸国人沼田小早川氏の芸予諸島への進出を取り上げ、室町幕府の地方支配や、安芸・伊予の政治情勢との関係をふまえつつ考察した。今先生には、卒論指導の際、国人の動向について、室町幕府との関係や政治情勢の中で位置付け考察すべきというご指摘をいただいた。私にとって、研究の出発点ともいうべき時期であり、今先生のご指摘は、現在に至るまで、私の研究の基軸になっていると思う。

奈良教育大学卒業後は、広島大学大学院教育学研究科博士課程前期に進学し、下向井龍彦先生のもとで学んだ。下向井先生の研究に対する姿勢、学問に対する姿勢には大きな感銘を受けた。また、卒業論文を加筆・修正するに当たって、非常に丁寧なご指導をいただいた。卒業論文は、「南北朝・室町期における芸予の政治動向と沼田小早川氏の海上進出」と題し、『芸備地方史研究』に発表したが、瀬戸内海という「海」をめぐる様々な勢力の動向については、今後、改めて検討していきたいと考えている。

そして、下向井先生のもとでの読書会では、新名一仁氏、渡邊誠氏にご参加いただき、多くの貴重なご指摘をいただいた。また、倉恒康一氏、中司健一氏、川島佳弘氏をはじめとする同期や後輩とめぐりあい、多くの刺激を受けた。周囲のレベルの高さに戸惑うことも多かったが、下向井先生のもとで学んだ二年間は、研究を続けていく上で、非常に重要な時期であったと思う。

また、下向井先生には、県立広島大学の秋山伸隆先生をご紹介いただいた。そして、秋山先生のもとで、光成準治氏、山本洋氏の知己を得て、多くのことを学ぶ機会を与えていただいた。

大学院修了後は、就職し、仕事をしながら、細々とでも研究を続けていければと考えていた。しかし、そのような考えは通用するはずもなく、大きな壁に阻まれることとなった。

そして、研究を続けていきたいという思いがつのり、二〇〇八年、広島大学大学院文学研究科博士課程後期に進学した。

初めて門を叩いてから、課程修了までの七年間、本多博之先生には、本当に多くのご指導をいただいた。論文指導では、常に丁寧なご指摘をいただき、多くのことを学んだ。浅学ゆえに、ご迷惑をおかけしたことも多々あったと思うが、あらためて七年間を振り返ると、感謝の気持ちしかみあたらない。

本多先生との出会いがなければ、研究を続けることも、本書を手にすることも、できなかったと思う。今後の研究を、より生命力の高いものにしていくことで、感謝の気持ちを形にしていきたい。

あとがき執筆にあたり、これまでのことを振り返った時、本当に多くの方との出会いに恵まれていたと思う。常に、実力不足に悩まされてきたが、研究を続けることができたのは、多くの学恩に恵まれたからだと改めて感じた。本書が、ささやかでも恩返しになれば幸いである。

本書刊行も、新名一仁氏に仲介の労をとっていただいた。また、戎光祥出版株式会社様には、論文集発刊の機会を与えていただき、心よりお礼申し上げたい。

最後に、私事で大変恐縮であるが、いつも暖かく見守ってくれる祖父母、好きな道を歩ませてくれた父母、そして、ともに暮らし支えてくれる妻と子どもたちに、この場をかりて感謝の気持ちを述べさせていただきたい。

二〇一六年九月

市川　裕士

【著者略歴】

市川裕士（いちかわ・ゆうじ）

1980 年　福岡県生まれ
2002 年　奈良教育大学教育学部卒業
2004 年　広島大学大学院教育学研究科博士課程前期修了
2015 年　広島大学大学院文学研究科博士課程後期修了。
博士（文学）

〔論文〕
「南北朝・室町期における芸予の政治動向と沼田小早川氏の海上進出」（『芸備地方史研究』235・236、2003 年）
「若狭本郷氏の動向と室町幕府・守護」（『若越郷土研究』52-1、2007 年）

装丁：川本　要

戎光祥研究叢書　第12巻

室町幕府《むろまちばくふ》の地方支配《ちほうしはい》と地域権力《ちいきけんりょく》

二〇一七年三月一日　初版初刷発行

著　者　市川裕士
発行者　伊藤光祥
発行所　戎光祥出版株式会社
東京都千代田区麹町一―七
相互半蔵門ビル八階
電　話　〇三―五二七五―三三六一㈹
ＦＡＸ　〇三―五二七五―三三六五
編集・制作　株式会社イズシエ・コーポレーション
印刷・製本　モリモト印刷株式会社

http://www.ebisukosyo.co.jp
info@ebisukosyo.co.jp

ISBN978-4-86403-234-6

人名・寺社名索引（50音順）

（あ）

（さ）

（ま）

地名索引（50音順）

（あ）

（か）

（さ）

（た）

（な）

（は）

事項名索引（50音順）

（さ）

（た）

（な）

（は）

（ま）

（ら）

研究者名索引（50 音順）

（あ）